JN440608

오뇌와 우정의 60년, 민주화에 담다

오뇌와 우정의 60년,
민주화에 담다

김병욱 · 이홍길

한국문화사

오뇌와 우정의 60년, 민주화에 담다

1판1쇄 발행 2020년 6월 30일

지 은 이 김병욱 · 이홍길
펴 낸 이 김 진 수
펴 낸 곳 **한국문화사**
등 록 제1994-9호
주 소 서울특별시 성동구 광나루로 130 서울숲 IT캐슬 1310호
전 화 02-464-7708
팩 스 02-499-0846
이 메 일 hkm7708@hanmail.net
홈 페 이 지 http://hph.co.kr

책값은 뒤표지에 있습니다.

잘못된 책은 구매처에서 바꾸어 드립니다.

ISBN 978-89-6817-903-7 03810

이 도서의 국립중앙도서관 출판예정도서목록(CIP)은 서지정보유통지원시스템 홈페이지(http://seoji.nl.go.kr)와 국가자료공동목록시스템(http://www.nl.go.kr/kolisnet)에서 이용하실 수 있습니다.(CIP제어번호 : CIP2020025140)

▍서문▍

이홍길 교수와 내가 만난 것은 1958년 광주고등학교 1학년 1반. 이 교수가 54번, 내가 55번 소위 '짝꿍'으로 만났다. 그러니 그 세월이 62년이나 되었다. 둘이는 이 교수의 회고의 말마따나 한 번도 입조름도 없이 60여 년의 세월을 보냈으니 신기할 뿐이다. 나는 6.25 전란 때문에 3년 늦게 중학교에 입학했고, 고등학교 졸업 후 3년 만에 서강대에 갔으니, 지금 생각해도 어지간한 만학도인 셈이다. 그래서 늘 내 마음속엔 내가 중단 없이 학업을 계속했더라면 하는 아쉬움이 남는다. 그런 면에서 이 교수는 학업을 죽 이어갔으니 속으로 부러움의 대상이었다. 이 교수는 나이는 나보다 두 살 아래였으나, 늘 의젓해 보였다. 그러니 다툴 일이 없었다.

우리는 분야는 달랐지만 학문의 길에 들어섰고, 이 교수는 동양사, 나는 국문학을 전공하여 각각의 분야에서 정진하여 전남대와 충남대에서 정년을 맞이했다. 비록 이 교수는 광주에서, 나는 대전에서 따로 떨어져 살았지만 마음의 끈은 항상 놓지 않았다. 그리고 함께 4.19 혁명 유공자로 선정된 것 말고도 각자의 길에서 흔들리지 않고 민주화의 고비 때마다 맡은 바 소임을 다해 왔다는 것도 같다. 이처럼 우리 둘 사이에는 이념적 차이가 없었다는 것이 긴 우정을 이어나갈 수 있었던 힘이었지 않나 싶다.

2016년 초에 광주에 갔더니 광주에서 발행되는 주간신문 <시민의 소리>에 이 교수가 일주일에 한 번씩 '큰 길 신호등'이란 코너에 칼럼을 쓰고 있는데, 매주 쓰기가 바쁘니 격주로 같이 써보지 않겠냐는 제안에 승낙은 했지만, 광주에 살지 않아서 현장감이 없는 글이 되지 않을까 하는 염려 또한 없지 않았다. 그래서 책 이야기, 신화 이야기 등에 대한 글을 쓰다가 최순실 게이트와 박근혜 탄핵으로 이어지는 촛불 혁명 정국에서는 신화를 통해서 현실을 비판하기도 하고 직접적으로 현실 비판적 글을 쓰기도 했다.

글이란 참 묘한 것이다. 지나 놓고 보니 예언적인 글도 있어서 다시 읽어보고 놀라기도 했다. 21대 총선을 치르고 보니 당시의 새누리당(현 미래통합당)은 지역구에서 50석을 얻을 것이라는 말은 미래통합당의 몰락을 정확하게 예언한 꼴이었다. 그리고 트럼프 미국 대통령을 대놓고 "미국을 삼류 국가로 추락시킬 것"이라고 지적했는데, 이번 코로나19 팬데믹 사태를 보니 예언이 적중된 듯하여 고소를 금치 못하였다. 정말이지 방위비 분담금을 놓고 볼 때 "우리에게 미국은 무엇인가"를 생각해야 할 시점에 다다르지 않았는가라고 진지하게 반추해야 한다.

우리 둘의 글을 읽고 우정의 60여 년을 이 땅의 민주주의를 위하여 살아온 사람의 흔적을 찾을 수 있다면, 우리로서는 안도의 숨을 쉴 수 있을 것이다. 아울러 두 사람의 글의 결을 느꼈으면 한다.

묻혀버릴 뻔한 글들을 한 권의 책으로 펴내게 해준 광주의 박용구님, 그리고 이 어려운 시기에 출판을 맡아준 서울의 한국문화사 김진

수 사장에게 심심한 사의를 표한다. 별 희한한 책도 다 있다고 생각할 우리를 아는 모든 분들에게도 감사의 말을 전한다.

2020년 6월 대전 간은재에서 김병욱 씀

김병욱 교수와 함께 <시민의 소리>에 연재했던 '큰길 신호등'의 글을 모아 책을 내기로 하였다. 제목을 어떻게 정할까 하고 망설이다가 우리 두 사람이 만나 사귀게 된 시점이 1958년 광주고등학교에 입학하면서부터임을 상기하다 보니, 2020년인 올해로 62년의 세월이 흘렀음을 새삼 깨닫게 되었다.

그 긴 시간 동안에 다투거나 갈등한 일이 없었음이 다행스럽기도 하고 대견하여 '60년 우정'이라고 매기고 보니, 그 세월 동안 함께 관심했던 일이 무엇일까 하고 헤아려 본다.

1960년 3월부터 3.15부정선거에 저항한 뒤끝에 4.19 전야인 4월18일 광주 시내 고등학교 학생들의 시위를 모의 실천했던 일과 편입생 부정입학을 다반사로 알았던 교장을 축출하는 데 앞장섰던 기억이 새롭다.

아직 어렸던 우리가 언감생심 교장을 축출하자고 나선 것은 전국적으로 명문고라 자부했던 모교의 위상이 흔들려간다는 불안감과 4.19라는 시대적 전환기에 무언가 새로운 도약을 해야 한다는 강박감이 작용했기 때문이었고, 교장의 편입생 입학 행위가 용서할 수 없는 교육계의 악행으로 인식되었기에 저지른 젊은 날의 우행이었지 않나 싶다. 김병욱 교수도 필자도 4.19 이후에 분출하는 '새 세상 만들기'의 열기에 편승하였던 셈이었다.

우리들의 젊은 날은 "청춘은 아름다워라"라고 하는 낭만과는 거리가 먼 궁핍한 가정과 사회현실에 적응하면서 살아야 했다. 김병욱 교수는 동란으로 해체된 가정환경 속에 가정교사 생활로 학업을 영위할 수밖에 없었고, 이런 생활은 중학교 입학 때부터 대학 졸업 때까지 계속되었다. 궁핍한 생활 속에서 헤어날 길 없는 억압감과 보통의 모범생들과 비교해서 조금은 삐딱한 의식을 민주화 의지로 승화시키면서 애당초 권력과 금력의 사다리는 우리 같은 농촌 출신과는 인연이 없는 길로 아예 포기해 버리지 않았나 하고 돌이켜 생각해 본다.

궁핍한 날의 우정을 60년이 넘는 세월 동안 갈등 하나 없이 보낼 수 있었던 것은 일찍이 자각한 나라와 사회에 대한 책임감 때문이었고, 그런 정서는 민주화 욕구로 틀지어졌을 것으로 생각된다.

필자도 책 꽤 읽었다고 생각했는데, 고등학교 1학년 때 김병욱 교수는 이미 '현대사상 강좌'를 읽고 있었다. 항차 그는 수석입학자인데, 그때 이미 필자는 압도되지 않았나 하고 헤아려 본다. 어려서부터 경쟁에서 오는 불안감이 유별났던 필자가 좋은 친구한테 경쟁심을 느끼지 않은 것이 오히려 자연스러웠고, 그것이 편안함을 주었다. 김병욱 교수는 잠시 철학과를 다니다가 국문과로 옮겨 국문학 교수로 일생을 시종하였고, 필자는 사학과를 선택하여 중국사 가운데에서 근·

현대사를 선택하여 중국사 교수로 시종하였다.

고등학생으로 4.19 학생운동에 참여한 경험과 5월 16일 저녁에 대인시장 골목에서 군인에 구타당한 경험이 대학에 들어와서는 '한일회담 반대' 학생운동에 참여하게 했다. 이후에도 젊은 날에 못다 이룬 민주화 때문이었는지 박정희의 유신독재에 전전긍긍하다 유신독재의 교육이념인 국민교육헌장을 정면으로 부정하는 1978년 전남대학교 11인 교수단의 '교육지표 선언'에 가담하여 해직교수라는 아픈 영광을 누리기도 하였다. 그러한 삶의 이력 때문에 5.18 전국 수배자가 되었던 과거가 이 땅의 민주화 역사 속에 두드러진 전사는 아닐지라도 민주화의 조약돌로 시종했다고 감히 자부하며, '60년 우정, 민주화에 담다'라는 면구스러울지도 모르는 제목을 달게 되었음을 양해해주길 바란다.

2020년 6월

이홍길 씀

▌차례▌

김병욱 편

이홍길 편

김병욱 편

어떤 한 권의 책과의 만남

『서태평양의 항해자들』은 20세기 사회인류학을 창시했다고 해도 틀리지 않은 폴란드 출신 인류학자 브로니스라프 카스파 말리노프스키의 대표적 저서이다. 그는 1884년 4월 7일에 폴란드에서 출생하여 1942년 5월 12일에 미국 뉴 헤이븐에서 타계했다.

그의 학문적 이력도 다양하다. 그는 폴란드에서 물리학 수학 방면의 철학박사를 취득하였고 후에 런던대에서 인류학 방면의 철학박사를 취득하였다. 나에겐 내 전공이 인류학이 아니지만 그에 대해 할 말이 너무나 많다. 그를 알게 된 것은 대학 때의 은사 김열규 교수 때문이었고 1964년 이후 그의 책을 몇 권 읽었는데 그의 책은 특수한 전공서였지만 나에겐 재미가 있었다.

그러던 중 그의 주저인 『서태평양의 항해자들』을 1966년 2월 2일에 마포와 충정로 중간쯤에 있는 헌책방에서 호화 양장본으로 구입했다. 이 책은 1922년 로트리지&케건폴에서 나왔는데 내가 산 책은

1950년 제3판이니 지금으로부터 65년 전에 나온 책이다.

이 책을 계기로 말리노프스키의 책 대부분을 구매했고 그의 수제자인 뉴질랜드 출신 레이먼드 퍼스가 편집한 『인간과 문화: 말리노프스키 저작의 평가』라는 책도 1970년에 사서 열심히 읽었다. 그 덕분에 말리노프스키는 사회인류학 이외에 원시심리학, 법학, 언어학 등에서도 큰 공헌을 했다는 것을 알게 되었다.

근래에 말리노프스키의 주저인 『서태평양의 항해자들』을 비롯하여 『원시사회의 성과 억압』, 『산호섬의 경작지와 주술(전 3권)』도 번역되어 출간되었다. 특히 『서태평양의 항해자들』은 이곳 전남대 출판부에서 인류학자인 최협 교수의 번역으로 출간(2013년)되었다.

참 세상 많이 좋아졌다는 생각이 든다. 이제는 한글만 잘 해독할 줄 알면 여러 방면의 고전들을 편하게 읽을 수 있으니 말이다. 여러분들도 잘 알다시피 인류학은 제국주의 학문이다. 19세기 제국주의 전성기 시절 식민지 통치를 위한 학문으로 출발한 인류학 특히 사회인류학은 그 통치 수단이었던 것이다. 그러나 말리노프스키의 여러 저서에는 제국주의자의 시선이나 자세가 전혀 보이지 않는다. 그는 토착인들을 방관자의 시선으로 관찰하였고, 객관성을 보이려고 무던히 애를 써왔다는 것을 그의 책을 읽어 본 사람들은 알게 될 것이다.

그가 쓴 『원시 심리에 있어서의 신화』라는 소책자의 권두에 제임스 프레이저 경에 붙인 헌정의 글은 그의 인품과 학문의 자세를 엿볼 수 있다. 그는 프레이저의 『황금의 가지』를 읽고 인류학을 공부하기로 작심하였다. 말리노프스키에게는 당시 3권까지 나온 『황금의 가지』가 인생을 바꿔준 이 한 권의 책이 되었다.

말리노프스키의 저작을 읽으려는 사람들에게 특히 신화를 공부하려는 사람들은 『주술. 과학. 종교 그리고 그 밖의 논문』을 읽어보라고 권하고 싶다. 나는 내 대학원 논문 「상대 시가의 연구: 구지가. 해가. 회소곡을 중심으로」에서 『서태평양의 항해자들』에 나온 주술과 주사가 내 논문에 영감을 주었고 나의 학문적 여정에 커다란 전환점이 되어 주었다.

지금은 나의 주 전공이 소설이지만 나는 지금도 원시 시가에 대해서 묘한 향수를 느낀다. 그리고 레이먼드 퍼스가 그의 스승 말리노프스키에 바친 책과 같이 나도 은사 김열규 선생의 학문 세계를 조명한 책을 상재하겠다고 벼르고 있다. 이 모든 것이 『서태평양의 항해자들』에서 비롯된 것이리라.

역사란 무엇인가: 『메타히스토리』를 중심으로

지난해 우리 사회를 뜨겁게 달구었던 한국사 국정화 문제는 21세기 개명 시대를 중세의 암흑시대로 돌려놓으려는 독재적 발상이 빚어놓은 무지의 극치를 보여 준 것이다. 도둑들이 장물 처리하듯 집필진도 공개하지 못한 국정화 프로젝트는 무슨 비밀이라도 지켜야 하는 군사 작전이라도 된단 말인가. 이러한 무지한 담론이 횡행하는 현실에서 '역사란 무엇인가'라고 말하는 것 자체가 무참할 뿐이지만 역사는 이야기의 형식을 띤 것으로 역사적 사실을 발판으로 역사 서술가의 이념에 의해서 하나의 플로팅에 의해 하나의 완결된 사사체다.

중국에서는 서사물을 대설(역사)과 소설(허구물)로 이분해 왔다. 공부를 한 사람은 이 분류법이 너무나 탁월하다는 것을 알 것이다. 사실에 기초하여 서술된 이야기는 대설(역사)이고 모든 꾸며낸 이야기는 소설이다. 여기에 따르면 서양에서의 장편소설, 중편소설, 단편소설이란 장르 구분법도 부질없는 것이다.

역사에 대하여 격조 높은 담론을 나누려면 헤이든 화이트의 책을 권하고 싶다. 헤이든 화이트는 1928년생의 미국의 역사학자이며 문예이론가이다. 그가 1973년에 출간한 『메타 히스토리: 19세기 유럽의 역사적 상상력』은 우리에게 역사적 상상력을 펼쳐 보인다. 이 책은 존스 홉킨스대 출판부에서 출간되었는데 참고문헌과 인덱스를 포함하여 448쪽에 달하는 두툼한 책이다. 우리나라에는 1991년 천형균 교수가 문학과지성사에서 번역 출간하였는데 564쪽에 달하는 큰 번역서이다.

이 책에서 다룬 미슐레, 랑케, 토크빌, 부르크하르트 네 명의 19세기 대표적 사학자와 헤겔, 마르크스, 니체, 크로체 같은 네 명의 역사철학자들의 역사철학을 메타 히스토리적 방법으로 비교 평가한다. 메타(meta)라는 말은 '~을 넘어서서' 또는 '~에 관하여'라는 그리스어 접두사에서 나온 말인데, 메타피식스(형이상학), 메타크리티시즘(메타비평) 등에서 볼 수 있듯이 어떤 한 개념은 그 자체로 파악할 수 없다는 것을 의미한다.

이 책은 한 마디로 노스럽 프라이는 문학을 역사처럼 썼고, 헤이든 화이트는 역사를 문학처럼 썼다는 촌평에 그 특징이 있다. 노스럽 프라이는 『비평의 해부(1957)』에서 뮈토스(신화, 줄거리)를 봄에는 희극, 여름에는 로망스, 가을에는 비극, 겨울에는 풍자와 아이러니로 파악했는데 헤이든 화이트도 여기에 빗대어 미슐레는 로망스로서의 역사적 사실주의, 랑케는 희극으로, 토크빌은 비극으로, 부르크하르트는 풍자로 분류하여 서술하였는데 이것은 분명히 프라이에서 본받은 것이다. 위대한 비평가는 궁극적으로 문명비평가의 길을 걷게 되고 훌륭한 사상가는 또한 문학적 상상력의 소유자가 되는 것이다.

또한, 헤이든 화이트는 칼 만하임에 따라 이데올로기를 무정부주의, 보수주의, 급진주의, 자유주의로 구분하여 앞의 네 명의 사가들에 적용하였다. 사실 혹자들은 화이트가 도식적으로 문제를 해결하려 했다고 비판한다.

헤이든 화이트의 이 책과 하워드 휴즈의 『의식과 사회』, 류사오펑의 『역사에서 허구로』, 그리고 프라이의 『비평의 해부』는 우리에게 풍부한 역사적 상상력을 줄 것이다. 이데올로기를 통제하려는 우리 사회는 아직도 5.16 군사 독재 체제와 회고적 독재주의에 집착하고 있다. 그 망상이 개인과 사회를 병들게 한다.

우주와 역사

누가 내게 "당신의 인생에 단 한 권의 책이 무어냐"라고 묻는다면 나는 주저없이 멀치아 엘리아데의 『우주와 역사』라고 답할 것이다. 엘리아데는 1907년 루마니아의 수도 부크레슈티에서 태어나 1986년 미국 시카고에서 타계한 세계적인 비교종교학자였다.

그는 모국어인 루마니아어로 10여 권의 장편소설을 썼고 불어와 영어로 50여 권에 이르는 학술서를 출간했다. 그는 1955년 시카고대의 비교종교학과를 창과한 이래 타계할 때까지 30여 년 동안 시카고대 비교종교학과를 세계 일류의 학과로 만들었다.

내가 이 책을 처음 접한 것은 1965년 늦가을이었으니 어언 55년이 넘었다. 이 책은 원래 1945년 루마니아어로 그리고 1947년 불어로 출판되었고 내가 읽은 영문판은 1954년에 출간된 것이다. 이 책은 4장 176쪽에 지나지 않는 얄팍한 책이었지만 5시간에 걸쳐 단숨에 읽었던 기억이 지금까지 생생하다.

우리나라에는 1976년 엘리아데 문하생인 정진홍교수가 번역 출간하였는데 25쇄가 넘었으니 우리나라 독자에게도 꽤 영향을 준 것이 틀림없다. 나는 이 책을 기점으로 그의 『종교형태론』, 『샤머니즘』, 『성과 속』, 『요가』 등 10여 권이 넘게 그의 책을 읽었다. 나중에 어떤 사람의 글에서 엘리아데 책의 안내서가 바로 이 『우주와 역사』라는 것을 읽었는데 나도 전적으로 이에 동의한다. 이 책의 영문판 부제인 『영원 회귀의 신화』는 원래 불어판 제명인데 『우주와 역사』라는 제명도 참 적절한 것 같다.

나는 이 책에 큰 영향을 받아 1970년 10월 「영원회귀의 문학: 김동리론」이라는 평론으로 제6회 ≪월간문학≫ 신인상에 당선되어 문단에 등단했고 그것이 계기가 되어 충남대 교수공채에 합격하여 31년간 교수로 봉직하게 된 것을 회고해 보면 참 묘한 인연이다.

그리고 나는 신화비평 내지 원형비평에 속한 비평가가 되었다. 영어권의 3대 비평서인 『비평의 해부』를 3독했는데 만약 노스럽 프라이가 엘리아데의 책 『우주와 역사』를 읽었었다면 그의 『비평의 해부』가 내용이 훨씬 달라졌을 것이라고 아쉬워했는데 1980년대에 나온 어떤 프라이 책에서 만약 엘리아데를 좀 더 일찍 읽었더라면 하는 아쉬움을 나타내는 글을 읽고 나는 무릎을 쳤다.

『우주와 역사』는 한 마디로 시간론이라고 요약할 수 있다. 우주적 시간(코스모스적 시간)과 인간적 시간(역사)은 서로 배제적인 것이 아니라 상보적이다. 우주적 시간(영원회귀적 시간)이 타락하여 역사적인(일회적 시간) 시간이 될 때 상고인들은 신년제를 통하여 그 타락한 일회적 시간을 폐기하고 다시 우주적 시간으로 재생시켰던 것이다. 그런데 현대인은 과학이라는 미망 아래 신화적 시간을 팽개쳐버리고 썩은 말뚝과도 같은 역사적 시간에 목맨 것이다. 현대인의 최대의 상실은 신화를 상실한 것이다. 따라서 코스모스의 원형적 시간을 버리고 역사에 얽매어버렸으니 얼마나 불쌍한가.

인간에게 가장 큰 문제 중의 하나는 '시간'이다. 아우구스티누스의 『명상록』에 "누가 시간이 무엇이냐고 묻는다면 나는 시간이 무엇인지 모른다. 그러나 누가 묻지 않는다면 나는 시간이 무엇인지 안다."라는 말을 우주적 시간과 역사적 시간에 그대로 패러디하고 싶다.

어떻게 보면 21세기가 오면 대명천지가 올 줄 알았는데 우리의 정치 현실은 거꾸로 가는 시간대이다. 이럴 때 엘리아데의 『우주와 역사』는 많은 것을 생각하게 한다. 이 질곡과도 같은 역사적 시간을 빗자루로 쓸듯이 확 쓸어버리고 코스모스적 시간으로 회귀할 수는 없는 것일까. 역사의 질곡이 아무리 크더라도 반드시 코스모스의 여명은 밝아온다.

그래서 엘리아데는 우리를 모두 종교인으로 만드는지도 모른다. 참고로 문학도들은 엘리아데의 『종교형태론』을 읽었으면 한다. 문학을 창작하려는 사람이나 문학을 연구하려는 사람 모두에게 어떤 서광을 비춰줄 것이다. 그리고 살기가 고달픈 사람들은 『우주와 역사』를 복음서처럼 읽었으면 한다. 시간의 재생은 우리 인류 모두의 염원이기 때문이다.

호모 루덴스(놀이하는 인간)

책도 사람과 마찬가지로 묘한 인연을 맺는다. 20세기 가장 위대한 문화사가로 꼽히는 요한 호이징아가 지은 『호모 루덴스』를 처음 알게 된 것이 52년 전이다.

물론 당시에는 번역본이 없어서 영어로 번역된 책으로 읽었고 1년 뒤에는 독일어 번역본으로 한 3개월 걸쳐서 읽었다. 그러고 나서 1981년 까치에서 출판된 책(김윤수 교수 역)을 읽었으니 삼독을 한 셈이다. 그리고 이번에 다시 읽었으니 네 번을 읽은 셈이다. 50여 년의 세월 동안 나도 이것저것 공부한 것이 축적되어 이 책의 핵심이 무엇이고 미흡한 부분이 무엇인가를 알 수 있게 되었다.

『호모 루덴스』의 저자 요한 호이징아는 1872년에 태어나 1945년 2월 나치에 의해 감금된 상태에서 해방을 얼마 남기지 않고 타계했다. 그를 20세기 최고의 문화사가로 꼽게 한 『중세의 가을』은 1919년 그의 나이 47세 때 출판되었으며 최근에 우리나라에도 번역 출판된 『에

라스무스』에 이어 1938년 그의 나이 66세 때 출판된 것이 『호모 루덴스』였다.

『호모 루덴스』야말로 문화사가로서 그 진면목을 보여준 저서라 할 수 있다. 물론 '놀이'에 관한 책이 장 피아제를 비롯한 여러 학자들의 저술로 나왔지만 포괄적인 문화 현상으로 접근한 책은 『호모 루덴스』가 단연 압권이다.

이 책은 총 12장으로 되어 있는데 제1장 문화현상으로서의 놀이의 본질과 의의와 제12장 현대문명에서의 놀이의 요소가 핵심이다. 따라서 바쁜 사람은 이 두 장만 읽어도 이 책의 내용을 파악할 수 있다. 내가 이 책을 처음 읽을 당시에는 이상의 시 세계를 '놀이'로 읽었다. 착상만 했지 막상 논문으로 완성 못 한 것이 못내 아쉽다. 나처럼 '놀이'에 대한 관심 분야가 다른 사람들은 '언어', '문화', '법', '전쟁', '지식', '시', '신화', '철학', '예술' 등과 놀이의 상관성을 살펴볼 수 있다.

나도 나중에 말셀 그라네의 『중국의 고대 축제와 가요』를 영역본으로 읽을 때 『호모 루덴스』를 읽은 경험이 많은 도움이 되었다. 동양의 고전 시가의 핵심인 『시경』을 축제의 요소로 풀어간 그라네의 식견에 감탄이 절로 나왔다.

어떤 사람들은 『호모 루덴스』를 너무 범박하여 흠이라고 한다. 나는 그런 사람들을 볼 때마다 꿀밤을 한 대 먹이고 싶어진다. 어떤 책이나 단점이 없는 책은 없다. 하지만 단점보다 장점이 많을 때 그 책은 생명력을 가지기 마련이다.

오늘날 동양인의 처지에서 볼 때 서양 문화에서의 '놀이'를 연구한 것이기 때문에 인류 역사의 절반이 날아가 버린 것처럼 느껴지기도 한다. 중국을 비롯한 동아시아, 그리고 아메리카 인디언, 아프리카인, 아랍권까지 아우를 수 있는 새로운 『호모 루덴스』가 나오기를 기대해 본다.

20세기 들어 문화인류학, 민속학의 눈부신 발전은 새로운 '놀이문화'가 나올 수 있는 토대를 마련해 주고 있고 새로운 매체, 곧 사이버 공간에서의 게임도 놀이의 영역을 확대해 주고 있다.

"놀 줄 모르는 아이는 공부도 못한다"는 말이 있듯이 놀이가 정치를 빗대어 우리의 현실 정치를 풍자할 수 있을 것이다. 육두문자로 "놀 줄도 모르는 놈이 놀고자빠졌네"라는 말이 매우 적절할 것이다. 심술부리며 생떼를 쓰는 형을 두둔만 한다면 그 집안은 장래가 없다 할 것이다.

만약 그러한 아이를 그냥 놔두면 어른이 되어 더 망나니가 될 것이다. 장기의 놀이 규칙 중 가장 중요한 것 중의 하나가 포가 포를 먹을 수 없는 것인데 그 규칙을 깨고 포가 포를 먹는다면 그 장기판은 깨지고 말 것이다. 판을 깨는 사람이 상대를 향하여 판을 깬다 하니 '적반하장도 유분수'라는 말이 이런 경우를 놓고 하는 말이다.

그런데 모든 구경꾼(언론·국민)들이 놀이의 규칙을 어기고 있다고 나무라지 않고 되레 옳다고 맞장구를 치니 이거 정말 개명 천지가 맞단 말인가. 놀 줄 모르는 사람은 『호모 루덴스』를 꼭 읽어야 할 것이다. 문명권마다 놀이의 규칙이 다르고 개인마다 노는 방식이 다르다

하더라도 큰 테두리는 정해져야 서로 함께 놀 수 있을 것이다. 위대한 책은 이처럼 우리를 일깨워준다.

토포필리아(장소애)

'토포필리아'라는 말은 중국계 미국의 인문지리학자 이-푸 투안(Yi-Fu Tuan)이 처음 쓴 말이다. 이것은 인간이 환경에 대한 강한 애착심을 갖는 일련의 정서적 태도가 가치에 얽혀있는 인간의 심성을 가리킨다. 아마 이-푸 투안이 동양인이 아니었다면 『토포필리아』라는 저서를 쓸 수 없었을 것이다.

비교적 전문서적이지만 보통의 독자들도 쉽게 공감할 수 있는 것은 저자 자신이 중국 상하이에서 태어나 그곳에서 초등학교를 졸업했고 오스트레일리아에서 중학교, 필리핀에서 고등학교, 영국에서 옥스퍼드대를 졸업했고 미국의 버클리대에서 대학원을 마쳤으니까 그는 가히 코스모폴리탄(세계인)이라 해도 틀리지 않는 말이다.

나는 중학교 때부터 지리 과목에 흥미를 가졌었다. 그래서 그런지 내 박사학위 논문도 「한국현대소설의 시간과 공간 연구」였다. 내가 투안을 알게 된 것은 논문 준비로 공간에 관한 책을 탐색하는 과정에서였다. 그래서 1986년 버클리대에 방문교수로 갔을 때 『토포필리아』를 사려 했으나 절판이 되어 구매하지 못하고 대학 도서관에서 빌려 복사해 와서 1988년 봄 학기에 대학원 세미나에서 한 학기 동안 그 책을 철저히 다뤘고 한국문학에 이 개념을 어떻게 적용할 것인가에 대해서도 진지한 논의를 했다.

그러니까 이 책과 인연을 맺은 것이 어언 30년이 되었다. 원래 『토포필리아Topophilia』는 1974년 프렌티스홀 출판사에서 나왔는데, 그 후 절판되었다가 컬럼비아대 출판부에서 1990년 모닝사이드 판으로 재판되어 나왔고 우리나라에서 이 판을 번역해서 에코리브르에서 2011년에 간행되었다.

한 가지 아쉬운 점은 부산대학교 한국민족문화연구소에서 총서 시리즈인데도 이 저서에 대한 해제가 없는 것은 큰 유감이다. 투안은 1930년생이니까 현재 생존해 있는 학자이고 그 자신 작은 책자로 자서전 『Who am I(나는 누구인가)』를 1993년에 펴낸 바 있다.

그리고 그는 『공간과 장소』, 『분할된 세계와 자아』, 『공포의 풍경』, 『지배와 애착』, 『좋은 삶』, 『도덕성과 상상력』, 『낯설음과 이상함을 넘어』, 『코스모스와 화롯가』 등 많은 저서가 있다. 투안의 또 다른 중요한 저서 『공간과 장소』는 1995년 대윤출판사에서 출판되었다.

이 책이 번역되어서 이-푸 투안이 누구인가 많이 알려지게 되었고 이 방면에 관심 있는 사람들에게는 좋은 참고서가 되었을 것이다. 하지만 이 책에도 번역자들이 지리학을 전공한 학자들인데도 해제가 없다. 이런 것이 우리 학계의 수준이 아닌가 하니 서운한 감이 든다.

이-푸 투안은 돈이 없어 1950년에 유럽에서 배로 뉴욕에 도착하여 샌프란시스코까지 기차로 미대륙을 여행했는데 그때의 경험이 그가 지리학자로 성장하는 데 있어서 많은 도움이 되었다고 회상한다. 그는 나면서부터 세계인이 되었고 중국인의 풍부한 자연과 인간의 조화가 실증주의의 함정에 빠져있던 지리학계에 신선한 충격을 준 셈이다.

우리 동양인들은 자연과 맞서지 않고 '물아일체'라는 정신에 충실하려 한다. 곧 올바른 동양인의 삶은 생태론자의 삶이다. 그런데 우리 주위를 둘러보라. 우리가 얼마나 자연경관을 훼손해 왔는지 알게 될 것이다. 나는 늘 무등산을 생각할 때 가을에 송정리에서 보았던 쥘 부채를 활짝 펴놓은 것 같은 원경이 '무등'이라는 이름에 제일 걸맞다고 생각한다.

내가 무등산을 처음 본 것은 1951년 12월 초 비아에서 걸어서 광주로 갈 때였다. 머리에 흰 눈을 이고 있는 둥그런 산은 큰 반달 같게 내 인상에 박혀 있다. 장소애 중에서도 제일 우리와 관계가 깊은 것이 '고향'일 것이다. 릴케가 말했듯이 현대인은 '고향을 상실한 사람'이고 '뿌리 뽑힌 인간'인 것이다. 우리의 고향은 죽어가고 있다.

급격한 도시화 때문에 탈향이 집단화되었고 국토개발이란 미명 아래 우리의 산하는 난도질당하고 있다. 건설업자들의 욕심에 놀아난 정부는 세계에 유례가 없는 볼썽사나운 아파트의 천국을 만들었다. 이럴 때 투안의 『토포필리아』는 우리에게 조용한 경종을 울려주고 있고. 누가 우리나라를 삼천리 금수강산이라 하겠는가. 우리의 산하는 음습한 공동묘지를 연상케 할 뿐이다. 사람이 자연을 사랑하는 그런 세상이 그리울 뿐이다.

시간과 서사물

폴 리쾨르는 1913년에 출생하여 2005년 작고한 프랑스의 세계적인 해석학적 철학자였다. 그는 30여 권의 책을 썼고 국내에도 『해석 이론』(서광사, 1994년) 이래 10여 권의 책이 번역되어 이젠 리쾨르의 해석학의 핵심이 무엇이며 서양 철학에서 그의 위상과 영향에 대해서도 많이 알려지게 되었다.

그 중에서도 그의 나이 70세부터(제1권 1983, 제2권 1984, 제3권 1985) 해마다 1권씩 전 3권의 역저인 『시간과 서사물』은 그의 후기 저작의 대표작이다. 나는 이 책의 영역본을 1985년, 1986년, 1988년에 사서 문자 그대로 처음부터 끝까지(from cover to cover) 읽었고 1990년에 대학원 강의에서 두 학기에 걸쳐 전권을 다루었으니 지금 생각만 해도 감개무량하다.

한국어 번역은 1999년부터 2004년 사이에 번역 출간되었다.(문학과 지성사) 우리나라 책 제명은 『시간과 이야기』로 되어 있다. 나는 우리나라 말 '이야기'는 하도 여러 가지로 쓰이고 있어 불어 'récit', 영어의 'narrative'는 '서사물'이라 번역하여 사용하기로 고집한다.

인간은 시계를 고안하여 시각을 재었고 시간을 담는 그릇으로 서사물을 고안해 냈다. 누가 말했듯이 태양에 바래면 서사시가 되고 달빛에 바래면 서정시가 된다. 서사물 또는 서사 양식은 그 역사가 서정양식보다 훨씬 길다. 동양, 특히 중국에서는 역사적 사실에 기초한 서사물은 대설(大說), 꾸며낸 이야기는 소설(小說)로 분류했다. 소설은 누구나 지어낼 수 있었지만 대설(역사)은 누구나 지을 수 없는 것이다. 현대인은 서사물 속에서 허우적댄다 해도 과언이 아니다. 물론 그 주류는 소설이다. 아마 소설로 생계를 유지하는 사람들의 수는 전 세계적으로 수천만 명에 달할 것이다. 『반지의 제왕』이나 『해리포터』 시리즈는 수십 억 달러의 수입을 영국에 가져다주었다.

우리 인간은 시간과 공간 속에 산다. 따라서 서사물의 작중인물들 역시 시간과 공간 속에서 살기 마련이다. 그런데 시간은 좀처럼 잡히지 않는 불가지론적 존재다. 인간사의 모든 문제는 시간과 관련이 있다. 나는 한국 소설의 시간과 공간에 관한 연구로 박사학위를 취득했다. 그래서 리쾨르의 「시간과 서사물」에 관심을 가졌고 문학도는 이 책을 반드시 읽어야 한다고 생각하여 제자들에게 강조 또 강조했다. 혹자는 국문학을 전공하는 사람이 꼭 그런 책을 읽어야 하느냐고 반문할지 모르겠지만 우물 안 개구리가 되지 않기 위해서도 이러한 호한하고 난해한 책을 독파했다. 나는 민간수사법을 잘 구사한다. 쉬운 책만 읽다가 어려운 책을 읽으려면 수면제와 같이 졸리고 말 것이다.

"빈대떡만 먹던 사람은 연한 뼈를 씹으면 이가 다 빠질 것 아녀?"라고 물어보고 싶다.

사실 인간의 행위는 어떤 틀에 비쳐진 은유이다. 그래서 리쾨르는 『살아있는 은유』를 지었고 더 넓은 세계로 확장하는 차원에서 이 『시간과 서사물』을 저술한 것이라고 이해해야 한다. 시간을 담는 그릇인 서사물의 세계는 무한대의 세계인 것이다.

이 책의 제1부는 시간에 대한 이론과 서사물에 대한 이론을 각각 개별적으로 검토하여 궁극적으로 이 양자를 종합하여 서사 행위가 어떻게 인간의 실존적이고 윤리적 조건과 그 의미를 밝히는 데 어떻게 기여하는가를 탐색하는 것이다. 제2부의 핵심은 역사 서술에서의 서사물과 시간의 형상화인데 여기에서 모든 역사적 시간이 갖는 서술성에 기초한다는 것을 밝히고 있다. 제3부는 허구 서사물 곧 중국식으로 표현하면 '소설에 있어서의 시간의 형상화'로 요약할 수 있다. 그리고 마지막 제4부는 이 책에서 제일 많은 분량을 차지하고 있는데 허구적 서사물에서 이야기된 시간의 여러 변주를 다루고 있다. 역시 대가는 남의 어려운 이론을 요령있게 요약해 준다. 공부한 사람은 알 것이다. 그러한 작업이 얼마나 지난한 길인가를 알 것이다. 제4부만 읽어도 우리는 리쾨르의 창을 통하여 서구 250년간의 시간과 서사물에 대하여 만화경과도 같은 시간 여행을 할 수 있으리라.

나는 이 책을 처음 읽은 것이 30년 전인데 지금도 그때의 감동이 생생히 느껴진다. 리쾨르를 알려는 사람은 칼 심스의 『해석의 영혼 : 폴 리쾨르』를 읽기 바란다.

복수와 화해

문순태는 광주의 토박이 작가라 해도 틀린 말이 아닐 것이다. 중고등학교를 광주에서 나왔고 대학(조선대)마저 광주에서 나왔으며 대부분의 직장 생활도 광주에서 했다. 그런데 그를 생각하면 무등산이 아니라 지리산이 떠오른다. 그의 중편소설 『철쭉제』의 주요 배경이 지리산이기 때문이다. 나는 이 중편소설을 우리나라 중편소설의 3대 수작 중의 하나라 생각한다. 좀 아쉬운 점이 있다면 장편소설로 스케일을 키웠으면 하는 점이다.

내가 이 소설을 처음 읽은 것은 아마 1981년 ≪한국문학≫ 8월호일 것이다. 그 후 1983년에 창작집 『피울음』에 수록된 것을 읽었고, 대학에서 소설론 강의할 때 읽었고, 내 박사학위 논문 「한국 현대소설의 시간과 공간 연구」에서도 크로노토프(chronotope·시공간)를 적절히 배합된 예로 이 작품을 분석했다.

나는 크로노토프를 설명하면서 바둑의 수를 들어 설명했는데 일부

노문학자들에겐 적절한 비유라고 회자되고 있다는 말도 들었다. 또한, 새의 둥지라는 공간에 알을 낳고 부화하는 것도 좋은 예일 것이다. 그러나 이러한 서술 형식뿐만 아니라 이 소설은 주제가 형식에 걸맞게 잘 조화가 되었다. 복수의 일념으로 30년을 살아온 검사인 주인공은 아버지를 죽였을 것이라 추정하는 박판돌을 앞세워 지리산 종주 코스인 노고단, 반야봉, 연하천, 세석평전을 향해 등반 아닌 등반을 한다, 그리고 세석평전 철쭉나무 밑에 묻혀 있는 유골을 발견한다. 그러고 나서 박판돌은 사라진다. 만약 이 소설이 이 아버지의 유골을 찾는 데서 끝맺어졌다면 이 소설은 평범한 소설이 되었을 것이다.

이 소설은 클라이맥스에서 대반전이 이뤄진다. 천왕봉 에피소드에서 사라졌던 박판돌은 다시 나타나 기막힌 이야기를 들려준다. 나의 할아버지가 판돌이 어머니를 범하는 현장을 목격한 판돌이 아버지 박쇠의 피부림과 박쇠처의 팔이 잘리는 부상, 그 후로 사냥을 핑계로 나의 아버지가 지리산 세석평전에서 박쇠를 죽여 유기한 것이다. 6·25 때 판돌은 나의 아버지를 묶어 끌고 가 자신의 아버지 유해를 찾으려다 뜻밖에 자기가 박쇠를 죽였다는 자백을 듣고 판돌이는 나의 아버지를 살해한 것이다. 이 기막힌 사연을 들은 나는 부끄러움을 느낀다. 그리고 판돌이가 자기의 아버지를 살해한 심정을 이해하게 된다. 이대를 이은 복수의 복수극은 나 자신으로 끝내야겠다는 심경의 변화와 자괴감이 지리산 정상에서 어둠과 함께 짙게 깔리게 된다.

이 소설은 6일간의 이야기 시간 속에 60년의 이야기된 시간을 담고 있다. 그리고 동일한 지리산이라는 공간에 그 60년의 시간대가 적절히 교차하면서 소설의 크로노토프를 형상화한다. 문순태는 2012년에 전 9권으로 완결판을 낸 『타오르는 강』에서 영산강변의 어느 마을을 두고 3대에 걸친 이야기로 대하 장편소설을 완성했는데 이 소설도 공간과 시간의 크로노토프가 잘 어울린 작품이다.

또한 『철쭉제』는 웅장한 지리산 종주 동반 코스를 따라 작중인물들의 심리묘사, 그리고 자연 배경묘사가 뛰어난 작품이다. 나는 항상 훌륭한 작가는 묘사력이 뛰어나다고 말하곤 하는데 이 소설을 읽으면 이 점을 확실히 확인할 수 있을 것이다.

이 소설의 마지막 날은 대단원이다. 지리산에 자욱한 안개가 걷히듯 나의 마음속에 가득했던 복수의 일념도 말끔히 걷히게 되었다. 아버지를 죽인 원수를 용서하고 화해하는 이 소설의 주제는 “판돌씨 내년 철쭉제 때 다시 만납시다. 그리고 미안합니다. 아버지 대신 제가 사과하지요”라는 말에 다 녹아 있는 것이다.

이 작품은 광주 시민을 학살한 전두환 정권의 서슬이 멀금한 때 발표되었다는 점을 유의해야 한다. 6·25 때 10세의 어린 소년이 30여 년이 흘러 좌우익의 용서와 화해의 주제를 이처럼 아름답게 보여 주었다는 데 가슴 뭉클하다. 우리의 정치 현실은 화해와 용서를 빌지 않는다. 이렇게 꽉 막힌 현실을 보면서 소설이 대설(역사)보다 낫다는 생각이 든다. 훌륭한 소설은 우리를 일깨워준다.

호모 이라쿤두스(분노하는 인간)

수주 변영로는 그의 명시 「논개」에서 "거룩한 분노는 종교보다 깊고"라고 읊고 있다. 임진왜란 때 진주성의 함락으로 4만 명이 도륙되는 현장을 목격한 논개는 비록 기생이지만 분연한 거룩한 분노로 왜장을 안고 남강에 투신할 수 있었던 것이다.

분노는 동과 서가 같이 절제되어야 할 인간의 한 특성으로 간주되어 왔다. 그러나 분노를 안으로 삭이는 것만이 최고의 덕이란 말인가. 최근에 손병석 교수의 『고대 희랍·로마의 분노론』(바다출판사, 2013)을 읽으며 서양에서의 '분노'의 뿌리를 알게 되었다.

이 책은 제1부 사회·정치적 맥락에서 본 분노, 제2부 정치적 분노와 설득, 제3부 분노 치료와 행복, 이렇게 3부로 엮여 있다. 독자에 따라 관점이 다르겠지만 대부분의 독자들은 제3부 분노 치료와 행복에 초점을 맞출 것이다.

나는 아직도 수양이 덜 되어서 그런지 "나는 분노한다, 그러므로 나는 존재한다"라는 명제를 굳은 신념으로 삼고 살고 있다. 우리의 근대사를 뒤돌아보면 분노하지 않는 것이 비정상적이다. 숱한 양민학살이 있었지만 우리는 분노할 줄 모르고 살아왔다. 점점 정치적·사회적 불평등이 심화되고 있는데, 분노하지 않는 것은 죽은 것이나 마찬가지다. 우리는 서서히 데워져 종국에는 삶아져서 죽는 개구리 신세다. 이 모든 것을 타파하는 힘이 바로 정당한 분노다. 모든 혁명의 밑바탕은 분노로부터 시작한다. 분노는 휴화산이 활화산이 되는 것처럼 모든 불평등을 일시에 날려버릴 것이다. 잔재주를 피우는 사람, 현실에 안주하여 타협 아닌 타협을 일삼는 사람, 비겁한 사람들은 분노할 줄 모른다. 분노할 줄 아는 사람은 불공정한 판을 엎어버리는 진정한 용기, 곧 올바른 분노를 할 줄 아는 사람이다.

왜 우리의 처지가 이처럼 뒤틀려 버렸는가. 거짓말을 참말이라고 둔갑시키는 언론을 보고 참는 것은 죽은 것이나 마찬가지다. 조금이라도 뭘 바라는 사람들은 언론에 대놓고 잘못되었다고 말하지 못하는 법이다. 나는 바랄 것이 없으니 떳떳하게 말할 수 있다. 털털 털어버리면 가볍고 가벼우니 올바른 분노를 당당히 표출할 수 있다. 지금의 우리 현실이 1%도 못 되는 소수의 가진 자들의 횡포한 짓을 다 안다. 오죽하면 '지옥 한국'이라고 자조 섞인 신조어를 만들어 냈을까. 이 패배주의적인 신조어에 빠지면 우리는 거기에서 빠져나올 수 없다. 우리에겐 성인군자의 '분노를 삭여라, 그러면 행복해질 것이다'라는 말은 더 이상 들을 수 없을 만큼 절박해졌다. 나도 가끔 친구들에게 "나이가 먹어가면서 점점 미운 놈이 없어지더라. 그러니 다들 이쁘게 보여"라고 진반농반으로 말한다. 그러나 이러한 마음가짐으로는 우리의 현실을 타개할 수 없다.

우리의 젊은이들이 취직이라는 미끼에 걸려 퍼덕이는 것을 볼 때, 누가 그들을 이렇게 만들었는가 생각하면 분노가 끓어오른다. 청년실업이 심각한데도 가만히 있는 청년들을 볼 때 분노하지 않을 수 없다. "나는 생각한다, 그러므로 나는 존재한다", "나는 반항한다, 그러므로 나는 존재한다", "나는 분노한다, 그러므로 나는 존재한다", 이 세 명제 중에 어떤 명제가 이 헝클어진 우리의 현실을 바로잡을 수 있을 것인가. 나는 물론 마지막 명제라고 단연코 답할 것이다.

3·15부정선거가 빌미가 되어 4·19혁명으로 쫓겨난 이승만을 국부로 추앙하여 광화문 네거리 세종대왕 동상과 이순신 장군 동상 사이에 그의 동상을 세우자는 극우 세력이 우리 사회의 주류 지배층을 이루고 있다는 현실은 우리를 분노케 한다.

다시 4월의 하늘 아래 세종로의 가로수는 연둣빛 잎새를 보이고 있다. 그 수많은 젊은이가 총에 맞아 숨져간 그 자리에 이승만 동상을 세우겠다는 그 뻔뻔함에 우리는 분노한다. 우리 모두 56년 전 4월 19일에 외쳤던 그 분노의 함성을 외쳐야 할 시점이 아닌가 한다.

함석헌 선생은 "깨어 있는 백성이라야 한다"라는 말로 이승만 독재정권에 맞서 분연히 일어섰다. 이제 우리는 "분노할 줄 알아야 산다"는 말로 우리의 불평등한 온갖 것들을 타파해야 한다. 그러려면 용기가 있어야 한다. 우리 용감해집시다. 그래야 우리의 현실을 바꿀 수 있다.

호모 비아톨(여행하는 인간)

'호모 비아톨'이란 말은 프랑스의 유신론적 실존철학자 가브리엘 마르셀(1889~1973)의 같은 이름의 저서 때문에 널리 쓰여진 말이다. G. 마르셀은 또한 철학자뿐만 아니라 극작가이자 비평가였다.

『호모 비아톨』은 1945년 불어로 출판되어 영어로 1962년 번역되었다. 꼭 읽어보고 싶은 책이었으나 책을 구하지 못하여 고심하던 차에 1987년 2월 28일 버클리의 헌책방에서 구입하여 읽은 것이 거의 30년이 다 되었다.

이 책은 "자아와 타자와의 관계"를 비롯하여 총 11편의 논문으로 되어 있다. 권말에 붙은 릴케에 대한 전 2부로 된 논문은 G. 마르셀의 진면목이 보이는 글이다. 라이너 마리아 릴케는 현대인을 "하이마트로제(실향인)"라고 불렀다.

이 말은 20세기가 도시화와 산업화로 말미암아 현대인은 진정한 의미의 고향을 잃어버린 사람들이란 뜻이다. 따라서 현대인은 그 잃어버린 고향을 찾아서 정처 없는 여행을 하고 있는 것이다. 인간의 역사는 탐색의 과정이다. 무엇인가를 찾아 인간은 부단히 여행을 한다.

여행에는 수많은 종류가 있다. 그 중에서 가장 궁극적인 여행은 여러 종교에서 말하는 최고의 신을 찾아나서는 것이리라. 나는 종교를 가지고 있지 않아서 궁극적인 구원의 여행은 할 수 없기에 세속적인 여행을 할 뿐이다.

러시아의 바이칼 호수에도 갔고, 키르기스스탄의 이식쿨 호수도 보았다. 남아공의 희망봉에 가서 대서양과 인도양이 만나는 곳에 서 보기도 했다. 그러나 아직 남미 대륙은 가보지 못해서 항상 서운한 마음이다.

살다 보면 희한한 일도 접하게 된다. 1999년 7월 10일에는 미국의 그랜드캐니언, 10월 16일에는 금강산, 12월 14일에는 중국의 항주에 여행했다. 소위 세계의 명승지로 손꼽히는 세 곳을 한 해에 여행하는 기회를 잡았다는 것은 지금 생각해 보아도 꿈만 같다.

나는 여행복이 있어서인지 2007년 7월 2일부터 평양에서 열렸던 학술회의에 참가하였고 묘향산과 백두산 정상(장군봉)도 올랐다. 나는 중국 쪽으로 백두산에 네 번이나 올랐는데 그때마다 천지를 볼 수 있었는데 북한 땅에서는 천지를 볼 수 없었다.

안내인의 말마따나 천지를 보려면 삼대 적선을 해야 한다던데, 아마 그때 천지를 못 본 것은 나뿐만 아니라 위로 2대에 걸쳐 적선을 하지 않은 것으로 치부하고 나 살아생전 다시 백두산에 올라 천지를 꼭 보리라고 다짐했는데 남북관계가 경색되어 가니 다시 북한 쪽에서 백두산에 오르기는 가망이 없어 보인다.

나는 여행을 좋아한다. 중국도 열댓 번이나 갔고 15박 16일로 실크로드 여행도 했다. 정말 낙양의 용문 석굴에서 만여좌의 불상을 보았으니 내 일생 마지막 길이 편안할 것이라는 어느 동료 교수의 말마따나 과연 그럴까. 내가 불교 신자라면 인도의 아잔타 석굴도 보았으니 극락 가는 표는 받아놓은 것인데 신자가 아니어서 아쉬울 뿐이다.

나는 지금도 책을 열심히 읽는다. 책을 통한 마음의 양식을 찾아 나는 지식의 순례길을 걷고 또 걷는다. 책 속에 길이 있다는 중학교 때 괴짜 국어 선생님의 말을 충실히 실천해 온 셈이다. '나 가리라, 그 진리의 세계로'라면서 두 주먹 꼭 쥐고 뛰어온 셈이다.

나는 새로운 책을 만나면 가슴이 뛴다. 아마 죽는 날까지 이러한 감동이 지속되기를 바랄 뿐이다. 젊었을 때는 앞에 걸어가는 사람이 보이면 달음박질을 해서라도 추월했다. 숙습이 난방이라 했던가, 한 때는 자동차 운전도 이런 식으로 했으니 쑥스럽기 그지없다. 나는 수많은 여행의 출발점에 다시 선 것처럼 생각한다.

나는 서강대 철학과로 입학하여 1학년 2학기 때 사학과로 전과했고, 2학년 1학기 때 국문과로 전과해서 국문학자의 길을 걸었다. 나는 학문 영역에서도 여행을 많이 한 셈이다. 그래서 철학에 대한 아련한 향수를 느낀다. 지금 생각하면 그냥 철학을 전공했으면 하고 생각해 본다. '호모 비아토', 나는 지금도 근원적인 고향을 향하여 노년이 되어 조심스럽게 발길을 떼어놓는다. 좋은 길동무를 만나면 더더욱 다행일 것이다.

반항인

나르키소스(나르시스), 시시포스(시지포스), 프로메테우스, 이 세 신들의 공통점이 무엇이냐고 묻는다면 선뜻 대답하기 어려울 것이다. 궁금증을 해소 시키는 뜻으로 정답을 말하면 '반항'이다. 그러나 많은 사람들은 고개를 갸우뚱할 것이다. 이 글이 이 궁금증을 해결해줄 것이다.

알베르 카뮈의 『시지프의 신화』 때문에 시시포스의 형벌로 바윗돌을 산 정상으로 끌어 올리는 행위가 자기 존재를 증명하는 반항적 행위라는 것은 알 만한 사람은 다 아는 사실이다. 그리고 프로메테우스는 제우스가 인간으로부터 빼앗아간 불을 갈대에 숨겨 인간에게 다시 가져다준 죄로 코카서스 산 정상의 바위에 묶여 낮에는 독수리들이 간을 쪼아 먹고, 밤에 간이 다시 길어나 다음날 낮에 독수리가 다시 쪼아 먹는 반복된 형벌을 받았다는 것을 알고 있으니 그의 반항적 행위를 이해할 수 있다 치자.

그러나 나르키소스와 반항은 통 이해할 수가 없다. 바로 여기에 우리의 상상력이 필요한 것이다. 시시포스도 카뮈 이전에는 그의 반항적 행위를 많은 사람이 알아차리지 못하였다. 나르키소스는 님프 에코의 구애를 끝내 거절하자 에코의 저주로 물웅덩이에 비친 자신의 모습을 바라보며 자신의 갈망을 채울 수 없자 절망 속에서 죽어 갔다. 그런데 이러한 나르키소스에게서 반항적 행위를 찾아내기란 쉬운 일이 아니다.

어떻게 보면 우리의 일상은 다람쥐 쳇바퀴 돌리는 것과도 같기도 하다. 그러나 우리는 정말 그 끝이 죽음이라는 것을 알면서도 열심히 살아간다. 우리가 날마다 살아가는 것이 바로 조물주에 대한 반항적 행위라고 나는 해석한다. 그리스 신화에 나오는 대부분의 신들은 자신의 뜻을 거스르면 반드시 응징한다. 그래서 나는 서양 귀신은 동양 귀신보다 훨씬 잔인하다고 생각한다. 나르키소스는 에코의 저주로 자기애에 빠져 죽게 된다. 나르키소스를 우리에게 새롭게 해석해준 사람은 지그문트 프로이트다. 소위 '나르시시즘'은 근원적인 병적인 자기 사랑이다.

그러나 나는 신의 유혹을 떨쳐내고 자기에의 성찰에 빠진 나르키소스의 행위를 신의 질서에 대한 반항적 행위로 해석할 수 있다. 르네상스 시대에 일기 시작한 인본주의 역시 신에 대한 반항에서 비롯된 것이다. 물웅덩이에 비친 자신의 모습에 빠진 나르키소스는 결국 죽었지만 현대인에게 '나는 무엇이며 왜 존재하는가'라는 명제를 되살려 놓았다. '나'를 감옥에서 해방시킨 나에 대한 성찰이야말로 우리 존재의 새로운 인식이 아닐 수 없다.

어떤 사람들은 프로메테우스의 반항에 좀 더 마음이 쏠리게 될 것이다. 프로메테우스를 해방시켜 준 신은 헤라클레스다. 우리를 해방시켜 준 헤라클레스는 누구인가. 광주 시민에게 위의 세 신의 이야기를 들려준다면 무엇이라 대답할 것인가. 어떤 사람은 "오메 우리는 아직도 시시포스처럼 바윗덩어리를 굴리고 있는 것 아녀?"라고 말할지도 모른다. 또 어떤 사람은 "우리가 민주의 불을 이 땅에 가져다 주었는디 왜 내 가슴은 이리도 쓰리냐. 누가 내 가슴을 쪼아대는 독수리를 콱 때려 잡아준다냐"라고 말할 수 있다. 이번 총선의 결과로 가슴이 뻥 뚫렸는가. 아니라고 생각하면 나르키소스처럼 우리 자신에 대한 객관적 응시를 할 수도 있을 것이다.

그러나 우리에게 공통된 명제는 알베르 카뮈를 패러디하여 "나는 반항한다. 그러므로 나는 존재한다"로 통일되기를 바란다. 장님 코끼리 만지는 우화처럼 우리 인간은 동일한 것도 각양각색으로 인식한다. 나는 이 명제를 1958년에 처음 알았는데 "운명아 내 칼을 받아라"라는 말로 나를 채찍질하며 살아왔다. 사실 내 한평생 "반항한다. 고로 나는 존재한다"를 나의 삶의 지표로 삼았다. 나는 한 번도 불의의 세력에 타협한 적 없고 소위 역사에 비추어 부끄럽게 처신하지 않았다. 그래도 내가 깨끗하게 벌어 밥 세 끼 굶지 않고 오늘날까지 잘 살고 있으니 "나는 반항한다. 그러므로 나는 존재한다"라는 내 삶의 그루터기요, 마음의 고향이다. 인생이란 별것이 아녀. 이 악물고 바르게 살면 그게 인생인 것이여.

「채식주의자」 '맨부커상'을 품다

2016년 5월 16일은 한국문단의 새로운 이정표가 세워진 날이다. 이곳 광주에서 유년기를 보낸 한강(1970~)이 「채식주의자」로 2016년 맨부커상 국제 부문 수상자로 선정되어 그 소식이 TV와 신문지상의 빅뉴스가 되었기 때문이다.

한강은 아직도 장흥에 살면서 나이가 많으면서도 매년 장편소설 한 권씩 꾸준히 출간하는 소설가 한승원의 딸이다. 『채식주의자』는 「채식주의자」(2004), 「몽고반점」(2004), 「나무불꽃」(2005) 등 세 편의 중편소설이 연작으로 구성된 창작집(2007년 10월 창비)이다. 이번의 수상작은 책 제명이기도 한 중편소설 『채식주의자』인 모양이다. 벌써 서점에 나가있는 재고는 동이 났고, 창비사는 새로 10만 부를 더 찍는다니 한국문단과 출판계는 경사가 아닐 수 없다.

맨부커상은 1969년 영국의 식품회사 부커그룹이 제정해 처음에는 부커상으로 불리다 2002년 맨그룹으로 후원사가 바뀌면서 맨부커상이라는 이름이 되었다. 이 상은 본상과 국제상으로 나뉘고, 이번에 한강은 국제상 부문에서 수상했는데, 2005년 이후 원작자와 번역자가 공동으로 수상하는 특징 있는 문학상이다. 이 상은 노벨문학상, 프랑스의 콩쿠르상과 함께 세계 3대 문학상이다. 아마 한국인이 열광하는 것은 이 다음엔 숙원인 노벨문학상 수상 가능성이 훨씬 커졌다는 점일 것이다.

우리는 노벨상이 중학교 학생이 아령 운동 3개월 후 알통을 뽐내는 것으로, 아니면 경제개발 5개년 계획같이 목표를 세우고 밀어붙이면 되는 줄 착각하고 있다. 이번의 수상도 탁월한 번역가 데버러 스미스가 있었기에 가능했던 것이다. 따라서 영어권과 불어권의 좋은 번역자를 찾아내고 지원하는 것이 필요하다. 사실 우리 문단의 몇몇 소설가들은 노벨상 수상에 손색이 없는 작가이기도 하다.

수영의 박태환, 피겨의 김연아가 어느 날 갑자기 하늘에서 떨어진 것이 아니라 본인의 부단한 자기 연마의 결과이듯 작가 또한 그렇다. 우리의 고급문화의 수준도 각 방면에서 비약적 발전을 하고 있다.

한강의 아버지 한승원은 작품의 양이나 질적 수준에서 이미 한국 최고의 작가 중의 하나다. 다만 그의 소설은 소위 전라도 토속어를 많이 구사하기 때문에 외국어로 번역하려면 이른바 표준어로 번역해야 하는 또 하나의 어려움이 있다. 그의 중기의 장편소설 「바다의 뿔」은 좋은 번역자를 만난다면 충분히 노벨문학상에 도전할 만한 작품이다. 무녀의 성무식이라 해도 과언이 아닐 작품 내용은 범세계적 신화의 세계인 동시에 물과 여자의 생명력 상징은 세계인의 공감을 얻기에도 좋은 것이다. 한강은 아버지에게서 문학적 자산을 물려받아 현대인의 세련된 언어로 자신의 세계를 스토리텔링해 나간다고 할 수 있다.

내 개인적 욕심으로는 2014년 창비에서 출간되어 국내에서도 좋은 평가(만해상 수상)를 받은 『소년이 온다』가 수상작이었으면 하는 아쉬움이 남는다. 이 소설은 5.18을 다룬 장편소설 중 빼어난 작품이다. 5.18 광주민주화운동을 어린 소년의 눈으로 보고 이야기 들으니 분노를 새삼스럽게 새록새록 솟아나게 한다. 5.18 36주년을 맞아 『소년이 온다』가 수상되었다면 광주민주화운동이 전 세계인에게 새롭게 조명되는 계기가 되었을 것인데 못내 아쉽다. 야구에서 만루에서 단타를 때리면 최소한 두 점이 나올 수 있지만, 2사 후 3루타는 그것뿐이고, 다음 타자가 죽으면 무득점이 된다. 서러운 광주의 5월에 『소년이 온다』가 수상작이었다면 광주의 서러움을 좀 누그러뜨렸을 것을.

소설이란 이야기이고 그 이야기는 서술자의 말과 작중인물이 짜낸 하나의 교직물이다. 「채식주의자」는 몇 번을 읽어야 작가의 진정성을 알아차릴 수 있는 작품이다. 우리는 자기와 다르다고 알게 모르게 무언의 폭력을 가한다. 이 세상 사람 모두가 다 똑같다면 그것은 구더기나 괴물의 세상일 것이다. 그럼에도 불구하고 우리는 남이 자신을 닮기를 바란다. 「채식주의자」는 이러한 우리에게 조용한 경고를 울려주는 작품으로 찔레순을 깨무는 그런 맛이 나는 작품이다. 이 작가의 다음 작품을 기대하며 아울러 축하의 말을 보낸다.

아리아드네의 실

크레타 섬의 미노스 왕은 그의 아들이 아테네에서 객사하자 대선단을 이끌고 아테네를 침공하여 아테네의 항복을 받아냈다. 그 결과 9년마다 아테네 처녀 7명과 총각 7명을 공물로 받기로 하고 회군했다. 마침 모험을 끝내고 아테네로 귀국한 테세우스는 자신이 왕자임에도 불구하고 부왕에게 간청하여 공물의 일원으로 크레타 섬의 미노스 왕국으로 간다.

미노스 왕의 왕비 파시파에는 해신 포세이돈이 보낸 황소에 반하여 그 황소와 통정하기를 원하여 그리스의 제일가는 공장장이인 다에다로스에게 부탁하여 나무로 만든 소의 속으로 들어가 소원을 성취했다. 그런데 임신한 왕비가 낳은 것은 반인반우인 괴물 미노타우로스였다. 미노스 왕은 너무나 창피하여 다이다로스를 시켜 지하에 커다란 미궁을 짓게 하여 그 한 가운데 미노타우로스를 가둬놓고 공물로 바쳐진 아테네의 처녀 총각을 잡아먹게 했다.

마침 미노스 왕의 공주 아리아드네는 공물로 뽑혀 온 테세우스에게 반하여 실 한 타래를 주면서 미궁의 입구에 한쪽을 묶어 놓고 들어가 괴물을 퇴치하고 나올 때는 그 반대로 감으면서 나오도록 했다. 테세우스는 그 괴물 미노타우로스를 처치하고 아리아드네가 준 실을 따라 미궁의 입구에 다다를 수 있게 되었다.

이 신화에 나오는 미궁은 여러 작가에게 상상력을 불어 넣어 소설로 형상화하게 했다. 대표적인 것에 앙드레 지드의 『테세』, 니코스 카잔차키스의 『미노스 왕궁에서』 등이 있고, 우리나라의 경우 이승우의 『미궁에 대한 추측』이 미노스 미궁에 대한 형상화이다. 앙드레 지드의 『테세』는 1차 대전 이후 무기력한 현대인을 표상하기도 했으며, 크레타섬이 고향인 니코스 카잔차키스는 그의 지적 탐험의 원천으로 이 미로를 형상화했다. 이승우의 『미궁에 대한 추측』은 오늘을 살고 있는 우리에게 미궁 속과 같은 현실을 생각케 해준다.

이 미노스 미궁에 대한 신화는 여러 가지 신화에 대한 해석을 가능케 하고 생명의 은인인 아리아드네를 배신한 테세우스는 그 저주로 부왕을 죽게 했다. '아리아드네의 실'은 엉클어져 실마리를 찾기 어려울 때 그 실마리를 찾는 것을 뜻한다. 신화는 현대인들에겐 허황된 이야기처럼 들릴지도 모르나 상고인들에겐 생활의 현장이었고, 현실 그 자체이고, 현실을 뛰어넘는 것으로 인식되었다.

필립 휠라이트는 현대인의 가장 큰 불행은 신화를 상실해 버린 것이라고 말했다. 여기서 말하고 있는 '아리아드네의 실'에 관한 이야기도 우리에게 여러 가지 질문과 대답을 마련하고 있다. 미궁을 지어서 미노타우로스를 가두게 해줬던 다에다로스도 포세이돈이 보낸 황소와 자신의 왕비를 통정하게 목우를 만들어주었다는 것이 탄로되어 미궁에 갇히게 되었고 나중에 밀랍으로 날개를 붙여 탈출할 때 그의 아들 이카로스가 너무 높이 날아올라 태양에 밀랍이 녹아내려 추락했다는 이야기 등 우리에게 많은 교훈을 주고 있다.

지금 우리 사회는 총체적 난국에 처해 있다 해도 과언이 아니다. 누가 우리에게 '아리아드네의 실'을 주어 이 미로 속을 빠져 나오게 해 줄 것인가. 우리의 잠재의식 중에는 미궁에 대한 공포가 있다. 미궁은 어떻게 보면 중심점이 없는 원과 같기도 하다. 현대인의 실존적 문제를 중심점 없는 원으로 표상할 때 우리는 정상인이 아닌 비정상인인 것이다.

움베르토 에코의 『장미의 이름』도 미궁의 이미지를 통하여 현대인에게 장미, 곧 그리스도의 의미를 부각하고 있다. 『장미의 이름』에서 장미가 무엇을 가리키는지 알아내는 것이 이 작품의 주제 파악이다. 우리에게 과연 아리아드네는 나타날 것인가? 그리고 아리아드네는 실을 건네주며 괴물 미노타우로스를 퇴치하라고 할 것인가. 테세우스에겐 퇴치할 괴물이 확고하지만 우리에겐 그 괴물마저 불확실하다는 것이 비극이다.

프로크루스테스의 침대

테세우스는 헤라클레스에 버금가는 그리스의 영웅이었다. 그는 아테네의 왕 아이게우스와 트로이젠의 왕녀 아이트라 사이에서 태어났다. 아이게우스는 결혼하고 곧바로 귀국했는데 아이트라는 열 달 후 사내아이를 낳았다. 이 아이가 테세우스다. 아이게우스는 아테네로 귀국하면서 바닷가 커다란 바위 밑에 자기의 샌들과 칼을 묻어 놓고 만약 사내아이가 태어나 성인이 되면 이 바위 밑에서 신표를 찾아 아테네로 자기를 찾아올 것을 당부하였다.

테세우스는 씩씩한 사내아이로 성장하여 16살이 되었을 때 어머니 아이트라는 해변으로 데려가 아버지가 귀국할 때 묻어둔 바위를 들어 신표를 찾도록 했다. 바위를 들어 올려 샌들과 칼을 찾은 테세우스는 안전한 뱃길을 마다하고 위험이 곳곳에 도사린 육로를 택하여 아테네를 향하여 떠났다. 헤라클레스가 많은 악당을 퇴치한 것과 마찬가지로 테세우스도 여행 중 많은 악당을 징벌했다.

다마스테스도 많은 악당 중 하나였는데 그의 별명은 프로크루스테스였다. 이 악당은 길가는 나그네를 재워준다고 유인하여 키가 작은 사람은 큰 침대에 눕혀 사지를 잡아당겨 늘려 죽이고 키가 큰 사람은 작은 침대에 뉘어서 맞지 않는다고 다리를 잘라 죽였다. 이로부터 '프로크루스테스의 침대'는 독단적 재단을 뜻하게 되었다. 우리에게도 '이현령 비현령(耳懸鈴 鼻懸鈴)', '녹비(鹿皮)에 가로왈(曰)'이라는 말이 있다. 문자 그대로 '자기 마음대로다'라는 뜻이다.

조선조 후기 탐관오리의 행태를 보면 이런 나라는 망해야 마땅하다는 생각이 든다. 각종 민란과 동학혁명의 원인도 총체적 부패로 말미암은 가렴주구에 있는 것이다. 오늘날에도 정도의 차이는 있지만 상상을 뛰어넘는 비리가 도처에 도사리고 있다. 누가 테세우스처럼 망나니 프로크루스테스를 그의 침대에 눕혀 찢어 죽여 줄 수 있을 것인가. 한줌밖에 안 되는 소수 특권층의 횡포가 우리 사회를 망하게 한다. 그들은 누구인가. 우리는 그들의 정체를 안다. 그런데도 그들을 징치하지 못한다. 오죽하면 '무전유죄', '유전무죄'라는 비아냥대는 말이 생겨났을까. 이런 사회에서는 정의가 존재할 수 없다. 따라서 어떤 혁명적 결단이 필요하다. 비판이 사라진 사회는 죽은 사회다. 우리나라 언론은 참다운 언론이 아니다. 기득권 세력에 빌붙어 공생하는 언론은 없느니만 못하다. 언론이 참다운 언론이 되지 못하도록 길들인 자 누구인가. 우리는 안다, 그들이 누구인가를. 그러나 우리는 벙어리처럼 말을 하지 않는다. 왜냐하면 비겁하기 때문에 우리는 4.19혁명과 5.18광주민주화운동, 6.10민주화항쟁을 이루어 냈음에도 불구하고 아직도 권력에 무서워하고 있다. 무엇이 두려워 무서워하는가.

말도 안 되는 논리로 한국사 교과서의 국정화, 그들은 과연 역사를 알기나 하는가. 권력에 빌붙는 지식인은 역사적 죄인이다. 집필진을 밝히지 못하는 한국사 국정교과서는 당장 그만두어야 한다. 누가 국론을 분열시키려 드는가. 국론분열은 이적행위다. 북한보다 몇십 배에 달하는 국방비를 쓰면서도 항상 패배감에 젖어 있는 당국자들을 보면 언제쯤 자신감을 갖게 될 것인가. 그렇다면 그들의 엄살은 무엇을 노리고 있는가. 그것은 다름 아닌 대국민 공작용이다.

그리스 신화 속의 테세우스 이야기가 아직도 그 생명을 가지고 있는 이유는 그 은유적 수사법 때문이다. 실은 테세우스 이야기의 핵심은 성년식 절차에 있다. 온갖 고난을 물리치고 탐색의 과정을 거쳐 비로소 진정한 영웅으로 탄생하는 이야기는 2500년이 지난 이 시점에도 여전히 우리를 감동시킨다. 그리고 테세우스의 이야기를 통하여 우리에게 권선징악과 같은 교훈을 준다. 신화는 결코 역사는 아니다. 신화는 역사라는 말뚝보다 훨씬 강하다. 그런데도 현대인은 썩은 말뚝에 매달린다. 역사는 일회적 사건의 이야기이지만 신화는 영원회귀적 이야기다. 그래서 테세우스 신화는 언제나 새로운 생명을 가지고 우리에게 이야기를 들려준다. 또한 악당은 반드시 징벌을 받는다고 가르쳐준다.

미다스의 손

미다스는 그리스 신화에 나오는 소아시아에 있는 프리기아의 왕이다. 디오니소스를 훈육했던 술에 취한 실레노스를 맞이해 성대한 연회를 베풀어주고 디오니소스에게 데려다주었다. 디오니소스는 이에 대한 보답으로 미다스왕에게 무슨 소원이든 하나를 들어주겠다고 약속하자 미다스는 자기가 만지는 모든 것을 황금으로 변하게 해달라고 청했다. 그래서 디오니소스는 그 소원을 들어주었다. 그런데 미다스왕은 음식을 먹고 마시려 할 때야 자신이 어리석었다는 것을 깨달았다. 그래서 다시 디오니소스에게 모든 것을 황금으로 만드는 손의 능력을 거두어달라고 간청했다. 그러자 디오니소스는 팍플로스 강에서 몸을 씻으라 했고, 그랬더니 그 마법이 풀리게 되었다. 그 후로 이 강의 조약돌에서는 자그마한 황금 알맹이들이 발견되었다고 전한다.

한편, 미다스는 나중에 아폴론과 판의 음악 경연에 관여해 산의 신인 늙은 트몰로즈의 판결에 이의를 달았는데 그 벌로 아폴론은 그의 귀를 당나귀 귀로 만들어버렸고, 이에 미다스는 터번을 써서 이 사실을 감추려 하였다. 그러나 미다스의 이발사만은 왕의 귀가 당나귀 귀 같다는 사실을 알았다. 그러나 이 사실을 누구에게도 말할 수 없었다. 그러나 이발사는 어디서든 그 왕의 비밀을 털어놓고 싶었다. 그는 땅에 구멍을 파고 그 안에 대고 '미다스 임금의 귀는 당나귀'라고 속삭인 다음 그 구멍을 메워 버렸다. 얼마 지나지 않아 그 자리에 갈대가 자라기 시작했고 바람이 불 때면 갈대가 서걱거리며 이발사가 묻어놓고 간 '임금님 귀는 당나귀 귀'라는 소리가 났다. 이 이야기는「삼국유사」기이편 제2에 나오는 신라 48대 왕인 '경문대왕'조에 나오는 이야기와 비슷하다.

우리 인간은 황금을 중요시해왔다. 이 미다스왕의 손은 무엇을 의미하는가. 각자에 따라 그 의미의 해석은 다를 것이다. 하늘에서 돈벼락이나 떨어지지나 않을까 하고 하늘을 바라보는 사람에게는 귀가 번쩍할 말이다. 그러나 "황금을 보기를 돌처럼 하라"는 교훈에 따라 사는 사람들에게는 '거 봐 내가 뭐랬어' 하면서 경각심을 다시 되새길 것이다.

우리 주변엔 돈에 환장한 사람들이 너무나 많다. 그대들이여 아는가, 황금독엔 그 어떤 해독제가 없다는 것을. 오직 몸에 지닌 황금을 다 버려야 그 황금독에서 풀려난다는 진리를 그대들은 아는가, 황금으로 일어선 자 황금으로 망한다는 사실을.

천박한 자본주의를 우리는 천민자본주의라 한다. 이 천민자본주의가 인류의 재앙인 것이다. 이 세상의 혼란은 가진 자들이 더 갖겠다고 욕심을 더 부릴 때 생기는 법이다. 최첨단 컴퓨터로 중무장한 미국의 월가는 세계 재앙의 진원지이다. 빈익빈 부익부를 부추기는 천민자본주의는 인간의 영혼을 앗아가는 흉물일 것이다. 언젠가 우리 인류는 그 요물 같은 현대의 금융시스템 때문에 파멸에 빠질지도 모른다. 그래서 2015년 월가를 반대하는 시위가 대대적으로 벌어졌던 것이다. 지금이라도 미다스가 팍플로스 강에서 손을 씻었듯이 인류가 황금의 손을 씻지 않으면 정말 어느 날 돈벼락에 맞아 죽을지도 모른다.

문학작품에서도 이 미다스 신화의 주제를 극에서나 소설에서 형상화하곤 한다. 그중에서도 헝가리 소설가 졸탄이 쓴 『미다스 왕』(1891)이 가장 유명한데 오랜 가난 끝에 벼락부자가 된 한 예술가의 삶을 묘사한 것으로 이 예술가는 자신의 부를 올바르게 향유할 수 없어 결국 자살하고 만다. 이러한 주제는 우리나라 소설에서도 많이 나타난다. 이 세상의 쇠붙이를 마구 먹어치우며 몸집을 불리던 '불가사리'가 결국 그 몸무게를 이기지 못하고 쓰러져 일어나지 못했다는 불가사리 이야기에서 우리는 천박한 자본주의에 대해 반성해야 할 것이다.

21세기 약육강식의 천민자본주의가 그 윤리를 다시 찾지 않는 한 인류의 장래는 없다. 어떻게 보면 미친 자본주의는 핵무기와 같은 대재앙인 것이다. 인류는 묘하게도 전쟁의 폐허 속에서 평화의 비둘기를 찾아내곤 했다. 그래서 손을 씻지 않은 미다스의 후예들에게도 희망을 걸어본다.

아리스토텔레스의 『시학』

문학을 전공하는 사람들도 아리스토텔레스의 『시학』을 제대로 읽은 사람은 극소수에 불과하다. 『시학』은 시의 이론이라고 넘겨짚어 이해하려 한다. 『시학』은 한마디로 말한다면 '비극론'이다. 좀 더 나아가서 말한다면 일반 예술론이라고 할 수 있다. 『시학』의 분량은 총 26장에 우리의 신국판으로 인쇄할 때 60여 쪽에 불과한 소책자이다. 이 책은 BC 347~322년 사이에 쓰인 것이고 그의 사숙 '리세움'에서 그의 제자들에게 강의한 강의 노트일 것으로 추정한다.

플라톤이 그의 사숙 '아카데미'를 친조카에게 물려주자 아마 분기탱천한 아리스토텔레스가 리세움을 세웠다. 천하(당시 지중해권)의 영재들이 리세움으로 몰려들었고 그 영재들에게 예술 일반론과 비극(비극도 운문으로 쓰였음)론에 대한 강의 수고가 『시학』이다. 천하의 영재들이었던 제자들이었기에 자세한 부연 설명이 필요없었겠지만 범재인 우리에겐 자세한 주석이 필요한 것이다. 매우 역설적이다. 가령 엘스(Else) 같은 사람은 수천 쪽에 달하는 해설서와 논문을 썼다. 평범하나 우리 문학도를 위해 O. B. 하디슨 2세가 주석한 『문학도를 위한 아리스토텔레스의 시학』은 좋은 참고서가 될 것이다.(레온 골든 영역, O. B. 하디슨 2세 해설, 최상규 역, 예림기획, 2002) 이 책의 특징은 문학도를 위한 주석에 있다. 나도 몇 권의 『시학』을 읽어 봤지만 이 책을 능가할 책이 없다. 분명 좋은 책이 있는데 병폐는 읽지 않는데 있다. 원전을 읽지도 않았으면서 아는 체하는 사람들이란 꼴불견이다.

1972년 후배의 석사학위 심사광경은 44년이 지난 지금까지도 참담한 심정으로 기억된다. 당시 후배의 논문은 '1930년대 한국 단편소설의 플롯 유형론'이기에 아리스토텔레스의 『시학』에 나오는 플롯론을 원용하는 것은 너무나 당연한데, 한 심사위원이 "잠깐 자네는 왜 소설론을 발표하면서 『시학』을 원용하는가"라고 발표를 중단시키고 질문 아닌 훈계조의 논평을 한 것이다. 나는 쥐구멍이라도 있으면 들어가고 싶은 심정이었다. 그는 분명히 『시학』을 읽지 않았다. 그것이 나에게는 큰 충격이었다. 내가 1974년 충남대 국문과에 전임강사로 부임하자 원하는 학생에 한하여 앞의 그 책을 복사도 아닌 타이핑해서 방과시간에 강독하여 다 마친 적이 있다. 그리고 1980년대 중반 희곡론 강의에 적당한 강사가 없어서 내가 한 학기 강의를 맡았었는데 『시학』은 비극론이고 문학도로서 반드시 읽어야 할 책이기에 460여 쪽에 달하는 『문학도를 위한 아리스토텔레스의 시학』을 속속들이 강의한 적이 있다.

서양의 문학이론은 이 책에서 비롯하였고 미국의 시카고학파들은 이 『시학』을 공동으로 읽어나가면서 그들의 비평론을 정립했다. 나도 그들의 이론을 좋아했기에 일찍부터 『시학』을 철저히 읽었는데 나의 문학이론 공부에 많은 도움이 되었다. 그런데 소설론에는 나쁜 영향을 미치기도 했는데, 아리스토텔레스의 플롯론을 소설에 적용한 것이다. 문학 장르 중에서 가장 정제된 그리스 비극의 플롯을 전혀 성격이 다른 소설의 플롯에 적용한 것은 거인에게 어린이 색동옷을 입히려는 것과 다름이 없다. 쉽게 말하자면 소설은 소설이고 비극은 비극이다. 20세기 가장 위대한 문학이론가인 미하일 바흐찐은 이러한 모순을 꿰뚫어 보았다. 1930년대에 발표한 소설론들은 당대 영미권의 이론과 비교해 볼 때 현격한 수준차를 보여준다. 1970년대 후반부터 바흐찐이 미국에 소개되기 시작하여 가위 '바흐찐 기업'이라고 불릴 만큼 선풍적 선호도를 점하고 있다.

참 어떤 책은 우리에게 많은 것을 알려준다. 아리스토텔레스의 『시학』은 나에게 문학에 대한 안내서이자 내 사고의 출발점이 되었다. 왜 우리는 고전을 읽는가? 고전은 모든 시대의 비평 세례를 받고서도 꿋꿋하게 버텨낸 것이기 때문이다. 끝으로 최근에 펭귄클래식 코리아에서 번역된 『아리스토텔레스 시학』을 권한다. 훌륭한 책이다.

판도라의 상자

판도라의 '상자'는 정확히 말하면 판도라의 '작은 항아리'다. 그리스 신화에 나오는 판도라의 이야기는 잘 모르면서 판도라의 상자에 대해서는 아는 체하는 사람들이 많다. 그래서 판도라에 대해서 자세히 살펴보도록 하겠다.

인간이 프로메테우스가 전해 준 불을 사용하는 것을 막을 수 없게 되자 심술궂은 제우스는 새로운 재앙을 생각해냈다. 그래서 솜씨 좋은 불의 신 헤파이스토스에게 명령을 내려 아름다운 여인의 형상을 만들게 했다. 프로메테우스를 시새움 하며 싫어하던 아테네는 그 형상에 하얀 옷을 입히고 얼굴에는 베일을 씌워 하늘거리게 하고 머리에는 아름다운 화환으로 치장하여 황금 머리끈을 매어 주었다. 이 머리끈에는 헤파이스토스가 제우스를 기쁘게 하려고 갖은 기교를 부려 만든 동물 형상이 멋지게 새겨져 있었다. 신들의 전령인 헤르메스는 이 아름다운 여인에게 말을 잘하는 능력을 선물했고, 미의 신 아프로

디테는 모든 요염함을 선물했다. 제우스는 이렇게 아름답고도 착한 모습을 한 여인에게 사악함을 숨겨두었다. 제우스는 이 여인을 판도라라고 명명했다. 그 뜻은 '모든 것을 선물 받은 자'라는 뜻이다. 이 여인에게 여러 신이 각각 인간에게 불행을 가져다주는 선물을 주었기 때문이다.

제우스는 이 판도라를 데리고 신들과 인간들이 함께 사는 아래 세상으로 내려왔다. 판도라의 빼어난 아름다움에 모두 놀라 눈이 휘둥그레졌다. 판도라는 제우스의 선물을 전하기 위하여 프로메테우스의 동생인 순진한 에피메테우스를 찾아갔다. 평소 프로메테우스는 동생에게 '인간에게 어떤 고통을 주지 않으려면 올림포스산에서 오는 제우스의 선물을 절대로 받지 마라, 받더라도 곧 되돌려 보내야 한다'고 신신당부했건만 아무런 소용이 없었다.

에피메테우스는 형의 당부를 그만 잊어버리고 아름다운 판도라를 반갑게 맞아들였다. 그는 판도라의 선물을 받고 나서야 비로소 무슨 재앙의 화근이 있음을 알아차렸다. 그때까지 인간들은 프로메테우스의 도움으로 재앙이나 고달픈 노동은 물론 병도 모르고 잘 살았다. 판도라는 뚜껑이 달린 커다란 선물 항아리를 가지고 들어와서는 에피메테우스 앞에서 두 손으로 뚜껑을 열었다. 그러자 그 항아리 속에서 온갖 재앙이 악마의 무리처럼 솟아오르더니 번개처럼 빠른 속도로 지상에 퍼졌다. 단 하나의 좋은 선물만은 항아리의 맨 밑바닥에 숨어 있었는데 그것은 '희망'이었다. 그런데 판도라는 제우스의 명령대로 '희망'이 튀어나오기 전에 뚜껑을 닫아 영원히 항아리 안에 남겨두었다.

우리는 이 판도라의 신화를 읽고 무슨 생각을 할 것인가? 독자에 따라 각각 다르게 받아들일 것이다. 그런데 나에겐 판도라의 이미지가 박근혜 대통령에게 겹쳐지고, 제우스의 이미지는 미국에 겹쳐진다.

성주에 설치가 결정된 '사드'는 판도라의 항아리에서 나온 근심덩어리고 자칫 잘못했다가는 동북아시아의 질서를 파괴하는 씨앗이 될 것이다. 일본이나 괌의 미군 기지를 방어하기 위한 성주의 사드 배치는 한마디로 주권 없는 나라의 슬픔을 새삼스럽게 깨닫게 한다. 연일 관제 언론을 동원해 사드의 정당성을 무차별적으로 홍보하지만 민족과 국가의 장래를 생각할 때 한 줌도 안 되는 현 집권세력의 국정 농단은 망국의 길로 질주하는 것이나 다름없다.

옹고집을 부리지 말라. 이 나라 이 민족이 그들의 것이 결코 아님을 인식하라. 이래도 내년에 또 다른 감언이설에 속을 것인가. 거짓말 공화국이란 비아냥을 듣는 현 정권은 거짓말을 덮기 위해 또 다른 거짓말을 계속해야 하는 모순에 빠져있다.

누가 '판도라의 항아리' 안에 남겨져 있는 '희망'을 끄집어낼 것인가. 과연 그 '희망'은 영원히 판도라의 항아리 밑바닥에서 잠자고 있을 것인가. 판도라의 신화 이야기는 우리의 현실에 절절히 들어맞는 이야기이고 겉으로만 아름다운 괴물 판도라에 우리는 속아서는 안 된다. 이래서 신화는 현실이고 영원한 생명력을 지닌 '위대한 말씀'인 것이다. 판도라에 미망되어서는 안 된다.

이카로스의 비상

이카로스는 그리스 최고의 장인인 다이달로스의 아들이다. 다이달로스는 기술은 뛰어났지만 교만하고 시기심이 많은 사람이었다. 다이달로스에겐 탈로스라는 조카가 있었는데 다이달로스보다 손재주가 뛰어났다. 그는 이 재주 많은 조카를 가르쳤다. 다이달로스는 조카이자 제자인 탈로스의 명성이 자기를 능가할까 봐 성 위에서 밀어 떨어뜨려 죽여서 땅에 묻었다. 그러나 누군가에게 들켜 법정에 고소되어 유죄 판결을 받았다.

그렇지만 다이달로스는 고향 아테나이에서 도망쳐 크레타섬의 미노스왕에게 망명을 요청했다. 그는 미노스왕의 보호를 받으며 그리스 제일의 기술자로 대접받았다. 미노스왕은 파시파에 왕비가 낳은 반인반우의 괴물 미노타우로스를 가둬놓을 미궁을 만들어 달라고 요청했는데 어찌나 정교하게 만들어졌던지 만든 장본인인 다이달로스마저 시험 삼아 들어갔다가 간신히 빠져나올 정도였다.

다이달로스는 왕비 파시파에가 제우스가 보낸 흰 소에게 반하여 정을 통하고 싶어해 그 욕정을 채우도록 나무로 소를 만들고 소가죽을 둘러씌워 정을 통하게 하여 그 결과 괴물 미노타오로스를 낳았다는 사실을 미노스 왕이 알고 나서 대노하여 아들 이카로스와 함께 미로에다 가두어 놓았다. 그러나 그리스 최고의 장인인 다이달로스는 깃털을 밀랍으로 붙인 날개를 만들어 그의 어린 아들 이카로스와 함께 하늘로 날아올라 크레타섬을 탈출했다. 다이달로스는 아들에게 너무 높이 날면 밀랍으로 붙인 날개가 녹아 떨어지니 높이 날지 말라고 신신당부를 했으나 어린 이카로스는 새처럼 훨훨 날 수 있는 것이 너무나 신이 나서 높이 높이 날아올랐다. 아뿔씨 그는 날개를 붙인 밀랍이 태양에 녹아 바다로 떨어져 죽었다. 다이달로스는 해변에서 아들의 시신을 찾았는데 파도에 떠밀려온 아들의 시신을 안고서 통곡을 했다. 사람들은 다이달로스가 그의 조카 탈로스를 죽인 인과응보라고 말했다. 다이달로스는 절망 속에서 아들을 매장하였다. 그는 이카로스의 시신이 떠밀려온 그 섬을 영원히 기념하기 위하여 '이카리아'라고 명명했다.

아들을 장사지내 주고 나서 여행을 계속하여 코칼로스 왕이 다스리는 시켈리아섬으로 갔다. 그는 그를 받아준 코칼리스 왕을 도와 많은 일을 해 주었고 유명한 기술자도 여러 명 양성해서 시켈리아에 큰 도움을 주었다. 그러나 그는 아들이 추락한 이후 행복한 삶을 누리지 못하다가 노년을 슬픔과 여러 가지 고민으로 보냈다. 다이달로스는 온갖 기술을 다 가졌지만 재승박덕한 사람이었다.

우리 사회는 자식을 이카로스처럼 키우는 사람이 너무나 많다. 그 결과 수많은 자식들이 하늘에서 떨어져 죽는다. 그저 천방지축 모르게 놓아먹인다면 그 결과는 명약관화다. 이카로스 이야기는 비상과 추락, 비상의 한계를 우리에게 일깨워준다. 우리의 현실이 이카로스의 비상과 흡사하지 않은가? 물정 모르고 날뛰는 것이 꼭 하루살이와 같다. 하루살이에겐 이틀이란 시간은 존재하지 않는다. 먼 나라 그리스의 신화가 오늘날 우리에게 경고음을 보내는 것을 감지해야 한다. 이제 좀 살게 되었다고 흥청망청 돈을 쓰는 걸 보면 딱하기 그지없다. 쌀에서 비롯되었던 우리 민족이 쌀을 멀리하는 것을 보면 벌을 받아도 여러 번 받아야 한다. 날개가 달렸다고 다 나는 것은 아니다. 제대로 날 줄 알 때 그 날개가 소중한 것이다. '날자, 날자꾸나'라고 외쳐대며 마음대로 난다면 그것은 메뚜기떼의 무질서한 비상에 지나지 않는다. 꼭 우리의 현실이 메뚜기떼의 방향감각을 상실한 비상과도 같다. 오늘을 사는 이카로스여, 제발 분수를 알고 비상하라. 그래야 그대들은 추락하지 않고 창공을 계속 날 수 있으리라.

오르페우스와 에우뤼디케

이 세상에서 아내를 가장 사랑한 사람이 누구냐고 묻는다면 나는 음악의 신 오르페우스를 꼽겠다. 오르페우스는 가수이며 뛰어난 리라의 연주자였다. 그는 강의 신이며 트라케의 왕인 오이아그로스와 무사이 여신 칼리오페 사이에서 태어났다. 음악의 신인 아폴론은 오르페우스에게 리라를 선물로 주었다. 오르페우스가 리라를 뜯으며 어머니에게 배운 아름다운 노래를 부르면 하늘의 새, 물속의 물고기, 숲속의 모든 동물들뿐만 아니라 심지어 나무들과 바위들마저도 귀를 기울였다. 그의 아내는 물의 요정인 에우뤼디케였다. 이 부부는 아주 다정하게 서로를 사랑했다. 그러나 에우뤼디케는 요정 친구들과 함께 풀밭을 거닐다가 그만 독사에게 물려 죽게 되었다. 오르페우스도 요정들과 함께 비통한 마음을 리라의 선율에 맞추어 노래했다. 그러나 그는 비통의 노래를 부르는 것에 머무르지 않고 하계로 내려가 죽음의 세계를 다스리는 왕과 여왕에게 호소하여 지상세계로 사랑하는 아내를 데려오겠다고 결심한다.

오르페우스는 어쩌면 죽음의 세계에 붙잡혀 영영 지상계로 돌아오지 못할 위험이 도사리고 있는 명계를 향하여 떠난다. 그는 타이나론에 있는 저승문을 지나 계속 아래로 내려갔다. 드디어 그는 창백한 모습의 왕과 그의 엄격한 아내가 있는 옥좌로 나아갔다. 그리고 리라를 켜며 죽은 아내 에우뤼디케를 돌려달라고 애절하게 노래했다. 아내를 위한 정성 어린 노래에 하계의 왕과 왕비도 감동하여 에우뤼디케를 데려가라고 허락했다. 하계의 여왕 페르세포네는 에우뤼디케의 망령을 불러내어 "자 데려가거라. 그러나 하계의 문을 완전히 벗어날 때까지는 너의 아내를 절대로 뒤돌아보지 말아라"라고 신신당부를 했다. 두 사람은 어두운 명계를 벗어나고자 계속 걸었다. 그때 오르페우스는 사랑하는 아내가 너무나 보고 싶어 그만 흘깃 뒤돌아보고 말았다. 그러자 불쌍하게도 에우뤼디케는 애정 어린 눈으로 슬프게 그를 바라보며 어둠의 심연으로 빠져들어 갔다. 오르페우스는 죽을 힘을 다 내어 아내를 잡으려 했지만 소용이 없었다.

오르페우스는 다시 하계로 가서 사정해 보려 했으나 죽음의 강의 뱃사공 카론이 강을 건너 주지 않았다. 그리고 하계의 문도 열어 주지 않았다. 살아있는 인간이 죽음의 문을 자유자재로 넘나들면 죽음의 세계의 질서가 깨지기 때문이다. 그래서 오르페우스는 이승과 저승을 가르는 강가에서 머물면서 탄식과 슬픈 가락의 리라를 켜면서 쓸쓸하게 살았다.

일설에는 디오뉘소스의 축제를 즐기던 트라케의 여자들이 몰려와 모든 여자를 거부하고 죽은 아내만을 생각하는 오르페우스를 질투하여 돌멩이를 던져 죽였다는 이야기도 전해진다. 지독한 애처가인 오르페우스는 이처럼 질투의 화신이 된 트라케의 미친 여자들에게 테러를 당해 죽었다는 아이러니가 있다.

우리는 이 아름답고도 슬픈 이야기 속에 오늘을 살아가는 교훈을 배우게 된다. 분명히 삶과 죽음의 세계는 경계가 뚜렷해야 하지만 정말 너무나 아까운 사람이 일찍 죽는 것을 보면 죽음의 세계가 원망스럽기도 하고 악독한 짓을 허용하는 것을 보면 인간계가 원망스럽기도 하다. 결국 오르페우스는 죽어서야 다시 에우뤼디케를 만날 수 있었다.

남과 북을 생각할 때면 이 오르페우스 이야기가 떠오른다. 남북을 가로막고 있는 국경 아닌 국경으로 존재한 휴전선은 이승과 저승을 가르는 강인가. 오르페우스의 넋을 빼놓는 망령들의 소리처럼 우리의 현실도 온갖 망령들이 날뛰고 있다. 우리는 오르페우스를 노래와 리라의 명수로만 기억하지만 아내를 찾으러 명계로 과감하게 길을 떠나는 결연한 의지를 엿볼 수 있다. 그런 뜻에서 2000년 6월 14일 평양으로 길을 떠났던 김대중 대통령에게도 오르페우스의 결단이 엿보인다. 그런데 에우뤼디케를 다시 명계에 놓고 온 오르페우스처럼 통일의 의지가 허망하게도 좌절된 현실을 살고 있는 우리 모두는 참담할 뿐이다. 우리 시대의 오르페우스는 어디에 있으며 언제쯤 우리 곁에 나타날 것인가.

페르세우스와 안드로메다

페르세우스는 제우스와 다나에 사이에 태어난 아들로 외할아버지 아크리시오스는 이 외손자의 손에 죽게 된다는 신탁 때문에 갓 태어난 아기와 자신의 딸인 다나에를 커다란 상자에 넣어 바다에 던져 버리게 명했다.

이 불쌍한 모자는 어부 딕티스에게 구조되었는데 그의 이복형제인 폴리덱텍스는 다나에를 보고 그 아름다움에 첫눈에 반하였다. 그리하여 그사이 장성한 페르세우스에게 괴물 메두사의 목을 가져오라고 명령한다. 페르세우스는 세 명의 그라이아이(노파를 뜻함)에게 가는 길을 일러준 아테나 여신과 헤르메스 신의 도움으로 모험의 길을 계속 헤쳐나갈 수 있었다. 그는 세 명의 그라이아이를 제압한 뒤 마법의 머리 수건, 마법의 자루, 날개 달린 신발 등을 가지고 있는 요정들의 거처를 알아냈다. 이 세 가지 마법의 물건이 있으면 하늘도 마음대로 날 수 있었다. 그는 세 마법의 물건을 얻었다.

오케아노스에게 날아간 페르세우스는 잠자고 있는 메두사와 다른 두 자매를 발견한 뒤 쳐다보기만 해도 돌로 변한다는 괴물들에게 조심스럽게 다가갔다. 그는 자신의 반짝거리는 방패에 비친 메두사의 모습을 조심스럽게 관찰하면서 헤르메스 신이 준 낫 모양의 칼로 메두사의 목을 잘라냈다. 그런 다음 그 머리를 재빨리 마법의 자루에 넣고 마법의 머릿수건으로 몸을 가리고 그곳을 빠져나왔다.

페르세우스는 임무를 완수하고 고향으로 돌아가는 중에 희생 제물로 바치기 위해 바위에 묶여 있던 에티오피아 공주 안드로메다를 발견한다. 공주의 모습을 보고 한눈에 반한 페르세우스는 괴물을 물리치겠다고 다짐한다. 그리하여 그는 날개 달린 신발을 신고 바다의 괴물을 물리치고 안드로메다를 구해낸다. 에티오피아 왕은 페르세우스와 안드로메다의 결혼을 승낙한다.

결혼식 파티에서 안드로메다의 원래 약혼자였던 피네우스가 안드로메다를 빼앗으려 하자 그는 마법의 자루에 넣어두었던 메두사의 머리를 꺼내어 보임으로써 피네우스와 그의 부하들을 모두 돌로 변하게 만들어버렸다. 이어서 자신의 어머니 다나에에게 끈질기게 구애를 하여 못살게 군 사악한 폴리덱테스 왕도 메두사의 머리로 돌로 변하게 만들어 징치하였다.

모든 적을 물리친 페르세우스는 메두사의 머리를 아테나 여신에게 주어 여신의 방패 한가운데 박아 넣게 했고 헤르메스 신에게는 요정들의 마법의 세 물건을 주었다. 마지막으로 자신의 외할아버지를 찾아가기로 했지만 그는 벌써 펠라스고인들의 나라로 도망해버렸다. 우연히 그 지방을 지나게 된 페르세우스는 마침 그곳에서 벌어진 5종경기에 참가해 원반을 던졌는데 우연히 관람석에 있던 아크리시오스가 그 원반에 맞아 죽었다. 이로써 신탁이 맞아떨어졌고 페르세우스는 자신과 어머니를 죽이려 했던 외할아버지에게 복수하게 되었다.

우리는 페르세우스 신화를 통하여 많은 것을 얻을 수 있다. 첫 번째 난관부터 여러 난관을 극복해 나가는 페르세우스 모험은 우리가 처한 현 국제상황을 어떻게 현명하게 대처해 나갈 것인가 하는 방향 설정에 많은 시사점을 보여주고 있다. 바다의 괴물을 퇴치하고 안드로메다를 구해내는 모티프도 많은 동서양의 신화적 모티프에 공통된다. 또한 결혼에는 많은 혼사 장애가 있는데 영웅들은 그것을 과감하게 돌파해 나간다. 우리 사회에는 많은 괴물의 실체를 정확하게 숙지하지 못하고 있다. 그리고 이 신화에서처럼 신탁은 반드시 이루어진다고 현재에도 믿는 사람들이 적지 않다는 점이다.

조선 말 1894년에서 1910년 사이 긴박했던 그 시기의 역사를 우리는 잘 알고 있다. 우리는 역사를 한낱 과거의 기록으로만 치부하기 일쑤다. 사드 배치를 둘러싼 오늘의 동북아 국제정세는 한민족에게 돌이킬 수 없는 존망의 문제와 깊숙이 관련되어 있다. 이러한 민족 존망의 문제를 국민과 함께 허심탄회하게 공론화하지 않고 일방적으로 결정하는 처사를 볼 때 우리는 페르세우스처럼 난관을 헤쳐나가는 영웅을 바라는 것은 헛된 미망인가? 하나의 민족의 운명이 달려있는 국제문제를 가지고 도박하려 들지 말라. 이것이 오늘을 사는 우리 모두의 염원이다.

산이 울고, 산이 춤춘다

심훈의 시 「그날이 오면」에서 그날은 물론 조국의 해방일이고 광복일을 말한다. 이 시에서 '그날이 오면 삼각산이 춤추고'라고 시인은 읊고 있다. 나는 일제 강점기 동안 발표된 시 중에서 가장 강렬한 저항의식을 표현한 시로 이 시를 꼽는다. 지금 읽어보아도 모골이 송연해지는 느낌이 든다.

인간은 자신의 마음 상태에 따라 대상인 자연물을 수없이 달리 표현한다. 이철균 시인은 「영아」라는 시에서 산을 어머니가 자식 두엇을 손잡고 나온 것이라 표현했다. 그리고 저 푸른 창공으로 훨훨 날아가고픈 심정을 그 누군가 눈짓을 보내자 있는 그 자리에 뚝 멈추고 만다. 시인은 이것을 '잔인한 눈짓'이라고 읊고 있다.

나는 1972년인가 어떤 문예지에 이 시가 발표되었을 때 읽고서 한국적 형이상학의 시라고 생각했던 기억이 아직도 생생하다. 그런데 아뿔싸 평소 친하게 지냈던 이철균 시인에게 「영아」에 나오는 산이 어떤 산이냐고 물어보지 못했다. 그런 산은 우리나라에 숱하게 있으니까 구태여 물어볼 필요가 없었던 것이다. 그는 칠십 평생 독신으로 살았기에 산을 여인으로 비유한 그 여인은 분명 그의 어머니라고 생각한다. 나는 처음부터 그 산은 무등산이었으면 했다. 반달덩이 같고 상중하봉을 거느린 산은 무등산이 제격이라고 생각되었기 때문이다. 언젠가 청명한 가을날, 그때는 공해가 없던 시절이라 송정리에서 바라본 무등산이 유난히 가깝게 보였다. 그래서 무등산이 마치 어린아이 손 잡고 가을 나들이 온 30대의 여인처럼 내 눈에 보인 적이 있었다. 그래서 이철균의 「영아」에 나오는 산은 무등산일 거라고 지금도 생각하고 있다.

1994년 7월 4일 나는 장춘 요녕대 박물관의 호의로 '한중 고대역사와 신화'라는 세미나를 마치고 집안에 처음으로 갔었다. 광개토대왕릉과 장수왕릉, 그리고 광개토대왕비를 찾았고 환도산성도 올라가 보았다. 압록강을 모터보트로 1시간가량 유람했다. 그런데 그 보트가 북한 쪽으로 가깝게 가는 것이 아닌가. 나중에 알았지만 북한과 중국은 압록강과 두만강의 강수는 공유한다는 것이고 압록강 하구의 모든 섬은 북한에 귀속된다는 것도 알았다. 7월 6일 연길에서 백두산을 등정하려 했는데 백두산 일대에 내린 폭우로 길이 파괴되어 무척 고생해 가며 백두산에 오른 시간이 오후 6시인지라 백두산 천지를 못 보면 어쩌나 마음 졸였는데 선녀의 큰 우선으로 구름을 날려버린 듯 천지가 환히 내려다보였다. 그날 밤 지금은 헐려 없어진 백두산 산장에서 묵었다. 다행인지 어떤지 우리가 묵은 방은 주은래 수상도 묵었고 등

소평도 묵었던 방이라는 산장 주인의 설명을 듣고 나니 한편 감개무량하기도 했다. 그날 밤은 무척 하늘이 맑아서 문자 그대로 하늘의 별들이 쏟아져 내리는 것 같았고 어슴푸레한 별빛 속에서 산이 우는 것 같은 소리를 들었다. 엄청난 천지의 물을 이고 있는 백두산이기에 내가 잘못들은 이명이거나 환청이라고 치부했지만 분명히 백두산이 우는 소리를 들었다. 나중에 귀국해서 뉴스를 들었는데 김일성 주석이 사망한 날이 7월 6일이었다니 백두산이 운 것은 그의 사망을 애도한 것이었던가!

나는 6.25 때 칠보 운암댐이 3일간 울었다는 이야기를 들은 적이 있는데 산하가 운다는 것은 분명 국가적으로 좋지 않은 징조인가 보다. 그렇다면 1980년 5월 무등산은 울었을까? 나는 분명히 오래오래 발을 뻗고 통곡했으리라 상상해 본다.

그렇다면 언제 무등산은 덩실덩실 춤을 출 것인가. 어떤 사람은 1997년 12월 18일 김대중 대통령 당선 때 춤을 추었을 거로 생각할지도 모르겠으나 나는 고개를 젓는다. 무등산이 춤출 날은 한민족의 염원인 통일이 되는 날이라고 기원한다. 그때 무등산은 덩실덩실 춤추다가 억겁을 발 묶여 있던 그 자리를 박차고 창공을 향하여 너울너울 날아갈 것이라 상상해본다. 무등산은 어떤 때는 가을 나들이 나온 세 모자로 보이기도 하고 민족통일의 그 날 우주로 날아오르는 세 마리 대붕으로도 보인다. 산이 우는 소리를 듣고, 산이 춤추는 것을 그려볼 수 있다는 것은 오직 나의 상상력 때문이다.

‘점시롱’

내 이종형이 있었는데 조금 모자란 편이었다. 1958년인가 군대에 갔는데 첫 휴가 후 귀대 신고를 할 때 소대장이 “직속 상관 관등 성명” 하고 물으니까 머뭇거리면서 “점시롱”(저이면서) 하고 대답하자 모여 있던 소대원의 폭소가 터져 나왔고 화가 난 그 소대장이 마구 구타를 했던 모양이었다. 사실 바른대로 말하면 ‘점시롱’이란 말은 과히 틀린 말이 아니다. 곰곰이 되새겨보면 우문현답이다. ‘자기(저)이면서 뭘 어렵게 관등 성명을 물을 게 뭐 있느냐’라는 이 말 때문에 기합을 단단히 받고 완전히 ‘고문관’ 취급을 당했으며 훗날 멍하니 ‘먼산바라기’가 되어 끝내 정신병 환자로 지내다 50대에 세상을 떴으니 구태여 사인을 묻는다면 ‘점시롱’으로 인한 구타와 따돌림이라고 할 수 있다. 나는 천진난만하게 ‘점시롱’ 사건을 말하던 그 형의 모습이 60년이 다 된 이 시점에서도 생생히 떠오른다.

설명의 양식 중에서 가장 간단한 것이 지정 또는 동일화(identification)이다. 바로 앞에 있는 사람을 가리키며 '저 사람은 누구입니까?' 라고 물을 때 '저분은 유명한 화가 누구입니다'라고 이름만 대면 될 것이다. 그런데 어떤 경우에는 그 당사자가 평범한 사람일 경우 '아 저분은 유명한 피겨 여왕 김연아 선수의 아버지입니다'라고 말하면 금방 그 사람의 정체를 알 수 있다.

간혹 이 세상에는 너무나도 명백한 것을 빙빙 돌려 어렵게 말하거나 거짓말을 하는 사례가 많다. 특히 전문가들이 이렇게 빙빙 돌려 말하거나 아예 거짓말을 할 때 우리는 분노한다. 백남기 농민의 죽음을 놓고 부검을 해 봐야 한다는 당국의 처사는 진실을 호도 또는 은폐하려는 시도라고밖에 볼 수 없다. 누가 봐도 확실한 시위 진압 과정에서 물대포를 맞아서 죽었다는 것이 명백한데도 서울대 병원 특히 백선하 교수는 병사라고 주장했으니 그는 의사의 양식은 물론이고 교수라고 도저히 믿을 수 없는 진술을 하고 있다. 그렇기에 서울대 의대생들마저도 도저히 그의 말을 믿을 수 없다고 집단적인 반대를 한 형편이다.

백선하 교수에게 다시 묻겠는데 병사가 분명한가. 그러면 그대는 끝까지 정권의 하수인이고 나중에 어떻게 강단에 설 것인가. 더군다나 백남기 농민의 유족들이 물대포에 쓰러진 고인을 적극적인 치료를 거부했기에 심폐 정지가 되었다는 대목은 인륜의 도를 넘은 짐승의 짓인 것이다. 이러고도 우리나라 자연계의 최고 수재 중의 한 사람인가. 우리는 수많은 지식인이 정권의 하수인으로 행세를 했고 그들의 말로를 똑똑히 보아 왔다. 나는 어떤 글에서 박근혜 정권을 '거짓말 공화국'이라 칭한 바 있다. 대통령 선거 과정에서 공약한 것을 실천하지 않은 것은 물론이고 최근의 미르 재단 문제, 그리고 엄연한 사실인 백남기 농민의 사인에 이르기까지 이 정권은 거짓말 콘테스트장과도 같은 줄줄이 거짓말을 엮어냈다. 거짓말로 흥한 자 반드시 거짓말로 망하기 마련이다. 우리는 더 이상 양치기 소년에 속기만 한 순진한 마을 사람이 아니다. "사람이면 다 사람이냐, 사람이 사람다워야 사람이지"라는 말이 절실한 현실이다.

지난 이명박 정권은 멀쩡한 우리의 강하를 난도질하더니 이 정권은 거짓말 한국 근대사를 교과서에 싣겠다는 망동을 부리니 역사가 반드시 올바른 심판을 내릴 것이다. 강하가 난도질당하고 역사마저도 난도질하려는 세력은 누구인가. 이럴 때 '점시롱'이라는 말이 실감 난다. 역사의 회초리는 피부에는 큰 고통이 느껴지지 않을지 모르겠으나 뼛속으로 파고드는 고통으로 변할 것이다. '직속 상관 관등 성명' 신고를 '점시롱'이라 말했다 하여 혹독한 기합을 준 60여 년 전 그 소대장은 지금 무엇을 하고 있을까. 이 정권이 역사를 누가 훼손했느냐고 묻는다면 나는 단연코 '점시롱'이라고 말하겠다.

가장 힘 있는 말은 참말이다. 참말의 수사는 간단명료하다. 왜냐하면 참말이기 때문이다. 정말이지 "말이면 다 말이냐, 말이 말다워야 말이지"라는 문구가 절실한 현실이다. 우리 모두 참말과 참말로 대화합시다. 이럴 때 "나 여기 있고 그대 거기 있으니 우리는 외롭지 않다"라는 말이 가슴에 찡하니 울린다.

야누스의 눈물

야누스(Janus)는 얼굴이 둘 달린 로마의 문을 지키는 신이다. 따라서 야누스는 못 믿을 사람을 뜻한다. 나는 박근혜 정부를 거짓말로 점철해 온 정부라고 어떤 글에서 규정한 바 있다. 그 진면목이 만천하에 밝혀진 것이 JTBC가 찾아낸 '최순실 피시 파일'이다. 올 초부터 제기되어 왔던 최순실 게이트는 정부 당국자뿐만 아니라 박대통령도 줄곧 부정만 해왔다. 시중에 나돌던 온갖 루머가 지난 10월 24일 밤부터 더 이상 루머가 아니라 진실 또는 사실이었다는 것이 밝혀진 셈이다. 국가의 기반을 송두리째 흔든 이번 사건은 우리나라 헌정 사상 처음 있는 일이다. 이것을 19시간 지난 뒤에야 '95초'로 사과한 박근혜 대통령의 대국민 사과 방송은 사과의 핵심인 진정성이 없는 또 하나의 허위 사과이다. 2016년 10월 25일은 대한민국의 국가 기강이 땅에 떨어진 날로 길이 기억될 것이다.

국정감사를 1주일 이상 방해한 이정현 새누리당 대표의 단식은 최순실의 비리를 덮기 위한 정치쇼에 불과했다는 것이 밝혀졌고 그렇게 부정해오던 개헌을 박 대통령이 먼저 제안한 것도 이제 와 보니 그 또한 정치쇼에 지나지 않았다는 것이 밝혀지고 말았다. 25일 대국민 사과 방송 중에 살짝 비친 눈물을 나는 '야누스의 눈물'이라고 부른다. 북풍 몰이로 날을 지새웠던 것도 실은 자신의 커다란 범죄를 덮기 위한 정치 공작에 불과한 것이 되고 말았다. 누가 박근혜 대통령을 원칙을 지키는 대통령이라고 이름 붙였는가. 거짓말로 나라를 망친 대통령으로 길이 남을 것이다. 이번의 최순실 사건은 북핵보다 몇 배나 더 대한민국에 위해를 끼쳤고 세계만방에 우리나라의 치부를 알린 셈이다. 아마 경제적 손실로 따진다면 1000조 원도 넘을 것이다. 이렇게 국민의 재산과 안보에 막대한 손해를 끼친 박근혜 정부는 국민에게 진정성 있는 사과를 하려면 박근혜 대통령의 하야뿐이다. 다른 나라에서 누가 그를 대통령으로 인정하겠는가.

2012년 대선 과정에서 누가 예언했다는 "박근혜가 대통령이 되면 한국에 커다란 재앙이 온다"라고 했던 말이 다시 떠오른다. 그때는 그저 반대당의 악선전이거니라고 치부했는데 25일 대국민 사과 방송을 보니 바로 그 예언이 적중한 느낌 아니 확신이 든 셈이다. 누가 얼음으로 만든 조각을 크리스탈 조각이라고 속였는가. 얼음조각은 기온이 상승하면 녹아 그 형체가 사라져버린다. 핏대를 세우며 최순실의 범죄를 덮으려던 여당 의원들에 묻노니 지금도 여전히 최순실 더 나아가 박근혜 대통령을 옹호할 수 있겠는가. 얼음조각에 불과한 대통령을 위하여 크리스탈 조각이라고 이미지 조작을 해 온 세력들에 다시 묻겠는데 아직도 그 실체를 믿을 수 있는가? 감투가 크면 얼굴을 가린다는 말이 박근혜 대통령을 두고 나온 말인 것만 같다.

우리는 더 이상 속지 않으리. 야누스의 눈물이나 야누스의 미소에 다시는 속지 않으리. 미망에 빠져 있는 자들이여 그 미망을 당장 버려라. 누군가는 말하겠지 "박근혜 대통령이 너무나 불쌍하다"라고. 이번 일은 동정심과 측은한 마음으로 덮을 일이 아니다. 우리나라 온갖 것을 꾸정거리려 들다가 그 덫에 걸린 격이다. 거짓을 감추기 위하여 거짓된 역사 교과서를 만들더니 역사의 저주에 빠진 꼴이다. 생각해 보면 우리 국민이 한심하다. 교육을 피폐하게 만든 세력이 누구인가. 특히 대학을 직업 훈련소 또는 취업 준비기관으로 전락시킨 세력이 누구인가. 전 국민을 이기심으로 뭉치게 해 '만인은 만인의 적'으로 만든 세력이 누구인가. 그 실체를 다 안다. 다만 말하지 못하는 것뿐.

이번 JTBC의 최순실 국정농단 사건의 보도는 신뢰가 떨어져가고 있는 우리 언론 소생의 신호탄이 되었으면 한다. 박근혜 정부가 무너지는 소리가 들리고 있다. 이제 이러한 부실한 세력에게는 권력을 쥐여 줘서는 안 된다. 이럴 때 우리는 다 같이 떨쳐 일어나야 한다. 이 대명천지에 무엇이 두렵단 말인가. 이 현실을 분노하라. 그리하여 참다운 존재가치를 가지기를 빈다. 우리 모두 더 이상 분노하기 전에 박근혜 대통령은 물러나야 한다.

그래도 내일 태양은 뜬다

트럼프가 미국 대통령에 당선이 확정된 11월 9일 미국의 현 대통령 오바마는 "그래도 내일 태양은 뜬다"라고 양심적 미국인에게 호소했다. 얼마나 참담한 심정이었으면 이렇게 말했을까 짐작이 간다. 바로 이런 심정이 우리의 현실과도 같아 전적으로 동감한다. 지금 우리의 정치 상황은 혁명 전야와도 같다. 부패하고 무능한 박근혜 정권은 더 이상 존립할 근거마저 상실했다. 그런데도 정치적 잔재주를 부려 구구도생하려는 행태는 우리를 분노하게 한다.

정치란 살아있는 생명체와 같아서 어떻게 변할지 예측하기 어렵겠지만 11월 12일 국민 총궐기가 지나면 어느 정도 정치의 방향이 잡힐 것이다. 이미 우리의 발걸음은 민주 혁명으로 나아가고 있다. 이러한 대세의 흐름은 아무도 막을 수 없다. 이번이야말로 반민주세력을 구축하고, 이 땅에 민주의 참다운 정부를 세울 최적의 기회다. 또다시 우리에게 명예혁명의 시기가 다가오고 있다. 정말 가슴이 뛴다. 그런

반면에 두렵기도 하다. 우리는 4.19 민주혁명을 해낸 역사가 있다. 그러나 반역사적인 5.16 군사 쿠데타로 말미암아 자유를 찬탈당한 지 26년 만에 1987년 6월 항쟁으로 반쪽의 민주주의를 되찾았다. 그러나 민주 진영의 분열로 말미암아 노태우라는 군부 세력에 합법적으로 정권을 넘겨주고 말았다. 그다음 민주세력의 가면을 쓴 희대의 사기극인 3당 합당을 통한 김영삼 정권의 과도기를 거쳐 1997년 진정한 민주세력인 김대중 정권의 출범은 한국의 유일한 선거를 통한 정권교체였다. 다음의 노무현 정권은 민주세력이 정권 창출에 실패하여 이명박에게 정권을 넘겨줌으로써 민주세력은 다시 고행의 길로 접어들었다, 그러다가 2012년 박근혜에게 또 다시 정권을 내주게 되어 오늘의 불행의 씨앗이 싹트게 되었다.

만약 이번에 민주적인 명예혁명이 성공한다면 이승만 박정희의 독재자에 대한 허상을 정리해야 한다. 특히 박정희에 대한 실상을 낱낱이 밝혀 더 이상 독재자에 대한 환상을 뿌리 뽑아야 한다. 기형적인 박근혜 정권의 탄생도 결국 민주 정부 10년 동안 제대로 된 역사교육의 부재에서 비롯된 것이다. 만약 이번에도 혁명의 결과물인 민주와 자유를 서로 차지하려 분열한다면 1987년 6월 항쟁의 결과를 군부 세력에 내어 준 전철을 밟게 될 것이다. 기억하라. 반드시 기억하라, 1987년의 대선을. 현명한 사람은 두 번 실수하지 않는 법이다.

지금은 태풍이 오기 전의 정적, 그러나 태풍이 몰아치면 모든 것을 날려 버릴 것이다. 바람아 불어라, 더더욱 세게 불어라. 그리하여 모든 것을 날려 버려라. 부정과 부패의 세력을 날려버리고 새로운 민주의 터전을 닦자. 그때 하늘을 쳐다보면 찬란한 태양이 떠오를 것이다. 태양아 비춰라. 파란 하늘에 비치는 태양처럼 우리 모두는 눈부시게 빛날 것이다. 역사의 바퀴는 필연의 궤도로만 굴러가는 것은 아니라지만 우리는 우연을 기대하지 말자.

그날이 오면 우리 모두 손에 손을 잡고 민주의 행진곡에 맞춰 발걸음도 당당하게 나아가자. 그날은 멀지 않았다. 그날은 반드시 온다. 조급하게 서두르지 말자. 차분하게 준비하며 기다리자. 그날은 삼각산만이 아니라 우리나라 방방곡곡의 산들이 너울너울 춤을 추리라. 또한, 한강만이 아니라 온 나라 강하가 용솟음쳐 하늘로 오르리라. 어둠이 걷히고 여명이 열리리니 우리 모두 이불을 박차고 해맞이하러 나가자. 그날이 오면 그날이 오면 하고 외쳤던 심훈은 조국 광복을 보지 못하고 갔지만 우리는 반드시 그날을 맞이하리라. 태양이 작열하는 정오에 우리는 가리라 그 민주의 광장으로. 그곳에서 민주의 새 질서가 다시 태어나고 우리는 그곳에서 목놓아 부르짖으리라. 진정 우리는 그 광장에서만은 자기의 주장을 버리고 우리의 염원인 자유와 민주를 주장하자. 날이 밝아오고 있다. 태양이 떠오르는 힘찬 소리를 듣는가. 그대들이여 부패하고 무능한 정권을 몰아내자. 정말 우리는 모두 "분노한다 그러므로 나는 존재한다"라고 외치자. '거룩한 분노는 종교보다 높다'라고 변영로 시인은 읊고 있다. 분명히 내일 태양은 떠오른다.

뒷모습

앞모습도 중요하지만 그에 못지않게 뒷모습도 중요하다. 외국 어느 사진작가가 쓴 책에 『뒷모습』이란 것이 있는데, 그 책 속의 사진에 나타난 뒷모습은 나에게 많은 것을 생각하게 했다.

호메로스의 『오디세이아』 12권에 나오는 오디세우스의 모험 중에 달콤한 노래로 뱃사람들을 홀리는 세이렌 자매들이 나오는데 오디세우스는 아르곤호의 선원들을 밀랍으로 귀를 막아 세이렌 자매의 유혹을 물리쳤다는 이야기가 나온다.

토요일마다 촛불 데모의 함성을 듣지 않기 위해서 박근혜 대통령은 밀랍으로 귀를 막았는가. 100만의 촛불을, 대군중의 촛불 행진을 내려다본다면 그때의 박근혜 대통령의 뒷모습이 어떻게 비칠지 자못 궁금하다.

요즈음 TV에 나오는 박근혜 대통령의 앞 얼굴엔 혼이 빠진듯하다. 더욱이 클로즈업된 화면을 보면 눈동자에 생기가 보이지 않는다. 이럴 때는 훌훌 털어버리고 청와대에서 나와 버려야 한다. 그러나 이런 용기도 없으니 그저 버티는 모양인데 버틴다고 버텨질 일이 아니다.

지난 11월 21일 발표된 최순실 사건에 대한 검찰 수사 발표만 보더라도 박근혜 대통령은 최순실과 공동 정범으로 지목되었다. 박근혜 대통령은 얼음조각이 다 녹아내리기 전에 국민에게 큰 절로 사죄하고 대통령직에서 물러나야 한다.

모든 것을 다 털어버리고 무대 뒤로 사라져 가는 당당한 뒷모습을 보여 줘야 한다. 국민이 뽑은 대통령이기 때문에 물러날 수 없다는 궁색한 논리로 더는 국민을 우롱하지 말라. 그대를 뽑아준 국민 95%는 그대가 물러나기를 바라고 있다. 물러나는 것도 시의적절해야 한다.

그렇지 않으면 저승사자에게 육모방망이로 얻어맞아 가면서 개 끌려가듯 물러난다면 그 뒷모습이 얼마나 처참할 것인가. 나에겐 보인다, 수많은 군중에게 등 떠밀려 쫓겨나는 그대의 뒷모습이. 이때가 되면 의연함이니 인격이니 이런 모든 것들은 한갓 수사에 불과할 것이다. 이미 그대는 파멸의 기차를 탄 셈이다. 역사가 어김없이 가듯 그대는 파멸의 종착역으로 바퀴가 굴러간다.

더 이상 그대는 대통령직에 연연하지 말라. 이번 토요일(11월 26일)에는 경향 각지에서 150만의 촛불 군중 데모가 열린다고 한다. 예부터 '뭇사람의 말은 쇠도 녹인다'라고 했다. 그대 뭇사람의 뜻을 아는가. 그대 화려한 가면을 쓰고 청와대에 입성했지만, 그 가면을 벗어버린 민낯은 뿔 달린 도깨비보다도 못한 흉물이다.

그대여 그대의 얼굴을 거울에 비추어 보라. 아무리 좋은 성형 주사를 맞았다 하더라도 그대의 얼굴은 이미 괴물인 것을. 이제 남은 길은 깡충깡충 뛰며 소풍 가는 어린아이처럼 물러나는 것이 최고의 선택이다. 이철균 시인은 '저승길은 논두렁 하나 넘는 것'이라고 읊었다. 이 시구는 홀가분한 죽음길을 뜻하고 있다.

인생이란 이런 것. 가을바람 일면 나뭇잎은 낙엽 되어 떨어지는 법. 천하의 가을은 오동잎 한 닢 떨어지는 것으로부터 시작되는 법. 죄를 지었으면 벌을 받아 마땅하건만 그대는 대통령이라는 알량한 담장 안에 숨어 지낸다고 면책이 되는 것이 아님을 모르는가.

대통령직은 긴 역사에 비하면 찰나에 불과하다. 그대는 군중에 등 떠밀려서는 도저히 물러날 수 없다고 몽니를 부리는데 떠밀 때 떠나라. 그러지 않으면 더 추악한 모습으로 쫓겨날 것이다.

그대가 국민에게 마지막으로 봉사하는 것은 의연하게 물러나 마지막 뒷모습을 오래오래 우리에게 각인시켜 주는 것이다. 그대의 귀에서 밀랍을 떼어버리고 군중의 노한 합창을 들어라.

그대는 눈을 가린 머리띠를 풀고 광명천지를 바라보라. 11월 26일 밤 청와대로 행진하는 촛불과 성난 군중의 함성을 보고 들으라. 이제 무대의 조명은 꺼지고 그대의 퇴장만이 남았다.

당당한 퇴장은 씩씩한 등장보다 우리를 감동하게 한다. 11월이 다 가기 전에 우리에게 당당히 퇴장하는 뒷모습을 보여주기 바란다. 그대가 걸어나간다. 축 처진 어깨, 고개, 숙인 머리, 누구는 연민을 느낄 줄 모르나. 나는 '자업자득'이란 말이 이럴 때 쓰라고 마련된 말이라고 생각한다.

페르세우스와 메두사

페르세우스 신화는 그리스 신화 중에서도 파란만장한 편에 속한다. 페르세우스는 제우스의 아들이자 아르고스의 왕 아크리시오의 외손자였다. 아크리시오는 이 외손자가 자기를 죽이고 자신의 왕국을 빼앗을 것이라는 신탁을 받고는 어린 페르세우스와 그의 어머니 다나에를 한 궤짝 속에 넣어 바다에 던져 버렸다. 그러나 제우스가 이들 모자를 폭풍우 속에서 지켜주었고, 모자는 세리포스 섬 주변을 표류했다. 이 섬의 통치자인 딕티스는 이들을 구조해 주었고 정성을 다해 보살펴 주었다.

페르세우스가 청년이 되자 의붓아버지는 넓은 세상에 나가 좋은 일을 하라고 하면서 현재 살고 있는 데서 떠나라고 했다. 페르세우스의 파란만장한 여행은 이렇게 시작된다. 그는 신들의 인도로 흉측한 괴물들의 아버지 포르코스가 사는 먼 변방까지 나아갔다.

맨 처음 페르세우스는 크라이아이라는 포르코스의 세 딸을 마주쳤는데, 이들을 겁박하여 날개달린 신발, 주머니 배낭과 개가죽 투구를 빼앗았다. 이들에게서 고르고 세 자매가 사는 곳을 알아낸 페르세우스는 셋째 딸 메두사의 머리를 잘라 가져 가려고 했다. 페르세우스는 잠자고 있는 괴물들을 찾아냈다. 그의 머리는 용의 비늘과 같은 것으로 덮여 있었으며 머리털은 뱀들이었다. 이 괴물들을 직접 본다면 돌이 된다는 것을 안 페르세우스는 얼굴을 돌리고 번쩍번쩍 빛나는 구리 방패를 거울삼아 잠자고 있는 메두사의 목을 잘라 배낭에 넣고는 왔던 길을 되돌아갔다. 잠에서 깨어난 메두사의 다른 두 자매는 날개를 펴고 페르세우스를 추격하였다. 그러나 앞서 구한 마술 투구에 몸을 숨긴 페르세우스는 두 자매에게 붙잡히지 않고 빠져나왔다.

페르세우스는 다시 날개 달린 신발을 신고 배낭을 메고 투구를 쓴 뒤 하늘로 날아올랐다. 그는 아이티오피아의 해안까지 날아갔다. 그때 바다 위로 솟아오른 바위에 한 아름다운 처녀가 묶여 있었는데, 그녀의 이름은 안드로메다였다. 그녀는 아이티오피아의 왕 케페우스의 딸이었다. 어느 날 바다의 요정 네레이데스보다 아름답다고 말한 죄 때문에 화가 난 바다의 신이 홍수와 상어를 이 나라에 보내어 사람들을 많이 죽게 하자 케페우스 왕은 자기의 아름다운 딸을 희생 제물로 바쳐 신의 노여움을 씻으려고 자신의 공주를 바위에 묶어 놓았던 것이다. 페르세우스는 괴물을 물리치면 공주와 결혼을 허락하겠느냐고 왕에게 묻자 그렇게 하겠다고 승낙을 받았다. 페르세우스는 메두사를 죽인 칼로 괴물을 죽이고 안드로메다 공주를 구했으며, 그녀와 결혼했다.

이 신화는 오늘을 사는 우리에게 많은 것을 생각하게 한다. 박근혜 대통령을 메두사에 대치시켜보면 잘 어울릴 것이다. 행여 무슨 보복이라도 받을까 망설이는 새누리당 국회의원들의 작태를 보면 연민의 정이 든다. 국정감사 때만 해도 최순실 비리를 폭로하자 찌라시 수준의 허위 날조라고 일제히 들고일어나 두둔하던 그대들은 지금 모든 것이 백일하에 드러난 진실 앞에 물 한 바가지 맞은 강아지 꼴이 아닌가. 박근혜 대통령은 2014년 4월 16일 300여 명이 수장되어갈 때 머리 손질을 했다니 그대의 머리카락은 메두사의 머리카락 하나하나가 뱀이듯이 그 사악한 머리칼을 손질하여 무슨 모양을 내겠다는 것인가. 내게는 그 머리카락이 뱀으로 보인다.

우리에게 페르세우스는 광화문 광장에서, 아니 전국 방방곡곡에서 촛불을 들고 거리로 나온 우리 국민이다. 사악한 메두사의 머리를 자르고 우리의 민주주의와 헌법을 유린한 괴물 상어를 단칼에 처치한 페르세우스 신화는 우리들에게 많은 교훈을 준다. 12월 9일 국회에서 박근혜 대통령에 대한 탄핵결의안이 통과되고 다음의 참다운 민주정권이 들어서기까지는 수많은 고비가 남아 있다. 이제 우리 국민은 눈을 부릅뜨고 비민주세력의 발호를 막아야 한다, 정말 1987년 대선에서 김영삼과 김대중의 분열로 반민주세력인 노태우에게 정권을 넘겨준 역사의 전철을 밟아서는 안 된다. 제발 위대한 국민에 버금가는 이 땅의 민주세력의 지도자는 각성해야 한다. 우리의 페르세우스는 누가 될 것인가?

청문회 유감

박근혜 최순실 국정농단 청문회를 보면서 수많은 증인이 나와 증언하는 것을 보면 이런 청문회가 필요한 것인지 회의감이 든다. 특히 세인의 주목을 받았던 김기춘 전 청와대 비서실장은 '모릅니다'로 일관했고 우병우 전 민정수석 역시 '모른다'고 잡아뗐다.

고위직을 지낸 사람들의 도덕적 불감증은 비단 이들에 국한되는 것은 아니지만 책임을 회피하기 위한 '모르쇠'로 버티는 것을 볼 때 청문회가 무슨 거짓말 컨테스트장 같기도 하다.

하기야 수백 명이 죽고 수천 명이 다친 광주민주화운동에 대한 '5공 청문회'도 거짓말로 일관되었다. 전두환 노태우를 중심으로 한 신군부의 권력 찬탈은 광주의 수많은 무고한 시민을 희생양 삼아 가능했다.

천인공노할 범죄를 저질러 놓고도 반복되는 부정으로 청문회를 시종일관 희화화한 5공 실세들에서 우리는 무엇을 깨달았는가. 더군다나 수구 언론들은 그들의 사주들을 청문회장으로 불러내어 망신을 주었다고 앙심을 품고 극우적으로 돌아선 것은 그들 신문들이 이 땅의 민주주의를 후퇴하게 했다는 치욕적 증거가 된다. 아마 우리의 언론이 정도를 걸었다면 박근혜 최순실의 국정농단 사태도 없었을 것이다. 보수라는 미명 아래 무조건 감싸들려 했던 우리의 주요 언론은 오히려 건전한 보수마저도 몰락시킨 셈이다.

청문회는 문자 그대로 묻고 대답하는 것이다. 지금의 7분짜리 질문은 비리를 파헤치는데 시간이 너무 짧다. 최소한 질문 시간이 12분 정도는 되어야 한다. 그리고 질문하는 의원들도 충분히 연구하고 팀워크를 해야 한다. TV로 중계가 되니 인기에 영합하는 질문을 하는데 국민(시청자)은 묻는 의원들의 수준을 다 판가름할 줄 안다.

이번 청문회의 핵심 증인인 최순실의 청문회 불출석은 청문회마저 농단하는 처사가 아닐 수 없다. 공황장애라고 핑계를 대지만 분명 그것은 거짓말이다. 핵심 증인이 빠진 청문회는 하나 마나인 것이다. 성질 급한 국민은 소위 인민재판식으로라도 몰고 가고 싶겠지만 민주국가에서는 그렇게 해서는 안 된다.

이번 청문회대로라면 우리나라는 붕괴되지 않은 것이 요행인 셈이다. 일개 욕심 많은 강남 아줌마에 불과한 최순실에게 농락당한 박근혜 대통령은 하루빨리 국민에게 사죄하고 순순하게 대통령직에서 물러나야 한다.

이번 국정농단 사건이 우리나라에 입힌 손해를 따지자면 1년 국가 예산인 400조 원에 다다를 것이다. 그리고 우리 국민이 받은 정신적 피해는 금액으로는 환산할 수 없는 천문학적 숫자일 것이다.

어떤 사람들은 우리 국민이 참회하는 종교에 길들지 않아서 아무 죄책감 없이 거짓말을 한다고 한다. 물론 이 말에도 일리가 있지만 거짓말을 하면 불이익이 주어진다면 거짓말은 훨씬 줄 것이다. 하기야 거짓말을 참말인 양 강변해대는 것이 영웅인 양 받들어지는 사회에서는 거짓말은 계속 양산될 수밖에 없다.

박근혜 대통령은 대통령 출마에서부터 거짓말을 해왔고, 최순실 국정농단도 자기 책임이 없다고 거짓말을 하고 있으니 끝까지 거짓말로 몰락할 것이다. 나는 청문회에 박근혜 대통령을 내세운다면 어떤 거짓 답변을 할지 자못 궁금하다.

모르고 하는 거짓말은 유머가 될 수 있지만 작정하고 하는 거짓말은 섬뜩한 느낌마저 든다. 이런 거짓말을 양산하는 청문회가 계속된다면 국민의 윤리의식이 땅에 떨어질 것이고, 거짓말을 잘 해야 돈도 벌고 지위도 차지한다고 국민이 믿는다면 우리의 장래는 암담할 뿐이다.

김기춘이나 우병우는 수재 중의 수재라 일컬어진다. 그러나 그들의 재주는 간지에 불과하다. 좋은 머리를 좋은 데 써야지 악의 집단에 이용하게 되면 또 다른 엄청난 악을 낳는다. 묻고 대답하는 것도 결국 대화다. 대화는 대화하는 두 주체가 점차 대화를 통해 하나로 합치되어 가는 과정이다.

그런데 이번 5차까지의 청문회를 보면 대화는커녕 일방적 거짓 독백뿐이다. 제발 우리 사회가 왜 이렇게 되었는지 진지하게 묻고 이에 대한 전 국민적 노력이 없이는 이 사회는 치유 불능의 상태에 빠지고 말 것이다.

역사는 반복되는가?

우주 정거장에서 지구를 내려다보면 지구는 푸르스름한 빛을 띠는 참으로 아름다운 별이라고 한다. 이 아름다운 별에 인간이 등장하고부터 온갖 비극이 반복되어 왔다. 그래도 멀리서 지구를 내려다보면 여전히 아름다운 별이다.

한반도는 캄차카반도와 함께 동아시아의 2대 반도다. 지도를 뒤집어 걸어 놓고 보면 한반도는 태평양으로 도약하려는 도약대와 같다. 다시 원위치로 지도를 놓고 보면 한반도는 대륙으로 진출하려는 교두보 역할을 하고 있다. 임진왜란이 중국(명나라) 침략의 교량 확보였다면, 1910년의 경술국치는 제2차 일본의 교두보 확보라고 볼 수 있다. 한반도는 대륙 세력과 해양 세력의 첨예한 격전지가 되어 왔다. 소설에서 시간과 공간의 얽힘을 크로노토프(시·공간)라고 한다. 같은 한반도라 할지라도 시간대가 다름으로 말미암아 그 크로노토프도 다르다. 같은 한반도라 할지라도 시간대가 1세기나 지났기 때문에 100년 전의 역사가 반복될 수는 없다. 그런데도 대내외적인 여러 역사적 요인들은 우리를 마음 졸이게 하고 있다.

지난해 10월 31일부터 11월 4일까지 시행되었던 미군의 '비전투원 소개 훈련'을 두 달이 지난 1월 3일(미국 현지 시간) 미국 CNN방송이 동행 취재했던 것을 방영한 것은 여러 가지 추측을 낳게 한다. 새해 벽두부터 김정은의 핵 위협 선언과 트럼프 차기 대통령 당선인의 강도 높은 '핵 위협을 가만두지 않겠다'라는 맞대응 등등. 이러다가 비이성적인 두 지도자가 한반도에서 핵전쟁이라도 일으킨다면 우리 한민족은 재기 불능이 될 것이다. 핵무장한 김정은은 한민족을 핵의 볼모로 삼아 동북아 국제 정세를 일촉즉발의 전쟁 전야의 상태로 몰아가고 있다. 이러한 전쟁 분위기의 조성은 우리에게 백해무익이다.

바야흐로 작년 10월 29일 제1차 촛불시위부터 10차에 걸쳐 '박근혜 최순실 국정 농단'에 대한 '시민 혁명'이 진행되고 있으며, 그 성공 여부가 향후의 우리나라 운명을 좌우할 중요 시점에 있다는 것은 누구나 예측할 수 있다. 민주주의가 후퇴한 '잃어버린 10년'을 되찾아야 하고 아무 준비도 없이 국민을 위난의 중심으로 몰고 간 무능한 새누리당을 척결해야 할 시점에서 외부 강대국들의 이해 충돌로 말미암아 판이 깨지지 않을까 걱정이다.

'촛불혁명'은 남한뿐만 아니라 북한마저도 횃불이 되어 태워 버릴 수 있다. 남한의 촛불시위를 놓고 아전인수격 해석을 하는 북한의 위정자들은 자기들의 주위나 잘 살피라고 충고하고 싶다. 엄청난 군사력을 가지고 있음에도 불구하고 '애비야' 하는 식으로 국민을 위기의

식에 빠지게 해서 독재권력을 유지했던 세력들의 수법을 아직도 되풀이 사용하고 있으니 시효가 지난 약 처방에 불과하다. 싸움에는 투철한 투쟁심이 최우선임에도 불구하고 항상 진다는 식으로 국민을 세뇌한다면 정작 유사시에 아무도 전장으로 나가려 하지 않을 것이다.

장기나 바둑은 고도의 지략을 요구하는 두뇌 스포츠다. 장기는 시시각각으로 장기쪽을 이동시켜 적의 왕(궁)을 꼼짝 못 하게 하는 게임임에 반하여 바둑은 한 수 한 수 두어가며 이미 놓여진 점(기착점)을 충분히 살려 나가 최종적으로 집을 많이 차지하는 게임이다. 이 두 게임 다 장기판이나 바둑판 위에 새로운 크로노토프를 형성한다는 점에서는 소설이나 역사와도 일맥상통한다. 가령 계가를 위하여 반상에 놓인 바둑돌들은 그 쓰임새가 다한 돌들이다. 그리하여 바둑통에 쓸어 담긴 바둑돌들은 아무 의미가 없는 것이다. 마찬가지로 장기판 위에 있을 때 장기 쪽들은 의미를 가지지만 장기판을 떠나서는 장기 쪽은 물질에 불과한 것이다.

인간이 특정의 시간과 공간에서 그 역할을 다 할 때, 그 인간은 의미가 있는 것이다. 따라서 우리는 매순간 최선의 삶을 살 때, 역사적 존재 가치를 가지는 것이다. 역사에 눈을 뜬 사람에겐 역사는 결코 반복하지 않는다. 결국 민주주의는 최선의 선택을 위한 노력이라 할 수 있다. 역사의 수레바퀴는 항상 좋은 길로만 굴러가지 않는다. 때로는 진창에 처박혀 그 바퀴를 빼내려고 죽을 고생을 하지만 그래도 하나의 궤적을 그리며 나아간다. 우리의 촛불혁명을 진정한 시민혁명으로 승화시키기 위해서 우리는 각자의 위치에서 최선을 다해야 한다.

‘곱게 늙는다’라는 의미

‘곱게 늙는다’라는 말에는 육체적인 면뿐만 아니라 정신적인 면도 다 고려해야 한다. 실제로 곱게 늙는다는 것은 퍽 어려운 일이다. 우리는 3.1운동 33인 중에서 몇 명은 말년에 훼절하여 친일 행각을 벌인 인사들을 꼽을 수 있다. 그뿐만 아니라 상당수 지식인이 나이 들어 변절하는 경우를 수없이 보아 왔다. 정말 이러한 사례를 접할 때마다 우리를 슬프게 한다.

해방 이후 우리의 굴곡진 현대사에서 초년, 중년에는 반듯한 삶을 살았던 사람들이 노년에 추하게 변모한 사람들을 많이 접해 왔다. 무엇이 그렇게 추하게 늙게 만드는가. 한마디로 말한다면 지나친 욕심이 추하게 늙게 한다.

소설을 비롯한 모든 이야기를 포함한 서사물은 시작, 중간, 끝이 있기 마련이다. 이 세 부분이 유기체적 조화를 이룰 때 그 이야기가 좋다는 평을 들을 것이다. 실제로 한 편의 소설을 쓸 때 작가는 무척 고심한다. 어떻게 보면 망망대해를 앞에 둔 선원과도 같은 심정으로 작가들은 망설인다. 드디어 결단을 내려 서두를 마무리 짓고 나서 가장 분량이 많은 중간 부분을 써 나가게 되겠지만 작가는 어떻게 끝마무리를 할까를 놓고 고심하게 된다.

개연성과 필연성으로 엮어 온 중간 부분을 지나 진정한 필연성으로 끝맺기 위해서 '끝'은 이야기의 작가에게 고심에 고심을 하게 하는 부분이다. 그래서 '끝이 좋으면 다 좋은 것'이라는 말이 있다. 프랭크 커모드는 「종말론(Sense of Ending)」을 썼고 에드워드 사이드는 「시작(Beginning)」을 썼다.

현실로 돌아와 추한 마무리를 짓지 않고 곱게 늙는 것은 한 인간의 한평생의 삶을 잘 마무리한다는 말이다. '최순실 국정 농단 사태'가 몰고 온 우리 사회의 추잡한 이면이 들추어진 것은 충격이 아닐 수 없다. 그중에서도 김기춘 전 비서실장이야말로 겉으로는 곱게 늙은 것 같지만 속으로는 온갖 추악한 작태로 점철된 인사라는 것이 판명되었다. 노년의 실덕은 만회할 길이 없는 법이다.

특검이 20일경 그를 구속 영장 발부를 받아낼 작정이라니 그 노회한 화법 자체가 우리를 구역질 나게 한다. 50년 법조 인생이 이번에 와르르 무너지고 있다. 그는 1992년에는 소위 '초원 복집 사건', 즉 '우리가 남이가'란 말로 지역감정을 조장한 인사이기도 한데 그런 전력을 가진 사람을 청와대 비서실장에 임명한 박근혜 대통령이고 보니 탄핵소추를 받아 마땅하다. 아마 그는 노년에 감방에서 참회의 시간을 보내고 나서야 인생이 무엇인가를 알게 될 것이다.

정말이지 최순실 국정농단 사건을 생각하면 왠지 쑥스럽고 부끄럽고 울화가 치민다. 그렇게 욕된 삶을 살지 않아도 자기만 올바르고 부지런하다면 세 끼 굶을 일 없으련만 온 세상의 밥상을 자기 것으로 착각한 박근혜, 최순실의 욕심은 그들을 추악한 악마로 변형시켰다. 그래서 나는 그들에게 최근에 나온 문순태의 「생오지 눈사람」을 읽어보라고 권하고 싶은 심정이다.

작가나 작중인물들 대부분이 곱게 늙어가는 사람들이다. 곱게 늙어가는 작가에겐 곱게 늙어가는 작중인물들만 보일 것이다. 고유명사인 '생오지'는 이름에 걸맞은 '쌩오지'다. 작가가 곱게 늙어갈 수 있었던 것은 그의 고향이 품고 있는 자연의 소박함에서 연유되었을 것이다. 나도 몇 년 전 그의 대하장편소설 『타오르는 강』(전 9권) 출판기념회에 참석차 '생오지'를 방문한 적이 있어 소설의 배경이 낯설지 않았다.

김기춘 같은 권력지향적인 사람은 문순태와 같은 작가를 '촌놈'이라고 매도할지 모르겠지만 내겐 김기춘은 굴뚝의 검댕을 뒤집어쓴 괴물같이 보이는 반면에 문순태는 초가을 논두렁에 서 있는 풍요하고 순박한 농부처럼 보인다.

흔히 100세 인생이라고 하는데 누구나 노년의 삶이 중요한 이슈다. 그래서 더 욕심부리지 말고 '곱게 늙는다'라는 말을 들어가면서 인생을 마무리 짓기를 권한다. 그리하여 죽음길도 이웃집 나들이하듯이 발 가볍게 떠날 수 있어야 한다. 설도 멀지 않았으니 '곱게 늙는다'라는 말을 들으며 살아가기를 덕담으로 드린다.

호모롤로리스(슬픔의 인간)

인간은 슬펐을 때 참모습을 드러낸다. 그 대표적인 것이 미켈란젤로의 '피에타상'일 것이다. 수많은 피에타상이 있지만 미켈란젤로의 작품을 최고로 치는 것은 아들(예수)의 죽음을 가장 비통하게 그리면서 신비스러운 분위기마저 들게 하는 그 상은 슬픔을 성화시키고 있다. 이 조각상은 미켈란젤로가 25세에 제작한 것이지만 불후의 명작으로 회자되고, 동시에 그를 예술가로서의 명성을 드높여준 작품이기도 하다.

나도 바티칸 성 베드로 성당에서 특수유리에 싸여 있는 피에타상 앞에서 한참 동안 관람한 적이 있었는데 신비한 광휘가 감도는 것을 느꼈다. 정말 이 피에타상은 너무 아름다워 슬펐고, 슬픔에 잠긴 성모 마리아는 너무 슬퍼 아름다웠다.

고등학교 국어 교과서에 실렸던 안톤 슈낙은 끝내 자살로 생을 마감했지만 그의 수필은 그의 죽음을 예견한 성명서 또는 유언처럼 들린다.

그런데 요즈음 우리 현실을 보면 가증스러운 슬픔을 느끼게 하는 군상들이 우리의 눈살을 찌푸리게 한다. 어마어마한 국정 농단을 저지른 죄인인 박근혜 대통령이 눈물을 흘리며 슬픈 표정으로 두 차례나 대국민 사과를 해 놓고 설날 모 인터넷 방송과 인터뷰를 통해서 자기의 잘못을 적반하장격으로 뒤집고 뻔뻔하게 변명하는 것을 보고 불쌍하게 생각하기도 한다.

아마 박근혜 대통령은 어려서부터 막무가내식의 떼를 부리며 성장해 왔으리라. 흔히 말도 안 되는 떼를 우리는 생떼 또는 왕떼라고 한다. 올바른 의식을 가진 국민이라면 그녀가 "누군가 오래전부터 엮은 것"이라는 말에 속아 넘어가겠는가. 이제까지 자기 아버지와 그녀가 수 없는 사람들을 엮어서 죄인으로 만들지 않았는가. 길가는 사람들을 붙잡고 권력이 없는 사람이 최고의 권력자인 대통령을 엮는다는 말을 믿느냐고 묻는다면 무슨 엉뚱한 소리냐고 핀잔을 들을 것이다. 말이라고 입에서 마구 뱉으면 그것은 말 대접을 받지 못한다. 박근혜 대통령은 말 아닌 말을 하니 우리를 슬프게 한다.

이 나라를 국정 중단의 혼란으로 몰고 간 최순실이 특검의 비민주성을 성토한답시고 재판정으로 들어가며 외치는 그녀의 뻔뻔스러움은 우리를 슬프게 한다. 이 나라 국격을 떨어뜨리고 실제로 수백조 원에 달하는 손해를 끼친 중죄인인 최순실이 만인중시 속에서 '비민주적 운운'하며 발악을 하는 장면을 본 사람들은 진저리를 쳤을 것이다.

저런 말도 안 되는 궤변으로 이 나라를 유린해 놓고도 반성은커녕 발악을 해대는 것을 보니 박근혜 대통령은 한참 모자라는 대통령이란 생각이 든다. 유유상종이란 사자성어는 바로 이럴 때를 상정하여 만들어진 말인 것 같다.

모든 죄상이 TV로 시시콜콜 밝혀졌는데도 태극기를 흔들며 관제 데모를 하는 사람들은 우리를 슬프게 한다. 거기다가 새누리당 국회의원들 상당수가 여기에 동조하니 우리를 또한 슬프게 한다. 이제까지 악의 세력이 척결되지 않았기에 이러한 현상이 나타난 것이다.

이제까지 강탈한 권력에 빌붙어 호의호식한 사람들이 너무나도 뻔뻔한 언설을 말이랍시고 뱉어내니 우리를 슬프게 한다. '염치'를 안다는 것은 인간의 기본 윤리다. 그런데 염치를 팽개쳐 버린 사람들이 우리의 지도자라고 자처했으니 이 얼마나 슬픈 현실인가. 몰염치한 사람들은 짐승이나 마찬가지다. 짐승들에게 지배당했다는 것이 우리를 슬프게 한다.

그런데 소위 백성들에 올바른 교육을 하도록 하는 교육부가 백성을 비교육적으로 몰아가니, 이 아니 슬픈 일이 아니고 무엇인가. 정권이 바뀌면 교육부부터 없애야 한다. 알량한 정부 지원금을 미끼 삼아 대학을 초토화한 교육부를 생각하면 우리는 저절로 슬퍼진다.

가진 자에게 절대 유리하게 짜놓은 현행 대학 입시는 우리 사회를 야금야금 파괴해왔다. 자기모멸적인 '흙수저'라는 말이 사람들 입에 거슬리지 않고 자연스럽게 쓰이는 현실이 우리를 슬프게 한다. 우리에게는 슬픔을 이겨낼 어떤 희망은 없단 말인가. 여러 가지 생각이 새록새록 우리를 슬프게 한다.

우연성, 개연성, 필연성

우리는 가히 이야기의 바다에 살고 있다 해도 과언이 아닐 것이다. 이야기, 이야기 또 이야기. 인간은 이야기를 만들어내는 동물이다. 인간의 삶은 한판의 이야기판인 셈이다. 이야기는 이야기를 하는 사람과 이야기를 듣는 사람이 있어야 한다. 인간의 삶이 단순할 때는 화자와 청자는 같은 장소에서 일상적인 말을 하듯 얼굴을 맞대고 이야기한다. 그러나 세상이 복잡해지고 이야기를 전달하는 매체가 발달하면서 화자와 청자는 시공을 달리하여 이야기한다. 우리는 수천 년 전의 기록된 이야기를 읽을 수도 있고 수만 리 떨어진 곳에서 벌어진 이야기도 읽고 들을 수 있다.

이야기에는 수많은 종류가 있다. 중국 사람은 모든 이야기를 대설(大說)과 소설(小說)로 크게 양분했다. 대설은 사실에 기반을 둔 이야기이고, 소설은 사실과 거리가 먼 꾸며낸 이야기이다. 우리가 흔히 말하는 '소설'도 이야기의 큰 분류법에 따른 '소설'에 속한다. 역사, 신화,

동화, 우화, 전설, 민담, 소화, 희극, 비극, 서사시, 소설 등 수많은 이야기의 갈래가 있다. 결국, 이야기는 '어떤 사람이 어떠한 행동을 했다'라고 추상할 수 있다. 또한, 좀 풀어서 말한다면 '어떤 성격 또는 특성을 가진 사람이 언제 어디서 어떤 행위를 했다'라고 말할 수 있다.

인간이 만들어낸 인간의 이야기 양식 중에 내 생각으로는 그리스 비극이 제일 윗길이라고 본다. 그리스 비극은 그 제재를 그리스 보통 시민인 관중이 잘 알 수 있는 신화나 전설에서 취재했다. 다시 말해서 관객이 비극의 내용을 훤히 알고 있다는 것이다. 생각해 보라, 이야기의 줄거리를 훤히 알고 있는 사람에게 감칠맛 나게 이야기하기란 매우 어려운 일일 것이다. 그래서 아리스토텔레스는 그의 『시학』에서 플롯을 비극의 영혼이라 말했던 것이다. 잘 아는 이야기라도 어디서 시작해서 어디서 끝내는 기술에 따라 전혀 다른 이야기가 되는 것이다. 아리스토텔레스는 '성격'을 플롯 다음으로 쳤고, 그다음으로 '사고(또는 사상)'를 들었다.

일반적으로 그리스 비극은 우리보다 지체 높은 고귀한 사람이 어떤 운명 때문에 그의 선한 의지와는 다르게 점점 몰락의 길로 빠져들고 만다. 그래서 관객은 연민과 공포를 느끼고, 그 비극을 관람함으로써 정화(카타르시스)를 맛보게 되는 것이다. 선한 주인공이 비극적 결함(하마르티아) 때문에 기어이 몰락의 구렁텅이로 빠지는 이 부조리를 우리는 '비극적 아이러니'라 한다. 이 일련의 비극의 진행은 극히 절제된 구성과 대사, 그리고 코러스로 진행된다.

모든 서사물(이야기)은 시작할 때는 많은 개연성에 놓이게 된다. 그러다가 이야기의 진행에 따라 그 개연성이 점점 필연성이 되어 마지막에는 그 필연성으로 끝맺어야 훌륭한 이야기가 된다. 소설도 마찬가지다. 그러나 소위 장편소설은 이야기의 크기가 다른 서사물에 비해 여유가 있으므로 우연성도 끼어들어 이야기의 핍진성을 떨어뜨린다. 그러나 소설에 우연성이 많다고 탓하지 말라, 원래 소설(장편소설)이란 그런 것으로 생각하면 된다.

최순실 국정농단 사태에 연루되어 탄핵 재판이 진행되고 있는 박근혜 대통령은 비극적 인물일까 희극적 인물일까, 아니면 희비극적 인물일까? 나는 그녀의 성격이 착하지도 고귀하지도 않기 때문에 결코 비극적이지 않다고 생각한다. 자신의 대통령직 탄핵은 어떤 음모의 세력들이 오랫동안 기획한 것이라는 회견을 보면 이건 희극적 성격의 표본이다. 그녀가 탄핵을 받은 것은 자업자득이지 누가 '엮은 것'은 결코 아니다.

희극 주인공의 행동력은 우리와 비슷한 갑남을녀다. 자기 분수도 모르고 어느 평범한 초로의 아줌마처럼 자기는 잘못이 없고, '엮였다'니 측은한 마음마저 든다. 그녀의 몰락은 우연성도 아니고 개연성에서 출발한 필연성(탄핵)으로 귀결되는 스토리 라인(이야기의 진행성)인 것이다.

인간은 참 묘하다. 줄줄 새는 시간을 담겠다고 비록 얼멍얼멍하지만 이야기를 만들어 그 시간을 촘촘하게 다져나간다. 이야기의 바다에 빠지면 좀처럼 빠져나올 수가 없다. 이때를 위하여 우리는 "이야기여, 이야기여, 오 깊고 깊은 이야기여"라는 말을 남겨 두었다.

박근혜와 멜리나 메르쿠리

얼핏 보아 박근혜와 멜리나 메르쿠리 사이에는 공통점이 없으나 대조할 만한 점이 많다. 박근혜는 잘 알다시피 박정희의 딸로 태어나 청와대에서 18년 생활을 했다. 1998년 정계에 투신하여 국회의원 12년, 대통령직 4년을 한 화려한 정치 경력을 가지고 있으나 작년 12월 9일 국회에서 234명의 압도적인 찬성으로 탄핵 심판을 기다리고 있는 불운한 정치가이다. 그러나 그녀의 탄핵소추는 국정 파탄으로 몰고 간 본인의 과오가 분명하다. 본인의 과오가 분명한데도 구차한 변명과 거짓말로 현 상황을 모면하려는 박근혜는 비겁한 정치가다.

반면에 그리스의 여배우이자 가수였던 멜리나 메르쿠리는 그리스에 1967년 요르요스 파파도풀로스의 군사 독재정권이 들어서자 분연히 일어나 군사정권에 반대하는 민주화운동에 참여하였다. 그리스 군사정권은 그녀의 그리스 시민권을 박탈하고 국외로 추방하였다. 그녀는 미국과 프랑스를 오가며 배우와 가수 활동을 하면서 반독재, 반군

사정권 활동을 병행하였다. 그녀는 일찍이 1960년 칸 영화제에서 여우주연상을 받을 정도로 국제적 명성이 높은 여배우이기도 하다. 우리나라에도 그녀가 주연한 <일요일은 참으세요>, <페드라>가 수입되어 상연된 바 있다.

1973년 그리스 군사정권이 키프러스 문제로 영토전쟁을 벌여 패배하는 바람에 멜리나 메르쿠리는 당당하게 아테네 공항을 통하여 귀국하게 된다. 이때 비행기에서 내린 그녀가 "아, 하늘이여."라고 하늘을 우러러보다가 "아, 땅이여." 하고 외치며 땅에 키스를 했고 다시 "민주주의여"라고 한 말은 오래도록 많은 사람에게 회자되었다. 아마 그녀가 아테네 공항 바닥에 키스한 후 "아, 땅이여."라고 한 말 속에는 '민주주의의 발상지인 아테네에서 군사독재가 웬말이냐'라는 뜻을 내포하고 있을 것이다. 여기에 비해 박근혜는 대구를 찾아가 무엇이라 했는지 궁금하다. 멜리나는 그녀의 경력에 걸맞게 그리스 민주정부의 문화상으로(제1차 1981~1989, 제2차 1993~1994) 재직하며 자유주의적인 문화상으로 훌륭한 업적을 남겼다.

박근혜는 멜리나 메르쿠리와는 태생이 다르다. 독재자의 딸 박근혜는 문화인 블랙리스트를 만들게 하였고, 말로만 '창조경제'라면서 가장 비창조 경제정책을 폈으며 문화정책도 독재 시대로의 회귀였다. 물질적인 것에서부터 정신적인 것에 이르기까지 다 망쳐 놓았다. 이런 박근혜를 위해서 태극기를 흔들며 데모를 한다고 그 행동이 애국일까? 악의 세력을 부추기며 언어도단의 말을 뱉어내는 것은 나라를 망치는 행위다.

지금이라도 늦지 않았으니 박근혜는 제발 국론분열의 책임을 지고 하루빨리 퇴임해야 한다. 박근혜 정권에서 교육부 장관과 문체부 장관을 한 사람들은 멜리나 메르쿠리에게 많은 것을 배워야 한다. 하기야 시궁창 속에 발을 담그면 아무리 흰 발이라도 검게 보이는 법이다. 박근혜가 많은 사람에게 악의 편에 서도록 선동을 한 것은 오래오래 역사에 남으리라. 민주주의의 발상지인 아테네와 우리나라 군사정권의 본거지인 대구, 사람은 태생이 그렇게 중요한가. 우리는 그리스 군사정권에 맞서 투쟁한 저 여걸과 비견되는 여성 정치지도자가 없다는 것이 항상 아쉬움으로 남는다. 그런데도 악의 세력에 편들라는 말을 주저없이 하는 이 개명시대의 정치지도자들을 우리는 경계하고 경멸해야 한다.

뜨거운 태양이 작열하는 아테네의 아크로폴리스 언덕과 광장, 찬바람이 몰아치는 가운데 밝혀진 백만의 촛불, 그리고 태극기와는 어울리지 않는 시청 광장의 군중, 무엇이 민주주의며 애국인가! 나라를 분탕질 쳐 놓고도 애국이라 하는 그런 사이비 애국을 발본색원해야 할 것이다. 만약 뜨거운 태양이 내리쬐는 광화문 광장에 박근혜와 멜리나 메르쿠리를 나란히 세워 놓는다면 두 사람의 표정은 어떻게 될까. 우리는 정의는 이긴다고 말하지만 어떤 경우 정의는 힘이 약하다. 그러나 우리는 정의는 반드시 불의를 이겨낼 것이란 신념을 지니고 살아야 한다. 멜리나 메르쿠리, 너무나 존경스러운 여배우다. 하늘이여, 광화문 광장이여, 민주주의여.

세월호 인양

한 많은 세월호가 2017년 3월 23일 오전 3시 45분 장장 1073일 만에 수면 위로 그 모습을 드러냈다.

2014년 4월 16일 오전 8시 50분 침몰하기 시작한 세월호는 2시간여 만에 옆으로 기운 채 침몰하고 말았다. 이 참사로 시신 미수습자 9명을 포함하여 304명의 인명피해를 낸 대형 해상 참사였다. 생존자 172명도 해경보다 현장에 늦게 도착한 일반 어선이 절반을 구조했다니 정부 당국자의 무능을 여실히 보여준 대표적 사례가 아닐 수 없다. 더군다나 재난을 수습할 의무가 있는 박근혜 전 대통령의 7시간 동안의 행적이 계속 쟁점이 되었고 박근혜 전 대통령의 몰락의 중요한 신호탄이 되었다.

세월호 인양 작업은 순탄하게 진행되다가 23일 오전에 바지선과 세월호 사이에 간섭 현상이 일어나 인양 작업이 애초에는 오전 11시경에 수면 위 20m까지 인양할 계획이 늦어져 23일 밤늦게나 작업이 완

료된다 하니 12시간 정도 계획이 지연되는 셈이다. 지금이라도 인양 작업의 안전을 위해서라도 꼼꼼하게 작업을 진행해야 할 것이다. 비록 미수습자 9명의 유가족은 한시가 바쁘게 기다려지겠지만 만약의 사고를 방지하는 차원에서라도 면밀한 검토에 검토를 거쳐 인양 작업이 수행되어야 할 것이다.

세월호는 단순한 해양 사고가 아니라 우리 국민을 분열시킨 기폭제가 되었다. 이제 5월 9일 대선에서 새로 당선될 새 대통령은 세월호 인양의 마무리뿐만 아니라 세월호 때문에 빚어진 정신적 트라우마도 말끔히 치료해줘야 한다. 우리 국민은 세월호 선주 유병언에 대한 조사도 완전히 끝나지 않았다고 생각하고 있다. 따라서 새 정부는 죽은 유병언에 대한 수사를 다시 하고 사고 원인에 대해서도 선체가 인양되면 과학적으로 재조사가 이루어져야 한다. 그래야만 유언비어식의 온갖 뜬소문을 완전히 씻어 낼 수 있을 것이다.

헌법재판소는 세월호 침몰 당일 박 전 대통령의 7시간 행적이 묘연한 것은 탄핵 사유가 되지 않는다고 적시했지만 나는 세월호의 침몰은 박정권 몰락의 전조가 되었다고 본다. 박 정권은 세월호 처리 과정도 미숙했고, 수습 과정도 미숙했다.

심지어 세월호 유가족이 단식 농성을 하는 옆에서 '어버이 연합'을 비롯하여 극우 단체의 짜장면 폭식 행위는 유족을 조롱하는 인간의 탈을 쓰고는 도저히 할 수 없는 천인공노할 행태이다. 누가 이들을 짐승만도 못하게 만들었는가. 청문회 정국에서 이 관변 단체들이 전경련의 자금 지원으로 각종 악행을 저질러 왔다는 것이 백일하에 밝혀졌다.

청와대 관계자들이 전경련에 압력을 가하여 자금 지원을 하도록 했다니 박근혜 정부의 타락상이 밝혀진 셈이다. 새로운 정부는 관변 단체를 깨끗이 정리해야 한다.

세월호도 목포 신항에 양육되어 철저한 시신 수습 작업과 세월호 참사 조사가 면밀하게 수행되어 사고의 재발을 막는 지표로 삼아야 한다. 우리는 역량 없는 대통령이 집권했을 때 나라에 큰 재앙을 가져다준다는 사실을 똑똑히 보았다. 이제 우리 국민 모두는 세월호 인양 작업이 마무리되어 우리 국민의 가슴에 응어리진 것을 녹여 내야 한다. 먼 훗날 우리 후손들에게 두고두고 본보기로 남을 세월호.

세월호는 그 이름이 뜻하는 것과 마찬가지로 영원한 시간을 뜻하기도 한다. 우리는 세월호를 건져 놓고 한 판 큰 진혼굿을 벌려야 한다. 그래야 억울하게 죽어간 304명의 원혼이 편안하게 눈을 감을 수 있을 것이다.

세월호 인양과 더불어 함량 미달의 박 전 대통령에 대한 단죄도 함께 해야 한다. 무참하게 떨어진 꽃 같은 생명에 아직도 늦지 않았으니 박 전 대통령은 진심 어린 사죄를 해야 한다. 산산히 부서진 어린 넋들이여, 내 이렇게 엎드려 사죄하노니 부디 영면하소서. 박 전 대통령은 변명만 말고 진심 어리게 위와 같이 사죄하라. 인간은 잘못을 저지를 수 있다. 그리고 또 그에 대해 사죄할 용기도 있어야 한다.

3월, 4월, 5월 그리고 6월

우리의 70년이 채 안 되는 헌정사에서 민주주의 이정표를 뚜렷하게 남긴 3월 10일, 4월 19일, 5월 18일, 6월 10일은 국민이 주인 되는 기념비적인 날이다. 우리는 2016년 10월 29일 광화문 광장에서 첫 촛불이 밝혀진 이후 드디어 금년 3월 10일 헌법재판소에서 박근혜 전 대통령이 탄핵에 인용됨으로써 또 하나의 위대한 시민 혁명을 이루어냈다. 이제 5월 9일 새 대통령을 올바르게 선출한다면 추운 겨울을 녹여낸 우리의 민주혁명은 일단락 짓는 것이다.

지금은 4월이다. 1960년 4월 19일 우리 국민은 이승만 장기집권과 3.15 부정선거에 항거하여 일어난 100만 학도들의 용기와 전 국민의 열렬한 호응으로 드디어 4월 26일 이승만 대통령을 하야시키고 민주정부를 탄생시켰다.

그러나 일 년도 채 되지 않아 박정희를 중심으로 한 일단의 군인세력이 쿠데타를 일으켜 4월 혁명정신은 일거에 사라지게 되었고 군사정권의 철권 정치가 장장 30여 년 지속하게 되었다. 그러나 우리 민족의 핏속엔 〈자유 평등 민주>의 정신이 면면히 흘러 이번에 명예혁명을 가능하게 했다.

5.18광주민주화운동은 우리의 현대사에서 가장 비극적이고 처절한 민주 항쟁으로 손꼽힌다. 전두환 일당의 신군부 세력의 천인공노할 만행은 아직도 진상이 밝혀지지 않고 있다. 무엇이 공수단의 총검에 맞서 일어설 수 있게 했는가. 그것은 민주주의에 대한 열망이었을 것이다.

4.19 혁명 정신 계승이 광주 5.18광주민주화운동이었다. 흔히 1890년 '파리 코뮌', 1936년 '마드리드 코뮌'에 이은 5.18광주민주화운동은 1980년 '광주 코뮌'으로 지칭되기도 하는 세계 3대 코뮌인 것이다. 20세기 후반기의 집단적 민간인 살상은 형식상의 재판이 있었지만, 진실은 오히려 은폐되었고 최근에 나온 전두환 이순자의 회고록은 광주 시민을 우롱하고 있다.

불의의 세력에 빌붙어 호의호식한 집단들이 단죄되지 않았기에 소위 친박근혜 세력이 '태극기 집회'를 열 수 있는 것이다. 태극기만 들면 애국집단인가? 그들은 악을 옹호하는 파렴치한 집단인 것이다.

6월의 거리를 뜨겁게 달구었던 6.10 항쟁으로 우리는 오늘날의 헌법을 제정하여 직선제 대통령을 선출할 수 있었다. 그러나 군사독재 세력인 노태우가 대통령에 당선됨에 따라 사실상 군정이 연장된 셈이다. 민주 진영이 분열되어 합법적으로 노태우가 집권하게 되었다.

그 후 김영삼은 3당 합당이란 희대의 정치 사기극에 의해서 92년 대통령이 되지만 김영상 정부 또한 군정의 연장선상에 놓인 것이다. 4.19 혁명의 민주주의의 의지를 짓밟은 박정희 군사 쿠데타를 모방 답습한 전두환 일당의 군사독재를 종식시키기 위해서 일어선 6.10 항쟁은 군사독재 세력의 치밀한 정치 공작과 민주 세력(김영삼, 김대중)의 분열로 6.10 항쟁은 그 의미가 퇴색되었다.

역사는 반복되는 것인가. 이번의 '촛불혁명'의 과실도 자칫하면 역사의 전철을 밟을 수도 있다는 것을 민주시민들은 잘 새겨야 한다. 문재인과 안철수로 대표되는 민주세력이 점점 더 치열하게 싸운다면 우리는 1987년의 재판을 볼 수 있을지 모른다. 이러한 역사의 아이러니가 재발하지 않도록 민주세력은 뜻을 모아야 한다.

이명박, 박근혜 정권이 저질러 온 여러 적폐를 철저하게 청산하려는 정권교체가 반드시 이루어져야 한다. 그리고 민주 진영이 집권하여 활발한 개헌 논의를 거쳐 우리의 21세기 정치 기틀이 되는 헌법을 민주적으로 만들어야 한다. 정말 이번에는 민주진영이 이전투구식 투쟁으로 반 민주세력에 정권을 넘겨주는 '어부지리'를 주어서는 안 된다.

우리에게 4월은 '잔인한 달'이다. 그러나 세월호도 인양되어 머잖아 그 진상이 밝혀지게 될 것이고 우리의 민주주의도 정상 궤도에 올라설 수 있도록 민주시민은 참여해야 한다. 김대중 대통령은 '행동하는 양심'을 외쳤고 몸소 실천한 사람이었다. 행동하지 않는 양심은 비겁자의 몫이다.

탁란(托卵)의 정치

이번의 대통령 선거에 호남에서는 후보를 내지 못했다. 그래서 호남을 차지하려고 저마다 호남을 위한 공약을 내건다. 이제까지 우리 헌정사에서 김대중 대통령 말고는 호남 대통령이 다시 나오지 않았다. 호남은 붉은머리오목눈이의 둥지나 다름없이 되었다.

뻐꾸기는 우리 인간의 눈으로 보면 얌체이고 잔인한 새다. 뻐꾸기는 둥지를 짓지 않고 알을 품지도 못한다. 그래서 오목눈이가 둥지를 비운 사이에 몰래 자신의 알을 낳아 놓는다. 둥지에 돌아온 오목눈이는 자신의 알보다 큰 알을 보고서 이상히 여겨 깨버리거나 둥글려 둥지 밖으로 떨어트려 버리고 둥지를 버리고 다른 둥지를 만들어 떠난다. 그래서 탁란의 성공 비율은 그리 높은 편이 아니다. 그런데 물정 모른 어떤 붉은머리오목눈이는 그 이상한 알을 자기의 알로 착각하고 십여일 품어 부화하는데 뻐꾸기 알은 오목눈이 알보다 하루 먼저 부화하여 아직 부화하지 못한 알을 둥지 밖으로 떨어트려 버리거나 부화한 새끼가 있으면 하나도 남겨두지 않고 모두 떨어트려 죽여버린다.

우리 인간의 눈으로 보면 뻐꾸기 새끼의 본능적 행동이 얄밉고 몸서리치게 잔인하기 그지없다. 오목눈이는 자기보다 덩치 큰 뻐꾸기 새끼를 자신의 새끼라 착각하여 암수가 부지런히 먹이를 잡아다 지극정성으로 키운다. 이때부터 어미 뻐꾸기는 오목눈이 둥지 근처에서 '뻐꾹 뻐꾹' 울어 자신의 울음소리를 각인시킨다. 오목눈이는 뻐꾸기 새끼를 자기 새끼로 알고 죽을 둥 살 둥 곤충을 잡아다 먹여 기른다. 둥지가 그들먹하게 큰 뻐꾸기 새끼는 부모를 독점하여 무럭무럭 자란다. 그래서 날 때가 되면 어미 뻐꾸기의 울음소리를 따라 미련 없이 날아가 버린다. 이 뻔뻔하고 잔인한 뻐꾸기의 생태를 알고 나면 밤에 우는 뻐꾸기의 울음소리는 전혀 낭만적으로 들리지 않고 까마귀의 '까악 까악' 하는 울음소리보다 더 불길하게 들린다.

우리의 헌정사에는 뻐꾸기 두 마리가 있다. 하나는 한민당의 둥지에 알을 맡겨 부화시킨 이승만 대통령이고, 다른 하나는 '위대한 광주의 선택'이라 불린 노무현 대통령이다. 노무현 대통령이 김대중 콤플렉스에 걸려 민주당이라는 둥지를 팽개쳐버리고 열린우리당을 창당한 것은 분명히 뻐꾸기의 행태나 다를 바 없다.

호남인이 분개한 것은 정통민주세력인 호남을 헌신짝처럼 취급한 것이라는 데에 있다. 민주당에서 뛰쳐나와 국민의 당을 창당하여 작년의 총선에서 호남을 석권한 것도 뻐꾸기에 대한 반감의 결과인 셈이다. 그리하여 문재인 당시 더불어민주당 대표가 '호남이 나를 버리면 대통령에 출마하지 않겠다'라는 말이 나왔고, 이것이 빌미로 '문재인은 거짓말쟁이'라는 비난이 쏟아져 나왔다.

정치인의 정치적 수사를 문면 그대로 믿으면 순진한 사람이다. 최근에 나온 여론 조사는 또다시 광주의 탁월한 정치 감각을 보여준 것이라고 할 수 있다. 파렴치한 보수세력의 준동에 민주세력과 촛불혁명의 세력은 다시 결집하기 시작했다. 이 나라를 이렇게 분탕질한 보수도 아닌 극우 보수세력은 더 이상 국가의 안보를 말할 자격이 없다. 문재인 후보가 대통령에 당선된다면 노무현 대통령의 전철을 밟아서는 안 된다. 그가 누차 뉘우친다고 했으니 호남인들은 눈을 부릅뜨고 지켜볼 것이다.

호남의 둥지에 알을 낳으려는 뻐꾸기 중에 누가 좋은 뻐꾸기인 줄 가늠하기란 몇 년의 세월이 지나야 알겠지만 5월 9일 대선의 개표가 끝나면 어떤 뻐꾸기가 대통령으로 확정될 것이다. 만약 오목눈이가 현명하다면 뻐꾸기는 탁란을 할 수 없게 되고, 그 결과 뻐꾸기는 멸종될 것이다.

우리는 하찮은 새에 지나지 않은 뻐꾸기를 통하여 우리의 운명이 걸린 대선 정국을 가늠해 볼 수 있다. 누가 대통령이 되든지 '뻐꾸기는 뻐꾸기여'라는 말이 되풀이되지 않기를 바랄 뿐이다. 이제 녹음이 짙어지면 '뻐꾹 뻐꾹' 하는 뻐꾸기 소리가 우리 귀에 친근하고 낭만적인 소리로 들렸으면 한다. 호남인들의 목소리가 착한 뻐꾸기 소리와 화합할 때 우리의 민주주의도 성숙해 갈 것이다.

소설(小說)과 대설(大說)

누군가는 '소설은 알겠는데 대설은 무엇이지?'라고 고개를 갸우뚱하리라. 중국에서는 서사물(이야기)을 소설과 대설로 분류한다. '소설'은 모든 꾸며 낸 이야기이고 '대설'은 사실에 근거한 이야기 즉 역사다.

재미 중국학자 루샤오펑은 그의 역저 『역사에서 허구로: 중국의 서사학』에서 소설과 대설을 분명하게 설명하고 있다(류샤오펑, 역사에서 허구로, 조미원 외 2인 역, 길, 2001, 강릉). 이 책은 서사학을 폭넓게 공부하려는 사람은 반드시 읽어야 할 책이다. 그런데 대설은 진실을 기록한 것이고 소설은 허황되게 꾸며낸 이야기라는 우리의 상식에 대하여 의문을 제기하지 않을 수 없다.

작년 맨 부커상을 수상한 한강의 2014년 5월 19일 발표 작품 『소년이 온다』의 출판일을 굳이 밝히는 것은 공교롭게도 5.18 다음날인 5월 19일에 출간되었기 때문이다. 작년 맨 부커상 수상작은 「채식주의자」였지만 나는 이 작품으로 수상했으면 하는 아쉬움이 컸다. 이 소설은 우리에게 '5.18 광주민주화운동'의 참다운 의미를 되새기게 해준다. 작가의 극히 절제된 서술 태도가 우리를 더욱 감동시키고 울분을 끓어오르게 한다. 나는 이 작품이 출판된 지 일주일 후에 서점에서 사서 읽었다. 세월호 참사, 5.18 기념일의 개운찮은 뒷맛이 채 가시기도 전에 이 작품을 읽고 나니 분노가 야금야금 끓어올랐다. 그 무렵 마침 충남대의 ≪충남대 명예교수회 소식≫ 45호에 실릴 원고 청탁이 있어 「소년이 온다」를 중심으로 "대설과 소설 사이"라는 제목으로 200자 원고지 16매 정도의 수필을 썼다.

글이란 참 묘한 것이다. 같은 글이라도 언제, 어떤 매체에 발표했느냐에 따라 전혀 반응이 달리 나타난다. 소식지 45호가 나왔어도 아무에게서도 그 글에 대한 반응이 없었다. 아마 보수적인 퇴직 교수들이라 대부분 외면했을 것이다. 그래서 주변의 지인들과 내 제자들에게 복사해서 주었더니 뜨거운 반응이 일어났다. 그래서 같은 말도 누구에게 했느냐가 중요하다.

오늘(2017. 5.18) '광주민주화운동' 37돌 기념식은 문자 그대로 감개무량이라고 말할 수밖에 없다. 대통령이 바뀌니 광주민주화운동의 의미가 달리 느껴진다. 악의 편에 선 이명박 박근혜 정부의 횡포와 그 동조 세력들, 작년 황교안 국무총리의 <임을 위한 행진곡> 제창 때 굳게 닫힌 입, 그 입에 오늘의 기념식 소감을 묻는다면 뭐라 말할 것인가. 그런 자들에게 통치당했다는 게 부끄럽고 치가 떨린다. 그래서 식민통치를 받으면 그 기간의 5배, 독재통치를 받으면 그 기간의 4배의 시간이 걸려야 그 잔재를 어느 정도 씻어낼 수 있다고 했던가.

한마디로 말해서 『소년이 온다』라는 소설의 시점과 초점화를 바꾸어 가면서 잊혀 가는 5.18광주민주화운동의 의미를 반추하는 것이다. 그리고 어린 열서너 살 소년 '동호'만도 못한 살아남은 우리에게 각성을 주는 작품이다. 이 말을 부풀리고, 이리 뒤적이고 저리 뒤적이면 100장 정도의 논문도, 더 부풀리면 1000장 정도의 박사 학위 논문도 된다. 그러나 글 내부를 관류하는 핵심은 변하지 않는다. 거듭 말하지만 거짓 증거로 서술된 역사는 꾸며 낸 소설보다 못하다.

꾸며낸 가짜 역사를 교육하려고 박근혜 정부는 온갖 수단을 동원하여 한국사 국정 교과서를 편찬한다고 도둑놈들 장물나누기식으로 교과서를 편찬했으니 역사의 추상같은 심판을 받을 것이다. 그리고 그 악의 세력에 빌붙어 가짜 역사 교과서를 집필한 소위 어용교수 또는 어용학자는 학계에서 몰아내야 한다. 새 정부는 이에 대한 책임을 반드시 물어야 한다. 과거의 허물을 덮어 주는 것은 미래의 더욱 큰 잘못을 키우는 것과 같다.

소설만도 못한 대설은 물러가라. 전두환 이순자 내외가 뻔뻔하게 내놓은 회고록은 쓰레기만도 못하다. 그대들에게 『소년이 온다』를 읽어보라고 권하고 싶다. '소년'은 어제도 오고 오늘도 오며 내일도 올 것이다. 소년은 조용히 그러나 당당하게 걸어오고 있다. 걸어오면서 나의 죽음과 그 진실을 밝혀 달라고 말을 걸어온다. 그 진실을 밝히는 것은 산자의 몫이다. 산자는 용감하게 그 진실을 파헤쳐야 한다.

한반도

우리가 사는 한반도를 위성사진으로 보면 만감이 교차한다. 한반도는 대륙의 교두보이자 대양으로의 도약대 구실을 해왔다. 이러한 지정학적 위치 때문에 한반도는 역사 이래 600여 회에 달하는 침략을 받았으며 2차 세계대전 이후 남북이 분단된 지 72년에 달했고, 세계에서 가장 긴장이 고조되고 있는 지역이다.

100년 전 구한말의 국제정세가 다시 되풀이되고 있는 실정이다. 그때는 신흥 해양 세력인 일본이 청일 전쟁과 노일 전쟁을 거치면서 한반도를 침탈했다. 그 결과 연합국의 승리로 우리나라는 광복을 맞았지만 연합국의 전후 처리 과정에서 미국과 소련이 북위 38도를 경계로 분할 점령하면서 분단국가로 남게 되었다.

남북한은 한국전쟁으로 분단이 더욱 고착화되었고 90년대부터 북한의 핵무기 개발로 한반도는 세계의 화약고가 되었다. 결국 중국의 암묵적인 묵인 아래 북한은 핵무기를 보유하게 되었고 6자 회담을 하는 동안 북한에 시간만 벌어 준 셈이 되었다. 국제사회가 북한 핵에 대한 징벌적 조치를 취해도 북한은 무기개발뿐만 아니라 운반체인 미사일 실험발사를 꾸준히 해나가면서 기술을 축적하고 있다.

만약 중국과 북한이 연접해 있지 않다면 미국은 진즉 북한을 선제타격했을 것이다. 북한의 입장에서 보면 핵무기야말로 제일 값싼 방어무기일 것이다. 따라서 미국과 UN이 아무리 강도 높게 북한에 대한 경제 봉쇄를 하더라도 북한은 이 값싼 무기를 포기하지 않을 것이다. 이에 파급되는 작용으로 일본의 개헌을 통한 군국주의로 부활하는 점이 우려스럽다.

그렇지 않아도 일본의 우익세력은 미국의 묵인하에 꾸준히 군비를 확장해 왔다. 아마 어느 시점에 가면 일본은 1년 이내에 핵무장을 할 수 있는 능력을 가지게 될 것이다. 그리고 언젠가 미국이 동아시아에서 자신의 역할을 일본에 슬그머니 넘겨줄지도 모른다. 이러한 일련의 조짐을 볼 때 한반도는 다시 전쟁터가 될 것이다.

이명박, 박근혜 정부의 미일 중심의 외교 전략 때문에 김대중, 노무현 정부에서 애써 구축한 균형 외교와 국제정세가 깨지고말았다. 그 성능이 검증되지도 않았고 미국의 MD정책의 일환이라고 의심받는 사드의 전격 배치는 중국의 강한 반발을 불러 경제적 손실이 수천억원대에 달할 것이다. 한미 동맹 관계 때문에 불가피하게 사드를 배치할 수밖에 없더라도 정당한 협상과 이에 대한 주도권을 우리가 쥐고 있어야 함에도 불구하고 대선을 불과 14일 앞둔 시점에서(4월 26일 밤) 도둑놈 도둑질하듯 배치하는 것이 주권국가에서 있을 수 있는가?

그리고 사드는 수도권을 충분히 방위할 수 없다고 했는데 국민의 45%가 살고 있는 수도권 주민을 포기한단 말인가. 문재인 정부는 이러한 비정상적 사건이 왜 발생했고 공식적인 숫자에 포함되지 않은 4기를 몰래 들여온 경위를 철저히 조사하여 관련자를 처벌해야 한다.

지난 대선 때 자유한국당은 '안보는 보수'라고 뻔뻔스럽게 외쳐댔지만 이 나라를 이처럼 안보의 무인지대 또는 위험에 빠트린 게 누구인가. 참다운 보수도 아닌 과거 독재정권에 기생하여 기득권을 불법적으로 획득한 보수도 아닌 악의 편에 선 자들이 보수인가. 만인에게 물어보라. 그대들이 진정으로 안보를 말하려면 '전시작전권'을 하루 빨리 회수해 놓고서 자주국방을 외쳐라. 왜 1950년 7월 미군이 남한에 상륙하면서 전시작전권을 요구했는지 아는가.

중국의 국부군과 중공군 사이의 전쟁에서 고문단으로만 참전했던 미군은 국부군이 하룻밤 사이에 중공군으로 넘어가는 것을 경험했기에 한국군도 그와 같을 줄 알고 전시작전권을 요구했다. 전시작전권이 없는 나라가 세계에 우리 말고 또 어디 있는지 말해보라. 미국의 치맛자락 뒤에서 얼굴 내밀며 안보라는 말을 하는 그대들은 안보를 말할 자격이 없다.

동아시아 지도를 한 장은 관례대로 걸고 한 장은 거꾸로 남쪽이 위가 되도록 걸어 놓고 보라. 한반도는 우리 민족의 교두보이자 도약대 구실을 할 것이다.

한미 정상회담에 부쳐

6월 29일로 정해진 문재인 대통령의 방미와 이어질 한미 정상회담은 문재인 대통령의 향후 국내외 정치에 중요한 시금석이 될 것이다. 준혁명적 사건에 해당하는 촛불 혁명의 결과로 문 대통령은 그 어느 때보다 국민의 절대적 지지로 대통령에 당선되었고, 도덕적으로도 떳떳하다. 역대 유력한 대선 후보들이 사전에 미국을 방문하여 마치 사전 조율하듯이 미국 조야의 인사를 만났던 전력과는 달리 문 대통령은 미국의 암묵적 지지 없이 박근혜 전 대통령이 탄핵당한 지 60일 만에 대통령에 당선되었고, 바로 다음 날 취임하게 되었다. 따라서 정권인수 과정 없이 바로 대통령직을 수행하다 보니 좀 어수선하고 무언가 미흡한 것 같은 분위기이다. 더군다나 중요한 한미 정상 회담이 2주밖에 남지 않은 현 시점에도 외무부 장관이 정해지지 않은 상태다.

한미 정상회담의 가장 뜨거운 현안은 사드다. 박근혜 정권 때 추진되어 오다가 대선을 14일 남겨놓은 시점에서 황교안 대통령 권한 대행은 무엇이 그리 급한지 밀반입하듯이 성주에 2기의 사드 발사대를 들여놓았다. 백 보를 양보한다 해도 이것이 세계 최강국이라는 나라 미국이 마치 어린애 손목 비틀기 식으로 군사 작전하듯 반입할 수 있단 말인가. 그리고 이미 사드 설치는 기정사실로 밀어붙이고 있으니 과연 이런 처사가 독립국을 상대로 할 수 있는 행위인가. 그리고 한국인이 싫다면 사드를 철수하겠다고 으름장을 놓으니 한심하기 짝이 없다. 무능한 정부는 국민을 배반할 뿐만 아니라 민족을 멸망의 구렁텅이로 떨어뜨린다. 문재인 대통령은 이 점을 숙지하여 트럼프에게 당당히 소신을 보여야 할 것이다.

10조에 가까운 방위 분담비 말고도 무상으로 제공되는 기지 사용료, 각종 편의 시설 제공 등 한국은 결코 방위에 무임승차하지 않았다. 남한의 지정학적 위치는 수백억 달러에 달하는 가치가 있다. 미국은 2차 대전 이전 오늘날의 패권국가가 될 준비가 없었다. 2차 대전 종전 후 해방국인 우리나라를 분단시켜 놓고 일본을 부흥시킨 것만 보더라도 그것을 잘 알 수 있다. 과연 우리에게 미국은 무엇인가를 곰곰이 생각해야 한다. 동북아의 세력 균형 속에서 미국의 역할도 불변하는 것이 아니라 늘 변할 수 있다는 것을 알아야 한다. 솔직히 말해서 탄핵 대상이 되고 있는 트럼프를 상대로 도덕적 우위와 국민의 절대적 지지를 등에 업고 문 대통령은 당당히 맞서야 한다.

다음으로 한미FTA 재협상 문제가 문 대통령이 트럼프와의 정상회담에서 풀어야 할 문제다. 미국이 한국과의 무역에서 경상 역조를 구실로 재협상을 요구할 때 경상외적 무기수입까지 합한다면 결코 한국의 일방적 무역 흑자만은 아니다. 소위 미국에서 돈을 좀 벌었다고 이제까지 잘 지켜지고 있는 것을 고치자니 이것도 허심탄회하게 협상의 테이블에 놓고 새로운 한미간의 FTA 재협상을 당당하게 하라. 팍스 아메리카를 외치는 트럼프는 길어야 4년이다. 떼를 쓰는 어른을 다루기가 쉽지 않겠지만 문 대통령은 줄 것은 주고 받을 것은 당당하게 요구하라.

마지막으로 이 차제에 미군이 가지고 있는 전시작전권도 이미 논의된 것이니 당당하게 이양받도록 해야 한다. 진즉 이양되었어야 할 전시작전권의 연기는 무능한 보수 정권의 안보 포기 작태다. 쉽게 말해서 미국이 가져가라는 전시작전권을 차일피일 미룬 것은 매국행위와 다를 바 없다. 전시작전권이라는 연계철선으로 우리나라 안보를 지킬 수 있다는 발상은 패배주의에 빠진 증거다.

문재인 대통령은 이번의 한미 정상회담을 통하여 부드러우나 강한 물의 속성으로 럭비공과 같이 어디로 튈지 모를 트럼프를 잘 대처해야 할 것이다. 이번 한미 정상회담은 우리나라, 즉 한반도뿐만 아니라 동북아시아 전체의 국제정세에도 중요한 전환점이 된다는 것을 잊어서는 안 된다. 문재인 대통령은 거란이 80만 대군으로 쳐들어왔을 당시 고려 현종 때의 서희를 닮아야 한다. 서희는 세 치 혀로 거란의 대군을 물리치지 않았던가.

출산 절벽 시대의 도래

1974년 5월 하순쯤 대한가족계획협회와 한국문인협회가 공동 주최한 「문학과 가족계획」이란 심포지엄이 서울 수유리 아카데미하우스에서 열렸었다. 나도 그때 주제 발표를 하면서 문학이 어떻게 해야 소위 '두 자녀 낳기 운동'을 효과적으로 형상화할 수 있는가라는 논제를 가지고 발제한 적이 있었다. 당시 이 심포지엄에는 고인이 된 조연현, 정을병, 박완서, 이형기, 이문구 등 많은 문인이 참여하였으며, 황석영, 백시종, 조정래 등 소위 70년대 신예 작가들도 많이 참여하였다. 결론은 당시 정부 시책인 '아들 딸 구별 말고 둘만 낳아 잘 기르자'에 대해 문학작품에 이것을 어떻게 성공적으로 형상화할 수 있는가라는 문제였다. 당시 한국 사회는 4~5자녀가 평균치였다. 그러나 1970년대 후반 들어서는 '아들 딸 구별 말고 하나만 낳아 잘 기르자'라는 슬로건이 되었다. 그 당시에는 불과 40년이 지난 지금 우리나라가 출산 절벽이 되리라고는 아무도 예측하지 못했다.

출산 절벽은 현재 국가적 재앙이다. 이런 추세라면 21세기가 끝나기 전에 남한에는 인구가 절멸할 것이라고 전문가들은 예측한다. 이제 인구 정책은 어느 한 부처만의 일이 아니라 범정부적으로 인구 정책을 관장할 기구를 대통령 직속으로 꾸려야 한다. 한국은 통계에 따르면 2015년 12월 이후 17개월 연속 전년 대비 출생아수가 줄어들었다. 특히 2016년 12월(-14.7%), 2017년 1월(-11.1%), 2월(-12.3%), 3월(-13.1%), 4월(-13.6%) 등 5개월 연속 두 자릿수의 감소율이 나타나고 있다. 이러한 추세라면 연간 출생아가 35만 밑으로 내려갈 것은 분명하다. 그리고 통계를 보건대 출산율이 반전될 그 어떤 증후도 보이지 않는다. 물론 출산율 저하는 문화적 측면과 사회적 측면, 경제적 측면 등 복합적인 양상을 띠고 있다.

문재인 정부는 '일자리 창출'보다 더 시급한 문제가 인구문제라는 것을 인식하고 금년부터라도 인구 정책을 새롭게 펴나가야 한다. 인구전문가들은 그간의 우리의 인구 정책이 완전히 실패했다고 이구동성으로 말하고 있다.

지금 우리의 농촌은 완전히 고령사회로 접어들어 10년 이내에 상당수의 농촌은 무인촌으로 변하고 말 것이다. 우리의 고향이 사람이 살지 않는 유령촌으로 변모되어가고 있다고 상상해 보라. 어느 괴기 소설과 같은 이야기냐고 반문할지 몰라도 그것이 현실이다. 내가 졸업한 초등학교는 재학생 수가 960명이었는데 지금은 38명에 지나지 않는다니 이 얼마나 놀라운 일인가. 내가 졸업한 전남 장성군 성산초등학교는 역사가 110년에 달하는 유서 깊은 학교인데도 사정이 이런데 다른 초등학교는 물어볼 필요도 없다.

출산 절벽은 우리 민족의 존망에 관한 문제다. 국가 예산과 경제 발전의 모든 초점을 인구 증가에 초점을 두어야 한다. 50년도 지나지 않았는데 내가 외쳤던 '두 자녀 낳기 운동' 캠페인이 역사에 큰 오점을 남겼다고 생각하니 부끄럽기 그지없다.

가족의 의미가 시대에 따라 다르게 부각되겠지만 인간은 남녀가 만나 가족의 최소 단위가 되고 여기에 자녀를 낳아 후손들의 터전이 되는 것이다. 건강과 경제적 여력이 있으면 서너 명의 자녀를 두는 것도 자신은 물론 사회에도 큰 보탬이 되는 것이다. '나' 여기에 있고 '그대' 거기에 있으니 '우리' 더 이상 외롭지 않다는 말이 있듯이 예전의 우리 조상들의 삶에는 항상 '나', '너'보다는 '우리'가 있었다. 그래서 우리는 '우리'를 소중히 여겼고 나의 어머니보다는 우리 어머니라는 말이 더 자연스러웠다.

인구가 갑작스럽게 줄면 그 나라는 존망을 시급히 따져 봐야 한다. 우리에겐 자원이 부족했으나 경제 발전을 이룰 수 있었던 것은 우수한 인재가 있었기 때문이다. 이 땅에서 아기 웃음소리가 사라지고 있는 것은 무엇 때문일까? 그것도 또 하나의 우리의 잘못된 욕망 때문이다. 나 하나 편하면 된다는 생각에 결혼도 하지 않고 결혼했어도 자녀 출산도 하지 않는다면 그것은 망령에 지나지 않는다. 이제 우리 모두는 민족의 존망이 달린 인구문제, 출산의 문제를 팔 걷어붙이고 해결하려 떨쳐 일어나야 한다.

정치는 춤춘다

1960년대 영국노동당 당수였던 베반이 '의회는 춤춘다'라고 비꼬아 말했다. 당시 영국 국회가 아무 결정도 못 하고 '앞으로 한 발, 뒤로 한 발, 좌로 한 발, 우로 한 발 결국 제자리걸음을 하고 있는 정국의 행태를 비꼰 말이다.

대선이 끝난 지 2달이 지났건만 인사청문회를 놓고 여야가 답보만 하고 있는 꼴이다. 이럴 줄 알았으면 총선도 동시에 치러 새 출발을 했어야 했다. 이런 발목 잡는 정치 행태가 계속된다면 다음 총선에서 자유한국당은 50여 석, 국민의 당은 10석, 바른 정당은 5석 미만으로 의석수가 대폭 줄어들 것이다. 이것이 우리 정치의 자화상인가. 이럴 때 만해 한용운의 시 「산거(山居)」처럼 깊은 산중에 살고 싶다. 무더위도 식힐 겸해서 짧지만 많은 의미를 담고 있는 「산거」를 감상해 보자.

티끌 세상을 떠나면

모든 것을 잊는다 하기에
산을 깎아 집을 짓고
돌을 뚫어 새암을 팠다.
구름은 손인 양하여
스스로 왔다 스스로 가고
달은 파수꾼도 아니언만
밤을 새워 문을 지킨다.

새소리를 노래라 하고
솔바람을 거문고라 하는 것은
옛사람을 두고 쓰는 말이다.
님 기루어 잠 못 이루는
오고 가지 않는 근심은
오직 작은 베개가 알 뿐이다.

공산(空山)의 적막(寂寞)이여,
어대서 한가한 근심을 가져오는가.
차라리 두견성(杜鵑聲)도 없이,
고요히 근심을 가져오는
오오, 공산(空山)의 적막(寂寞)이여.

≪조선일보≫, 1936년 3월 27일

이 시는 3연 19행에 불과한 짧은 시이지만 많은 뜻을 담고 있다. 나는 이 시를 가지고 1998년에 '한용운의 「산거」'라는 제목으로 원고지 50매 분량의 소논문을 쓴 적이 있다. 캐나다의 오타와대에서 문학과 철학을 가르치는 피터 J. 맥코믹은(Peter J. McComick)은 그의 역저 『허구, 철학 그리고 시학의 제문제』(1988, 코넬대 출판부)의 서론에 「산거」를 인용하여 문학과 철학의 문제를 풀어나가고 있다.

사실 이 시기에 많은 지식인, 문인들이 친일 행각을 하기 시작한다. 만해는 그러한 세태가 싫어서 성북동 산골에 조그만 집을 북향으로 앉혀 짓고 당시 총독부 건물이 보일세라 그쪽으로는 창문도 내지 않았다고 한다.

이 시의 핵심은 "오오 공산의 적막이여"라고 한 피맺힌 절규에 있다. 적막강산에 홀로 버려진 시적 서술자의 처지가 우리의 심금을 울린다. 시는 압축, 압축해서 뜻을 전한다. 이 시는 읽는 사람에 따라 달리 해석될 것이다. 이 시대의 답답한 심정의 토로라고 해석할 수도 있는 이 시를 통하여 우리는 현실에서 멀리 도피하여 살고 싶은 욕망이 들기도 할 것이다. 그러나 아무리 산중으로 도피한다 해도 우리의 마음에 응어리져 맺힌 것들을 다 털어버릴 수는 없다.

춤추는 정치를 떨쳐버릴 수 없기에 답답한 가슴 억제할 수 없다. 오기로 일어서려는 자는 그 오기로 망한다는 것을 알아야 한다. 말꼬리나 잡고 몽니를 부리는 것이 우리 정치의 자화상인가. 작년 10월부터 타올라 매서운 겨울을 이겨낸 '촛불의 정신'을 조금이라도 이해한다면 구태의연한 정치인은 각성하기 바란다, 정치는 바람이다. 천하의 가을이 오동잎이 한 잎 떨어지는 것에서 비롯되듯이 오늘 기고만장한 물정 모르는 정치인은 3년 후에 낙엽처럼 대지 위에 나뒹굴 것이다. 어디 두고 보자. 그대들의 운명을.

헤르메스 콤플렉스

헤르메스는 제우스와 마이아 사이에 태어난 신으로서 강보에 싸여 있을 때부터 술수에 뛰어나 아폴론의 소 50마리를 훔쳐 동굴에 감춰 놓았으나 결국 아폴론에게 발각되어 지상의 인간들을 즐겁게 해줄 리라를 빼앗겼다. 리라를 건네받은 아폴론은 헤르메스에게 부와 행복의 원천이며 순금으로 된 잎이 세 개 달린 마법의 지팡이를 주었다. 그러면서 아폴론은 헤르메스에게 "이것이 네가 모든 신을 섬기는 데 도움을 주고 너를 보호해 줄 것이다. 다시 말하노니 위대한 제우스와 고매한 마이아의 아들이여, 신들을 돕게 될 신 헤르메스여, 너는 천상에서 대지에서 그리고 하데스 왕국(지하 세계)에서 유일한 충실한 전령사로 봉사하게 될 것이다"라고 선언했다.

그리하여 결국 헤르메스는 불멸의 전령사가 되고 말았다. 그는 불멸의 삶을 가지게 되었지만 결코 자기 주도로 말할 수 있는 권리를 갖지 못했다. 그는 다른 신들 밑에서 그들을 섬기면서 그들의 말들을 충실하게 전달하며 살게 되었다. 순간의 실수로 생명이 넘치고 자유가 넘쳐흐르는 나라를 아폴론에게 넘겨주고 헤르메스는 영문도 모르는 채 노예 상태에 빠지고 말았다.

헤르메스는 신의 말을 인간에게 전하고 인간의 말을 신에게 전하는 전령사의 고된 삶을 살았다. 헤르메스에서 해석학(hermeneutics)이라는 말도 나왔다. 한 언어를 다른 언어로 번역할 때 번역자의 고뇌는 클 것이다. 또한 한 언어 내에서도 정확한 뜻을 전하는 것이 매우 어렵다.

원세훈 전 국정원장의 지지난 대선 때 SNS 댓글 공작의 실체가 백일하에 드러나기 시작하고 있다. 당시 이명박 대통령의 지시인가 아니면 공모인가도 조만간 밝혀질 것이다. 국정원과 보훈처의 대대적인 부정선거 공작으로 박근혜 정권은 탄생하게 되었고 결국 박근혜는 탄핵을 받았고 국정농단의 여러 죄목으로 재판을 받고 있다.

그렇다면 이명박 전 대통령은 아무런 혐의가 없는가, 분명히 개표과정에 모종의 부정 장치가 있었던 것은 아니냐는 데 생각이 미친다. 우리나라 대선에 유례가 없었던 처음부터 끝까지 앞서가는 개표마저도 의심하지 않을 수 없게 한다.

전전 정권의 부정을 파헤치는 것은 너무나도 당연하다. 그런데 자유한국당과 바른정당은 이것을 정치보복이라 하니 그들은 어떤 법적 기준을 가지고 있는가. 3년 후의 총선을 두고 보자. 문재인 정부는 그간에 면밀히 준비하여 압도적인 다수당이 되어 적폐를 청산해야 한다. 인내하라. 과거 악의 세력들이 반성은커녕 적반하장격으로 항변 아닌 항변을 하지만 하나의 정치 코미디다.

김대중, 노무현 정부에서 제대로 적폐청산을 못 했기에 이명박 박근혜의 반민주 정권이 출범하게 되었다. 촛불의 민심, 촛불의 혁명 정신을 계승하고, 그 의미를 완성할 문재인 정부는 더더욱 분발해야 한다. 박근혜 정권은 범죄집단이었다는 것이 만천하에 밝혀진 이상 주저없이 구악과 적폐를 과감히 청산하라. 우리 국민은 헤르메스의 콤플렉스에 혹 빠질지도 모르는 현 문재인 정부를 경계한다.

박정희, 전두환 독재정권이 국군을 사병화한 것은 국방을 크게 약화시킨 일이다. 그런데도 '안보는 보수'라고 하니 그들은 양심도 없는가. 일견 강한 군대 같지만, 정훈교육이 제대로 안 된 군대는 사상누각에 지나지 않는다. 북한보다 50배는 더 될 국방비를 쓰면서도 항상 진다니 이런 지휘관들이 실제 전쟁이 발발한다면 이길 수 있을까.

공관병 제도도 당장 철폐하라. 현대판 노예제도와 같은 공관병을 방치하고 신성한 국방의 의무를 말할 수 없다. 이것도 군부독재의 잔재인가. 아무리 군대가 계급사회라 하지만 장군들은 온갖 특혜 속에서 비리를 저지르니 국민의 군대라 할 수 없다.

우리의 답답한 심정을 헤르메스는 하늘의 신에게 무어라고 전할 것이며, 신들은 이에 대해 뭐라 답해 줄 것인가. 여름 하늘에 뇌성벽력이라도 치면 우리는 그것을 신의 노여움이라 해석할 것인가.

추풍사

8월 23일이 처서니 그 지겹던 더위도 이제 끝이 머지않았다. 누가 자연의 순환을 막을 수 있겠는가. 이런 시기에 한무제(BC156~87)의 '추풍사'를 되새겨 보는 것도 의미가 있으리라.

가을바람 불고 흰구름 나는데
초목은 낙엽 지고 기러기 남으로 돌아간다.
난초 아름답고 국화 향기로워,
그리운 임 잊을 수 없어지네.
누선 띄어 분하를 건너는데
강물 가로지르니 흰 물결 날린다.
퉁소 불고 북 치며 뱃노래 부르는데,
즐거움 다하니 애달픈 정 많아진다.
젊은 날 얼마나 되리, 늙어감을 어이하리.

한무제는 17세에 제위에 올라 54년간 제위에 있으며 한나라의 문예 증진에 크게 힘을 쓴 황제다. 이 시는 그의 만년의 작품으로 어딘지 인생의 쓸쓸함을 가을바람에 부쳐 노래하고 있다.

누군가는 '오동잎 하나가 떨어지면 천하가 가을이 된다'고 말했는데, 가을바람 불면 분명히 가을이 오고 다시 겨울이 오기 마련이다.

작년 10월 29일 광화문 광장에 촛불이 처음 켜졌을 때, 누가 박근혜 정권의 몰락을 예견했겠는가. 그러나 그 촛불은 주말마다 어김없이 켜졌고, 드디어 금년 3월 10일 헌법재판소에서 탄핵이 인정되어 이명박 박근혜의 반민주적 보수 정권의 종말을 고하게 되었다. 만약 박근혜가 '추풍사'의 마지막 "젊은 날 얼마나 되리, 늙어감을 어이하리"라는 구절을 진즉 깨달았으면 어떻게 되었을까.

소소하게 울어대는 풀벌레 소리가 가을이 왔음을 알려준다. 세월은 거스를 수 없는 것이다. 각종 어용단체는 물 빠진 저수지의 물고기 신세가 될 것이다. 청와대와 국정원의 비호를 받고 날뛰었던 극우 세력들은 이제 물이 말랐으니 배 바닥을 드러내 놓고 벌렁 뒤집힌 물고기 떼 신세가 될 것이란 말이다.

이제 온갖 유언비어를 조작하여 국민의 귀를 어지럽힌 세력들의 정체를 밝혀내야 한다. 서두를 것 없이 원칙대로 진실을 밝히면 된다. 악의 세력이 발악하면 그대로 놔둬라. 악의 세력들은 물고기에 불과하다. 그들에게 물을 공급하지 않으면 서서히 말라 죽을 것이다.

가을은 추수의 계절인데 꿀단지인 정권을 빼앗긴 극우 세력들에겐 허탈의 계절일 것이다. 그대들 말라비틀어진 낙엽의 종말을 아는가.

어느 늦가을 큰바람 불면 낙엽은 모조리 떨어져 대지 위에 나뒹굴 것이다. 그대들에게 아직 늦가을은 닥치지 않았지만 조금만 더 지나면 그 늦가을은 반드시 찾아온다. 그대들은 '폴란드 망명 정부의 지폐처럼' 대지를 굴러다닐 것이다. 우리는 안다, 거짓의 종점이 어디인가를 우리는 안다, 그대들의 온갖 악행을...

악의 편에 편승했던 대다수 언론은 어떻게 국민을 볼 것인가. 악의 편의 정치 공작에 순치되었던 언론들은 아직도 자기 정당화를 위해서 안간힘을 쏟고 있다. 가랑잎 같은 언론들이여! 어서 낙엽을 떨쳐버리고 새순을 준비하라!

시나브로 떨어지는 낙엽을 쓸어내기란 여간 귀찮은 게 아니다. 그러니 끈기를 가지고 쓸어내야 한다. 문재인 정부는 악폐라는 낙엽을 쓸어낼 만반의 준비를 해야 한다. 그리하여 우리의 운동장에 지저분한 낙엽이 뒹굴지 않게 해야 한다. 마음 같아서는 바둑판 쓸어버리듯 새로 바둑을 두고 싶겠지만 그것은 순리가 아니다.

가을바람 일어나니 대지에 완연한 가을 색이 채워지겠지. 가을은 삽상한 바람과 함께 우리를 생각하게 한다. 우리 모두는 또 하나의 순환의 고리를 꿰맞추고 있다. 가을은 충만의 계절이지만 또한 허허로운 계절이기도 하다. 가을바람이 일어나니 여름의 먹장구름이 사라진다.

길동무

아무래도 '길동무'라면 길을 같이 가는 사람을 뜻하지만 걸어서 같이 가는 사람이 떠오른다. 요새는 걸어 다니는 사람이 없다. 교통이 발달하여 어지간한 외진 곳이라도 마을버스가 다니고, 누구나 승용차가 있다시피 하고 보니 걷는 사람이 눈에 띄지 않는다. 걷는 사람이 없으니 길동무도 있을 수 없다. 그런데도 우리는 은유적인 언어 확장에 따라 같은 길을 걷는 사람을 길동무라 한다. 말이란 이처럼 쓰임새에 따라 그 뜻이 달라진다.

나는 12살부터 16살까지 4년 동안 내 평생 걸은 것보다 많은 거리를 걸었다. 그중에서도 1950년 추석날 저녁 우리 식구 6명(어머니, 형, 큰 누님, 작은 누님, 여동생, 나)이 밤에 오십 리(20km)를 걸어 큰 집으로 피난을 간 그 밤길이 우리 식구가 함께 길동무 삼아 걸었던 마지막 걸음이었다. 살던 집을 버리고 산길을 택해 피난길을 걸었던 그 때의 심정은 밝은 추석 달밤이었으나 어린 마음에도 불안하기 그지없었다. 그래도 한 식구가 길동무였으니 지금 생각해보면 아련한 추억의 밤길이었다. 형과는 그 밤길이 마지막이었음에랴. 내 인생에 있어서 지우고 싶은 고생길의 연속이 다음 해 음력 정월 13일까지 계속되었다. 간신히 죽을 고비를 넘어 담양군 금성면 대실(대곡리) 큰어머니 친정 마을에 도착하기까지 숱한 길을 걷고 또 걸었다.

1951년 6월 초순쯤 이종 고광덕 형님이 담양으로 날 데리러 왔을 때 나는 그 지긋지긋한 피난 생활이 끝인 줄 알았다. 그러나 그것은 끝이 아니었다. 대실에서 비아까지 40리 길을 걷는데 매곡형님(고광덕)의 걸음이 어찌나 빠르던지 13살 된 나는 거의 뛰다시피 했다. 길동무로서는 전연 상대를 배려하지 않는 고약한 길동무인 셈이었으나 어머니를 만날 수 있다는 희망으로 불평 한마디 못하고 종종걸음으로 더운 40리 길을 걸었다. 만약 나였으면 어떠했을까 하고 생각해 본다. 나라면 어린 이종 동생을 배려하여 좀 천천히 걸었을 것이다.

6개월 후 무등산이 첫눈을 이고 있을 때 나보다 한 살 위인 조카 재혁을 길동무 삼은 비아에서 광주까지 30리 길은 길동무가 또래여서 그런지 멀리 느껴지지 않았다. 나는 지금도 무등산이 눈에 덮여 하얗게 멀리 보이던 모습이 눈에 아련히 떠오른다. 65년이란 세월이 너무나 선명히 떠오른다.

내가 같이 길동무한 최상의 상대는 교동 아짐(막내이모)이다. 1953년 6월 초순쯤 광주에서 함평군 해보면 문장까지 장장 70리 길을 사람 좋기로 소문난 막내 이모와 걸어가니 먼 길이었지만 멀리 느껴지지 않았다. 긴 6월의 해가 한 발이나 남아서 큰 누님 집에 도착했다.

가는 길에 송정리 어느 식당에서 사준 국밥이 지금 생각하면 그렇게 맛있을 수가 없었다. 뭐라 말도 많이 한 것 같은데 그 내용은 잘 생각나지 않는다. 그래도 하여간 좋은 길동무여서 70리 길이 멀리 느껴지지 않았다.

내가 청년이 되어 길을 걸을 때는 길동무가 별로 없었다. 가끔 등산길에 길동무를 만날 때도 있지만 길동무라고 말할 수 없다. 내 생애에 있어서 하루에 36km 이상을 걸은 적이 있는데 1966년 10월 25일 오대산 일주 때인데 한 20여 킬로그램 배낭을 짊어지고 대학 때의 은사 김열규 선생과 길동무 삼아 등산을 한 적이 있는데 아침 6시부터 오후 7시까지 어찌나 강행군했던지 지금 생각해도 입에서 쓴맛이 날 정도다. 김열규 선생과는 여러 번의 길동무를 했으나 너무 무리하게 노정을 잡아서 그런지 좋은 길동무라고 생각되지 않는다. 다만 학문의 길에서는 훌륭한 길동무라는 생각이 든다. 선생께서 혈액암에 걸려 투병하실 때 어느 날 전화를 했더니 "요즈음 내가 외롭네"라고 하셨는데 찾아뵙지 못한 채 떠나셔서 못내 서운할 뿐이다.

개인이나 나라나 좋은 길동무를 만나면 그 길이 험할지라도 힘들이지 않고 수월하게 걸어나갈 수 있다. 반면에 길이 잘 닦아진 길이라도 길동무와 사이가 좋지 않으면 그 길은 가시밭길이거나 모래밭길과 같을 것이다.

우리의 주변을 보면 여당과 야당은 최악의 길동무인 것 같고 남북한 또한 원수지간과 같은 길동무를 만난 것 같아 하루가 편안할 날이 없는 것 같다. 정말 좋은 길동무는 없단 말인가.

이런 나라가 나라냐

소문으로만 떠돌던 이명박 정부의 국기문란 사건이 이제 그 증거가 속속 백일하에 드러나고 있다. 이승만 정권 때 6.25 전쟁을 빌미로 수십만 명에 달하는 양민 학살 사건은 5.16 쿠데타 세력에 의해서 덮어지고, 군사정권시대의 수많은 인권 탄압과 양민 학살은 그다음 정권에 의해서 흐지부지 덮이고 말았다. 수백 명의 사망자와 수천 명의 부상자를 야기한 5.18광주민주화운동도 우물우물 넘어가고 말았다. 이러고도 대한민국을 법치국가라 할 수 있겠는가! 무어 "과거를 묻지 마세요"라고. 과거의 잘못을 제대로 바로잡지 못한다면, 그 미래 또한 불행에 빠지고 마는 법이다. 그래서 나쁜 역사는 되풀이되는 것이다.

21세기 개명 천지에 이명박 정권은 원세훈이란 민주 반역자를 내세워 온갖 악행을 저질렀다. 이제 문재인 정부는 대선 공약으로 내세운 '적폐청산'의 중요한 시점에 놓여 있다. 조폭이나 할 수 있는 민주적 성향의 남녀 배우의 나체 합성 조작사건은 이명박 정권의 악랄함을 보여주는 대표적 사례다. 이러한 파렴치한 범죄를 간첩을 잡고 국가 안보의 한 축을 담당해야 하는 국정원이 저질렀다니, 이 나라가 도대체 최소한의 국격이라도 있단 말인가! 나라를 망신시킨 국정원, 당시 그러한 정보라인의 정점에 있었던 원세훈 전 국정원장과 이명박 대통령을 즉시 입건하여 수사하라. 박근혜 정권의 '최순실 국정문란 사건'은 이명박 정권의 국기문란에 비하면 약과에 불과하다. 멀쩡한 박원순 시장을 좌파용공세력으로 매도하기 위하여 국정원이 치밀하게 정치공작을 벌인 것도 우리를 분노케 한다. 이 차제에 다시는 국정원이 정치공작을 벌이지 못하게끔 국정원법을 개정하라.

각종 관변 단체를 조종하여 온갖 악행을 저지르게 하는 국정원은 우리를 분노하게 한다. 태극기를 휘날리며 박근혜 지지 집회의 조종 또한 국정원이 획책했다니, 이게 나라냐. 돈 몇 푼에 희희낙락하던 관제 데모꾼과 같은 시대를 산다는 것이 참담할 뿐이다. 그리고 궤변으로 관제 동원 데모꾼을 선동하는 자유한국당 일부 국회의원은 어느 나라 국회의원인가.

국영 기업체에 부정 청탁하여 그렇지 않아도 취업이 어려운 선의의 취업 응시생을 울린 나라가 나라냐. 그러한 특권을 누린 그대들이 국가를 위한다는 말을 해대니 아이들도 웃을 일이다. 정치의 기본 규칙마저 망각한 국회의원들은 2020년 총선에서 종이 폭탄 세례를 받고 몰락할 것이다. 그래 2년 만 이를 갈며 기다릴 것이다.

만약 이명박 정권이 전 방위적으로 부정선거를 획책하지 않았더라면 박근혜는 대통령에 당선되지 못했을 것이니 나라 망신도 없었을 터인데, 따지고 보면 이명박 전 대통령이 국가에 막대한 손해를 끼쳤으니 이명박은 책임을 져야 할 것이다. 이명박은 이 나라를 적전분열 상태로 만들었으니 한 마디로 이적행위자이다. 또한, 이명박은 우리의 국토를 난도질했으니 중범죄자이다. 만약 그를 법정에 세우지 못한다면 이 나라가 나라냐. 자원 외교를 빙자하여 수십조 원에 달하는 국고를 탕진했으니, 이 또한 중대 범죄다. BBK 사건을 제대로 수사했더라면 이명박은 대통령에 당선되지 못했을 것이고, 이 나라를 난맥상에 빠트리지 않았을 것이다. 역사는 가정법이 없다지만 훗날의 역사를 위해서 가정법을 상정해 본다.

촛불 혁명으로 탄생할 새 정부는 '이 나라가 나라냐'라는 탄식을 듣지 않도록 전 방위적으로 나라를 다스려야 할 것이다. 노무현의 최대의 실패는 이명박에게 길을 터 준 것이다. 문재인 정부는 노무현의 실패를 복기, 복기해 보며 무엇이 다음의 민주정부 재창출을 위한 최선의 통치인가를 명확히 곱씹어야 할 것이다.

국가 존망의 국제정세 속에서 우리의 헝크러진 내부 문제를 바로 세워나간다면 국민은 '이것이 나라다운 나라'라고 할 것이다. 작년 늦가을부터 엄동설한을 이겨낸 촛불의 정신이 우리 마음에 충만할 때, 우리는 일촉즉발의 전쟁 위험을 이겨내고 한반도에 평화의 기틀을 마련할 것이다. 비로소 우리는 '이것이 나라다운 나라다'라고 말할 수 있을 것이다.

김씨 삼대록

어느 나라나 삼대에 걸친 이야기는 보편적이다. 우리나라에서도 이 삼대담은 고구려 건국 신화, 조선 왕조의 태조, 태종, 세종에 이르는 삼대담을 비롯하여 조선시대 고소설의 한 지류를 형성한 삼대록 계열의 대하소설, 염상섭의 대표적 소설인 『삼대』에 이르기까지 삼대담은 흔하게 볼 수 있는 스토리텔링의 한 전형이다.

만약 누가 김일성, 김정일, 김정은의 삼대담을 「김씨삼대록」이란 제목으로 소설화한다면 퍽 재미있을 것이다. 여기에는 북한 정권의 향방에 따라 서술 태도가 달라질 것이다. 지금 서양에서는 김정은을 '로켓맨'이라는 별명을 붙여 좀 야유조로 부른다. 김정은의 머리 스타일이 로켓을 연상시키고, 국제사회의 혹독한 경제 제재에도 아랑곳하지 않고 핵실험과 유도탄 실험을 계속해대니 그런 별명을 붙여 준 모양이다. 조, 부, 손으로 이어지는 삼대담은 서사의 초점이 어디에 있느냐에 따라 그 스토리텔링의 성격이 달라진다. 고구려 건국 신화는 해모수,

동명왕, 유리왕의 삼대담인데 서사의 초점은 동명왕에 놓인다.

그러나 조선 창건의 삼대담은 그 초점을 정하기가 쉽지 않다. 태조 이성계에 놓일 수도 있고, 태종 방원에게, 또는 세종에게 둘 수도 있다 '김씨 삼대록'을 지금 쓴다면 그 초점은 할아버지인 김일성에게 찍히게 될 것이다.

그러나 국제사회의 압력에 평화적으로 대처하여 핵무기 폐기와 각종 유도탄을 폐기하고 한반도 평화의 길로 나간다면 그 서사의 초점은 손자인 김정은에 놓이게 될 것이다. 그래서 『김씨 삼대록』은 아직 쓸 수 없는 제재인 것이다.

현대의 소설 이론 중에서 그 핵심 부문은 어떻게 서술하느냐에 달려 있다. 서사물의 시점 이론이야말로 서사물에 관한 이론 중에서 제일 핵심 부분이다. 한때 우리는 시점이라면 서술자의 인칭에만 몰두한 적이 있다. 그래서 일인칭 시점인지 아니면 삼인칭 시점인지에 논의의 중심이 놓였었다.

러시아 기호학자이자 문예이론가인 보리스 우스펜스키는 『구성의 시학』(1970)에서 시점 이론의 획기적 전환점을 마련했다. 그 이론에 따르면 시점을 어법적 국면, 심리적 국면, 시공간적 국면, 이념적 국면으로 나누어 살폈는데 서술의 시학 역사에서 보면 획기적인 것이다.

가령 서술자가 어떠한 이데올로기를 가졌는가에 따라 서술 태도가 전혀 달라질 것이다. 북한의 소설과 남한의 소설 서술 태도가 확연히 구별되는 것도 이 이념 때문이다. 만약 남한의 자유민주주의의 이념으로 『김씨 삼대록』을 창작한다면 김일성, 김정일, 김정은의 삼대담은 부정적으로 서술될 것이다.

자유민주주의 아래서 교육받은 독자들 역시 세습제로 권력이 승계된 것은 용납할 수 없는 일이다. 같은 맥락으로 군사 독재에 맞서 싸웠던 민주 투사들이 북한의 반인권과 권력의 세습에 대하여 비판하지 않는다면 표리부동이고, 이것이 극우 세력이 종북좌파 운운하는 빌미를 주는 것이다. 서사물이란 어떤 것이나 가치중립적일 수 없다. 서술의 핵심인 시점에서부터 이념적이기 때문이다.

아마 먼 훗날 통일된 후에 『김씨 삼대록』이 쓰인다면 시공간적 배려뿐만 아니라 심리적인 국면, 이념적 국면이 서술의 시간과 서술된 시간 안에서 어떤 작용을 할까 생각해 본다. 지금 한반도는 전쟁이 언제 일어날지 모르는 일촉즉발의 상황이다. 김정은과 트럼프는 둘 다 비정상적 지도자다. 초강대국 미국의 지도자가 이렇게 비이성적인 선례가 없다. 만약 한반도에서 전쟁이 터진다면 이제까지 피와 눈물을 흘려가며 이룩한 경제 문화적 모든 기반이 한순간에 무너져 내릴 것이다.

이런 걸 뻔히 알면서 '나 죽고 너 죽자'란 결기가 무슨 소용인가. 궁한 쥐를 너무 몰면 고양이를 물려든다는 말이 있다. 섶위에 서 화로를 쳐들고 벌을 서라면 언젠가는 그 화로를 떨어뜨리기 마련이다.

섶을 치우고 화로를 치우는 지혜가 보이지 않는 한 우리는 불안할 수밖에 없다. 먼 훗날 우리는 여유롭게 『김씨 삼대록』을 읽을 것인가 아니면 불안한 예언서처럼 읽을 것인가. 분명 오늘을 사는 남쪽의 우리는 『김씨 삼대록』이 해피엔딩으로 결말이 나기를 바랄 뿐이다. 왕따가 된 김정은의 참담한 심정을 우리는 배려하는 여유도 가져야 한다.

새가 뒤집어 날아가는 소리 하고 자빠졌네

요즈음 박근혜 전 대통령이 외국 언론에 자신의 수감 환경이 수감자의 인권유린이라고 불평을 늘어놓았다는 말을 들으니 한마디로 기가 막힌다. 또한 자유한국당 소속 의원들이 이 말에 힘을 실어주기 위해서인지 국정감사 수감자 인권 운운하면서 법무부 장관에게 따지는 것은 경상도 속담으로 '새가 뒤집어 날아가는 소리 하고 자빠졌네'라는 말로 되돌려 주고 싶다.

새 정부 들어 자유한국당의 일련의 언사와 작태야말로 적반하장이며 생떼다. 그런 식으로 우리나라를 50여 년 통치해왔고, 최근엔 이명박 전 대통령과 박근혜 전 대통령의 국정농단을 덮어두자는 논리 아닌 생떼를 부리니 그들의 뻔뻔스러움에 몸서리가 쳐진다.

김대중·노무현 정부 시절을 골통 보수들은 '잃어버린 10년'이라 하는데 도대체 무엇을 잃어버렸단 말인가. 비리와 부정으로 부가 불균형하게 그들에게 흘렀던 것이 10년간 차단된 것을 말하는가, 아니면 권력에서 멀어진 것을 탄식하는 말인가.

그러기에 이명박이 집권하자 수만 년을 흘러온 강하를 난도질하여 이익을 추구하였고, 자원 외교를 빙자하여 수십조의 국고 손실을 주지 않았던가. 국정원과 권력기관을 사병화하여 독재정치를 고착화시켜 함량 미달이요, 만만한 박근혜에게 정권을 물려주기 위해 전방위로 부정선거를 자행한 결과 박근혜를 대통령으로 만들었으나 최순실을 비롯한 국정농단이 만천하에 드러나자 박근혜는 결국 탄핵을 받았고, 그 결과 문재인 정부가 탄생하게 된 것이다. 진정한 민주세력에겐 지난 9년의 세월이 '잃어버린 9년'인 것이다. 따라서 억지 논리로 국민을 속여왔던 독재세력, 그리고 그들에 아부하여 이익을 누렸던 반민주 세력을 이 땅에서 철저하게 몰아내기 위해서는 민주세력은 더욱더 경각심을 가지고 그들의 허상을 깨부술 수 있는 논리와 정책을 수립해야 한다.

말이란 참 묘한 것이다. 그래서 거짓말도 자주 들으면 참말처럼 믿어지게 된다. 독재세력들은 30여 년간 모든 언론을 장악하여 자신들을 정당화시키고 미화시켰다. 또한, 그들은 교육을 통하여 국민을 세뇌시켜왔다. 그러한 결과 대통령을 지낸 김대중을 일부 국민은 아직도 '빨갱이'라고 믿고 있을 정도다. 지난번 촛불혁명 이후 치러진 대선에서 적폐세력인 홍준표 후보가 얻은 24%의 득표는 독재세력의 뿌리가 얼마나 깊이 박혀 있는가를 보여 준 사례다. 거짓말을 거짓말이라고 바른말을 하면 잡아 가뒀던 유신독재 시절을 거치면서 국민은 그렇게 순치되어 갔다.

1987년의 6월 항쟁으로 독재세력이 물러갈 것 같았으나 김대중과 김영삼의 분열로 노태우라는 또 다른 군사독재 세력에게 합법적인 집권의 길을 터주었다. 노태우 후 김영삼의 기막힌 야합으로 1997년까지 민주세력은 또다시 좌절하고 말았다. 1997년 선거를 통한 진정한 평화적 정권교체가 김대중이 대통령에 당선됨으로써 이루어졌다. 그리고 노무현으로 이어지는 민주세력의 정권 재창출이 성공되었으나 노무현의 즉흥적이고 낭만주의적 통치가 이명박이라는 반민주세력에게 또다시 정권을 넘겨주었고, 우리 국민은 또다시 공작 정치세력에게 9년이라는 세월 동안 고통을 겪어왔다.

민간 수사법(folk rhetoric)은 촌철살인과도 같은 효과를 가지고 있다. 우리는 이것을 '민간 어법', 또는 '민속 말투'로 바꾸어 부를 수 있다. 적폐세력들이 말도 아닌 말로 민주세력을 비난할 때 그들에게 따끔하게 되돌려 주는 말로 '새가 뒤집어 날아가는 소리 하고 자빠졌네'라는 말 이상 뭐가 있을까. 가령 '새가 뒤집어 날아가는 소리 하네'라면 그것은 너무나 약하여 우리의 성이 차지 않는다. '자빠졌네'라고 쥐어박아 주는 말을 덧붙일 때 우리 민중은 만족하게 된다. 민중의 언어는 사기그릇이 아니라 옹기그릇이거나 질그릇 같이 투박하여야 한다. 옹기사발에는 막걸리가 제격이지 양주가 어울리겠는가. 떼쓰는 자들에게는 고운 말이 어울리지 않는다.

민주세력은 5년간 주도면밀하면서 적전분열하지 말아야 한다. 미끄러운 뱀장어를 조심스럽게 구덕에다 담듯이 다시 이 땅에 반민주세력 또는 독재의 아류들이 발을 못 붙이게 해야 할 것이다.

블랙 스완 트럼프 한국 방문이 남긴 것

'블랙 스완'은 미국이 자랑하는 세계 제일의 폭격기 'B1B'의 별명이다. 금년 들어 몇 차례 한반도에 한미군사훈련 때 최신예 전투기 F35를 호위기로 삼아 출격했으니 우리에게도 익숙한 이름이 되었다. B1B 전폭기는 스텔스 기능이 있어서 저승사자 이미지마저 가지고 있다.

지금도 상당수 한국인은 미국 대통령을 수호천사로 여기는 사람들이 있는데 이건 큰 착각이다. 역대의 미국 대통령들은 자국의 이익을 추구하는 위인들이었지 약소국을 구해주는 수호천사는 아니었다.

11월 5일 일본, 7일 한국, 8일 중국을 연달아 방문하는 트럼프의 표면적 이유는 북핵 문제이지만 일본, 한국, 중국 방문의 목적은 각각 다를 것이다. 일본에서는 미일 동맹의 강화와 무역 불균형의 시정, 미국 무기 판매, 한국에서는 북핵문제 해결과 한미 FTA 재협상을 통한 무역 불균형의 시정, 그리고 미제 무기 판매 등이 강하게 떠오른다. 다분히 '등치고 간 내먹는' 전쟁상인과도 같은 인상을 우리에게 심어

줬다고 보인다.

트럼프가 일본을 방문했을 때 아베 일본 총리가 보여 준 것은 마치 푸들이 주인에게 보여주는 아양과도 같아 뒷맛이 씁쓸하다. 거기에 비해 문재인 대통령의 트럼프에 대한 대응은 의젓해 보였다. 시진핑 중국 주석의 태도는 역시 대국의 원수답게 의연해 보였다. 국력과 국격은 다른 법이다. 한·중·일의 트럼프 대통령을 맞는 것만 보아도 국격이 다르다는 것을 알 수 있다.

한·중·일 3국 중에서 오직 한국에서만 트럼프 방문에 대한 반대 시위가 있었다. 골수 보수층들은 은인에 대한 배은망덕한 행위, 또는 북한의 사주를 받고 벌이는 반국가적 행위라고 매도하겠지만, 일촉즉발의 전쟁으로 몰고 가는듯한 발언을 일삼는 트럼프 대통령에게 우리의 생존권이 달린 반전쟁 시위를 하는 것은 어쩌면 너무나도 당연한 것이다. 다행히 막말을 쏟아놓는 트럼프가 한국 방문 기간 중 그런대로 언행에 신중했던 것은 의외였고, 또한 북한에 평화적 회담의 장으로 나오라는 선언은 고무적인 일이었다.

금년 2017년은 역사적인 해이다. 1905년부터 외국군 기지로 쭉 이어왔던 용산 미군기지가 평택으로 완전히 이전되었다. 예전에는 용산이 서울의 남쪽 변두리였지만 오늘날에는 서울 한가운데에 해당한다. 그런 땅이 외국군의 병영으로 점령되어 있다는 것은 수치스러운 일이다. 나도 노무현 정부 때 '용산 민족공원 건설 추진 위원회' 위원 자격으로 두 차례 용산기지를 둘러 볼 기회를 가졌었는데, 그 좋은 땅이 외국군에 의해 오염되고 있는 현장을 보면서 가슴이 저렸다.

10조가 넘는 국민의 혈세를 들여 미군 해외 주둔기지로 세계 최고, 최신의 기지를 방문한 트럼프의 소회는 무엇일까. 기름진 경기평야 남부의 산을 아예 송두리째 뭉개서 성토하여 조성된 그 기지를 찾았을 때 미군의 통수권자로서 우쭐했으리라. 트럼프는 일본의 미군기지와 평택기지를 비교해 보면서 무엇을 느꼈을까. 뜻있는 사람들은 트럼프의 평택기지 방문에 가슴이 쓰렸으리라. 이명박, 박근혜 정부 때 흐지부지되었던 용산 국립공원을 문재인 정부에서 잘 조성하여 민족의 비운을 씻어주기 바란다.

외교는 예술이다. 외교는 교향악단이다. 외교는 생존권이 달린 줄타기다. 자칫 잘못하면 천 길 낭떠러지로 곤두박질할지 모른다. 북핵을 놓고 벌이는 미국, 중국과의 외교는 우리의 생존권이 걸린 문제다. 그런데 이명박, 박근혜 정부는 일방적인 미국 일변도의 외교로 균형을 상실한 결과 국민에게 크나큰 위기를 자초하고 말았다.

이번 트럼프 방문이 우리에게 준 교훈은 미국 국내에서 탄핵에 이를지 모르는 그에게 적절히 대응했다고 본다. 아울러 미국, 일본, 한국을 잇는 3국 동맹을 우리가 거부한 것은 의미 있는 일이다. 한국전쟁으로 부흥한 일본이 북핵 문제로 절대 다수석을 차지한 아베의 개헌도 결국 한반도 위기가 일본에는 역사적인 호재가 되었다.

우리는 결코 한국, 일본, 미국, 인도를 잇는 중국 포위론에 동조해서는 안 된다. 한편, 또다시 국정농단 세력에 동조하는 이른바 '조·중·동'의 발호의 기미를 철저히 잘라내야 한다. 그런 뜻에서 촛불을 다시 켤 준비를 해야 한다.

벌 받는 익시온

그리스 신화는 갖가지 다양한 성격의 신에 대한 향연이기 때문에 우리를 즐겁게 한다. 어린아이부터 노인에 이르기까지 그리스 신화를 즐겨 읽는 까닭은 무엇일까? 그것은 그리스 신화가 재미를 주고 더불어 교훈도 주기 때문일 것이다.

신화는 거룩한 이야기이자 거대한 코드이기도 하다. 사실 그리스 신화를 읽어보지 않은 사람들이 남의 장단에 맞추어 무비판적으로 그리스 신화를 읽어야 한다고 추천하는 꼴을 보면 가소롭기 짝이 없다. 그러나 그리스 신화를 읽으면 우리의 상상력의 범위를 무한대로 넓혀준다. 그래서 상상력의 계발을 위해서도 그리스 신화는 꼭 읽어 두어야 한다.

그리스 신화에 나오는 익시온(Ixion)은 우리에게 낯선 인물이다. 그는 그리스 테살리아 지방에 살았던 라피타이족의 왕이다. 그의 장인 테이오네우스가 관례적인 결혼 선물을 요구하자 그를 뜨겁게 달아오른 석탄으로 가득한 불구덩이에 밀어 넣어 죽여 버렸다.

그리스 최고의 신인 제우스가 개인적으로 이 살인죄를 씻어주었고 심지어는 신이 살고 있는 올림포스산으로 그를 초대도 했다. 그곳에서 그는 그만 제우스의 아내 헤라 여신에게 반한 나머지 계속 여신의 꽁무니를 따라다녔고 이를 참다못한 헤라 여신은 남편 제우스에게 자신의 괴로움을 털어놓았다.

자신의 피후견인인 익시온의 이 무모한 행동을 믿지 않았던 제우스는 그가 과연 그런지 시험해보고 싶었다. 그래서 제우스가 구름으로 헤라와 똑같이 생긴 여신을 만들어놓자 익시온은 즉시 그녀를 겁탈하고는 자신이 헤라 여신을 정복했다고 자랑하고 다녔다. 이에 진노한 제우스가 익시온을 불타는 수레바퀴에 매달아 영원히 돌아가게 만들었다.

이 익시온의 이야기를 각각의 상황에 대입하여 해석하면 다양한 결과를 낳을 수 있다. 우리의 적폐 대상들을 불타는 바퀴에 매달아 돌린다면 얼마나 통쾌하겠는가. 나는 평소 농담으로 '서양 귀신이 동양 귀신보다 훨씬 잔인하다'라고 말하곤 했다. 그들의 보복은 우리의 상상의 범위를 넘어 선다. 가령 미꾸라지처럼 요리조리 법망을 빠져나가는 '우병우' 같은 인간이야말로 익시온처럼 불타는 바퀴에 매달아 계속 돌린다면 얼마나 통쾌할 것인가.

그밖에 때려죽여도 시원찮을 놈들을 불타는 바퀴에 매달아 계속 매달리게 할 수만 있다면 얼마나 통쾌할 것인가. 고통을 한꺼번에 받게 하지 말고 야금야금 계속 받게 하고 싶다는 표출이 그리스 신화에는 여러 군데에 나온다.

잘못을 철저하게 응징하는 것과 관대하게 잘못을 뉘우치는 자를 용서하는 것은 별개의 것일 수도 있고 같을 수도 있다. 우리의 뻔뻔스러운 국기 문란자들과 그들을 가증스럽게 두둔하는 자들을 모두 광장에 내놓고 불타는 바퀴에 매달아 놓는다면 장관일 것이다. 이렇게 상상하는 것이 꼭 과격한 상상이란 말인가.

말도 아닌 말로 정말 말인 것처럼 주저리주저리 지껄이는 자들이 너무나 많다. 그들의 입에 뜨거운 불덩이를 달아 놓는다면 어떨 것인가. 우리는 기본적 도덕마저도 갖추지 못한 자들을 지도자라는 비양심 집단을 양산해냈다. 시시비비를 가릴 줄 모르는 인간을 양산한 죄는 바로 독재세력이요, 그 추종자 또는 부역자들이다. 그들은 온갖 특혜를 누렸고 그것을 대물림해왔다. 그러니 불의를 정의인 양 착각하고 살고 있는 부류들에겐 익시온의 형벌을 내려야 한다. 나는 증오한다. 불의를 유식하게 변명하는 자들을. 불의는 결코 정의가 되지 못한다. 그런데 우리나라 법원에서는 불의를 정의로 둔갑시킨다. 진짜 그런 자들이 사기꾼이다.

우리의 교육은 독재를 정당화하도록 교육해왔다. 그 후유증을 빨리 치료하지 않으면 우리는 그 오염 환경에 못 이겨 서서히 죽어갈 것이다. 정말 이럴 때 익시온처럼 불타는 수레바퀴에 매달아 그 사악한 무리를 징치해야 한다. 악의 고리를 끊어내자면 혼신의 노력을 경주해야 한다. 적폐청산은 일정 시한이 있는 것이 아니다. 시한이 있다고 말하는 자들 또한 적폐청산의 대상인 것이고 악의 상속자다.

시니스의 처벌

우리는 인간의 양식과 상식을 저버린 인간군상을 수없이 보아 왔다. 특히 박근혜 전 대통령과 그 측근들의 언행과 행태를 보면 우리 자신이 한없이 초라해지고 부끄럽고 슬퍼지고 분노가 용암처럼 끓어 오른다. 1월 17일 오후 5시 30분 우리는 이명박 전 대통령의 성명서 발표라는 것을 듣고 또다시 허탈감과 분노를 동시에 느끼게 되었다.

이명박은 누구인가. 그는 우리의 강하를 난도질하여 22조 원이라는 천문학적 재정을 탕진했고 자원 외교에 60조 원에 달하는 금액을 날려버린 장본인이다. 그리고 국정원과 사이버 사령부를 동원하여 18대 대선을 부정선거판으로 몰아간 사람이다. 한마디로 그는 5년 동안 헌정질서를 유린한 장본인이다. 그가 부정선거를 획책하지 않았다면 박근혜는 대통령에 당선되지 않았을 것이고 우리나라가 세계만방에 수치스럽게 알려지지 않았을 것이며 실제 경제적 손실도 1년치 예산 이상의 유형, 무형의 손실도 없었을 것이다.

박근혜의 실정의 원인 제공자인 이명박의 측근들이 국정원 특활비 횡령으로 구속 수사를 받자 선제 방어용의 성명서 발표를 통하여 중대한 범법 사항에 대한 수사를 정치보복이라고 호도하고 있다.

5년 내내 정치보복으로 일관했던 그가 그 수하들의 부정이 드러나자 이것을 정치보복이라 하니 '언어도단도 유분수'라는 말은 이런 경우를 상정하여 나온 말이 아닌가 한다. 이명박은 부정의 종합선물세트를 연상케 한다. 물증이 없다고 오리발을 내밀지 모르겠지만 현재까지 밝혀진 증거만이라도 그를 구속 수사해야 한다. '정치보복'이라는 말로 진실을 호도하지 말라. 법은 만민에게 평등하게 적용되어야 한다. 따라서 다음 단계로 이명박을 구속 수사하라. 문재인 정부는 정치보복이라는 구실을 주지 않기 위해서도 엄정히 신속하게 수사하라. 메두사의 머리를 잘라야 한다.

우리 주위에는 마치 전쟁이 일어나기를 조바심 대며 부추기는 사람들이 있다. 그들의 이름은 극우 보수세력이다. 안보를 입에 달고 사는 그들은 손자병법도 안 읽었나 보다. 최상의 전략은 싸우지 않고 이기는 것이다. 미국 공화당의 매파의 치마폭을 잡고 미국이 핵 공격이라도 해서 한반도를 불바다가 되기를 바라는 그들은 실은 전쟁이 터진다면 신발을 거꾸로 신고 줄행랑을 칠 자들이다.

평화공존은 비단 같은 민족뿐만 아니라 다른 민족에게도 적용되는 인류 보편적 원리인 것이다. 우리 민족이 분단된 것은 일본에 그 원인이 있다. 세계 국가로서의 전략이 없었기에 미국은 일본이 그렇게 허무하게 항복할 줄 몰랐고 그 결과 소련과 38도선을 그어 분할 점령하게 된 것이다.

한반도 분단의 최대 수혜국은 일본이다. 친일파에 뿌리를 대고 있는 극우 보수세력은 일본의 장단에 놀아나는 꼭두각시들이다. 일본과 미국을 반조국이라 생각하는 자들에게 통치를 받았다는 것이 수치스럽기 그지없다. 우리 국민은 평창 동계올림픽을 계기로 한반도에 감돌던 전운을 걷어내고 평화공존의 민족 번영의 기틀을 다시 만들어야 한다.

말도 아닌 소리를 말이라고 떠들어 대는 자들이여, 그대들의 불협화음에 귀 기울일 우중은 이미 이 땅에 존재하지 않는다. 그리스 신화에 나오는 시니스는 코린토스 섬 근처에서 행인을 괴롭히던 힘센 노상강도다. 그는 행인들의 물건이나 돈을 빼앗고는 휘어진 전나무 두 그루에 행인들을 묶은 뒤 그 두 나무를 튕겨 사람들을 찢어 죽이는 악행을 저질렀다.

결국 이 망나니 시니스는 이곳을 지나가던 그리스 신화에서 영웅 중의 영웅인 테세우스를 잡아 죽이려 했으나 테세우스에게 그가 행인들을 죽인 그대로 찢겨 죽게 되었다. 국정 농단 세력, 반성하지 않는 적폐세력, 민족을 이간질하는 자들 모두 시니스의 방법대로 처치했으면 하는 바람은 비단 나만의 소원일까.

이제 우리는 미로에서 벗어나 민주 대로에 이들 적폐세력을 시니스가 나무에 매달아 하늘 높이 튕겨버렸듯이 징치해야 한다. 당장 6월의 지방자치 선거, 그리고 2020 총선에서 이들을 쓸어내야 한다. 그래서 종이 투표의 폭탄적 위력을 그들에게 여실히 보여주어야 한다.

평창 겨울 올림픽과 한반도 평화

받아놓은 날은 어김없이 오는 법. 어느새 2월 1일이다. 평창 겨울 올림픽 개막일도 일주일밖에 남지 않았다.

우리나라는 세계 스포츠 4대 이벤트로 꼽히는 여름 올림픽, 월드컵 축구대회, 세계육상대회, 겨울 올림픽을 개최한, 세계에서도 독일, 프랑스, 러시아, 미국, 일본, 우리나라 정도밖에 되지 않는 국가에 속한다.

이렇게 새겨보니 우리 스스로가 무척 대견스럽게 보인다. 한때 일촉즉발의 전쟁 위기까지 갔던 한반도 정세가 북한의 올림픽 참가와 여자 아이스하키 단일팀 구성 등으로 평화의 서광이 보이는 듯하여 안도의 한숨을 내 쉴 수 있게 되었다.

인간을 호모 루덴스(놀이하는 인간)라 부른 호이징하의 말처럼 인간은 갖은 놀이를 개발하여 이벤트화하고 있다. 불과 20여 년 전까지만 해도 우리나라는 여름 올림픽 종목에서는 후진국 신세를 벗어나지 못했다.

다행히 쇼트트랙 스케이팅이 올림픽 정식 종목으로 채택되면서 우리나라는 갑자기 겨울 올림픽 종목에서도 강국이 되었다. 특히 8년 전 밴쿠버 대회에서는 빙상 종목에서 이상화와 모태범의 500m 남녀 우승이라는 금자탑을 쌓았다. 이것은 여름 올림픽에서 남녀 육상 100m 우승과 맞먹는 쾌거인 것이다. 그리고 이승훈의 10,000m 우승은 여름 올림픽에서 마라톤의 우승에 비견되는 것이다. 여기에다 김연아의 여자 피겨 우승까지 우리나라는 가히 겨울 올림픽에서 강국이 되었다.

이번 평창 겨울 대회는 외신들은 우리나라가 6개의 금메달을 획득하여 6위권에 들 것이라 예상하고 있다. 그러나 우리나라 선수단에서는 8개의 금메달을 획득하여 4위권에 진입할 것이라고 예상하고 있다. 특히 이번 대회에서는 썰매 부분에서 금메달 2개를 예상할 수 있으니 불모지나 다름없는 루지, 스켈레톤, 봅슬레이 부분에서도 괄목할 만한 발전을 이룩해 왔다. 이번 평창 대회에서 최대의 스포트라이트를 받은 것은 여자 아이스하키팀의 남북 단일팀이다. 바흐 IOC 위원장의 중재와 배려로 코리아 단일팀이 꾸려졌고 출전 엔트리도 남측 23명에 북측 12명 도합 35명이라는 파격적인 것이었다.

물론 북한은 원래 출전국 자격을 획득하지 못했는데 단일팀 구성 때문에 12명이 참여하게 되었다. 우리 사회가 안고 있는 고질적인 편협성을 소위 조중동이 일선에 나서 부추기는 바람에 마치 일방적으로 남한 선수의 희생이 강요당하는 것으로 몰고 있다. 개최국이기 때문에 출전권을 얻었지 그렇지 않으면 세계 랭킹 23위에 지나지 않는 팀이 세계 매스컴의 집중을 받은 것도 단일팀 구성 덕분이라 생각하고 양보의 마음을 보여 줘야 한다. 사사건건 발목을 잡는 야당을 보고 있으면 조선시대 사색당쟁을 보는 느낌이다. 그대들 논리에 따르면 우리나라에서 전쟁이라도 한번 터졌으면 시원하겠다는 말인가. 졸지에 미국을 3류 국가로 전락시킨 트럼프의 억지만도 못한 속 좁은 우리의 깡보수의 주장으로는 한반도의 평화는 지속되지 않는다.

흔히 스포츠와 정치는 별개라지만 스포츠를 통해서 정치의 지형이 바뀌기도 해왔다. 그 대표적인 예가 '핑퐁외교'라는 미국과 중국의 국교 정상화, 남북 탁구 단일팀 등 그 사례는 많다. 일주일 후 남북이 한반도기를 들고 공동 입장하는 뉴스 화면이 세계인의 시선을 집중시킬 것이다.

올림픽 정신은 평화에 있다. 그래서 고대 그리스에서는 올림픽 기간에는 치열한 전쟁도 중단했던 것이다. 우리 한반도도 이번 겨울 올림픽 기간에 평화 분위기를 조성하여 올림픽 이후 동북아의 정치 풍향도를 바꿔 나가는 노력을 기울여야 한다. 설상에서, 빙상에서 벌어지는 게임 규칙대로 각종의 페어플레이 정신이 지켜지기 바란다. 경기장 내에서는 공정한 경기가 벌어지고 관중석에서는 선수들을 뜨겁게 응원해야 한다.

특히 남북 단일팀으로 출전하는 여자 아이스하키팀에 뜨거운 응원을 보내줘야 한다. 일주일밖에 남지 않았지만 벌써부터 우리의 가슴은 뛰고 있다. 아울러 불상사 없이 안전에 안전을 기울여 최상의 지구촌 축제가 치러지길 기원해 본다. 창공을 가르며 날아가는 스키 점프 선수들처럼 우리도 평화의 새가 되어 평창의 창공을 수놓으며 나르리라.

우리에게 미국은 무엇인가

평창 겨울 올림픽이 예상외로 평화롭게 진행되고 있어 참 다행이다. 북핵과 미사일 문제로 금년 초에 한반도를 둘러싼 동북아는 전쟁 전야와 같았다. 뭐 애들 싸움에나 나오는 '코피 작전'이란 해괴한 용어가 우리를 어리둥절하게 만들었다. 애들 싸움에서는 먼저 공격해 코피를 터트리면 맞은 애가 앙앙 울면서 전의를 상실하는 경우가 많다. 그런데 한민족의 운명이 걸릴 수도 있는 북한을 선제공격하면 애들 싸움처럼 북한을 제압할 수 있다는 전략이 '코피 전략'이라니 어이가 없다. 만약 이것이 빌미가 되어 한반도에서 전쟁이 난다면 우리나라 수도권 2500만 명의 운명은 누가 책임질 것인가. 3류 국가로 전락한 트럼프 행정부의 미국은 대안의 불구경하듯 불장난할지 모르지만 그 불장난에 한반도는 생존이 걸려있다.

미국 트럼프 행정부나 일본의 아베는 제발 한반도에서 전쟁이 발발하기를 고대하는 언사를 계속해오고 있다. 이번 평창 겨울 올림픽을 평화롭게 치르기 위하여 문재인 대통령과 바흐 IOC 위원장은 남북 단일팀 구성(여자 아이스하키)과 한반도기를 앞세운 남북 공동 입장을 성사시켰다. 대다수 국민은 성공적인 개막식에 박수를 보냈고, 그 개막식의 비용과 기술적 성공에 외신들은 일제히 찬사를 보냈다. 김영남과 김여정 등 북측 대표들도 이 개막식에 감격했을 것이고, 우리의 IT 기술에 내심 놀라웠을 것이다.

그런데 평창 겨울 올림픽을 계기로 평행선 내지 일촉즉발의 상태에서 화해의 실마리를 마련하지 않을까 하는 우리의 기대를 펜스 미부통령은 여지없이 짓밟았다. 더욱 가관인 것은 아베의 언행이었다. 미국의 애완용 푸들처럼 미국에 아양을 떨던 아베가 내정간섭과 다름없는 '한미 군사연습을 이행해야 한다'라는 발언을 한국의 문재인 대통령에게 거들고 나선 것은 문 대통령의 반박성 발언과 같이 '그건 분명히 우리의 문제'인 것이지 우리와 동맹국도 아닌 주제에 아베가 언급할 문제는 아니다. 못난 대통령(박근혜)을 윽박지르고 구슬려 '위안부 문제'를 단돈 10억 엔에 성사시킨 그 간사한 장본인이 북핵 문제에 개입하려는 처사는 용납할 수 없다. 이 모든 배후에 미국이 도사리고 있다. '위안부 문제'도 미국의 종용으로 처리되었다니 도대체 미국은 인권을 말할 자격이 있는지 의심하지 않을 수 없다.

역사적으로 보면 2차 대전 일주일을 앞두고 소련을 끌어들인 것은 관동군을 과대평가한 미국의 정보력이 미숙했던 것이고, 그 결과 한반도를 북위 38도선을 경계로 분할 점령하게 되었고, 그래서 한국전쟁과 세계에서 유일한 분단국의 탄생이었다. 만약 '에치슨 라인'이 일본까지 후퇴하여 그어지지 않았다면 6.25 한국전쟁은 일어나지 않았을 것이다. 해방 후 미군정은 임시정부 주석 김구 대신 정통성이 없는 이승만을 택했고, 해방 당시 한국인 친일파 관리를 대거 군정청 관리로 등용하여 정부 수립 후에도 일제 청산이 불가능하게 했다. 결과적으로 이승만 독재를 방조했으며 5.16, 10.26 이후 신군부의 정당성을 부여한 것도 미국이었다.

이승만 이후 우리나라 사람들은 미국을 마치 수호천사로 여겼다. 그러던 것이 5.18 이후 미국의 실상을 알게 되었고 민주화 세력들에게 반미의식이 고조되기 시작하였다. 여기에다가 나라를 망쳐 놓은 이명박·박근혜 정권의 수구 보수세력의 맹목적 친미 일변도의 외교가 우리의 올바른 대외관을 흐리게 했다. 아마 앞으로 트럼프 정부는 '약자 팔 비틀기식'의 통상압력을 거세게 밀어붙일 것이다. 그렇게 되면 반미정서도 거세질 것이다. 괴물과 같은 트럼프를 우리의 수호천사라고 누가 믿을 것인가. 세계 최대의 미군기지를 자국부담으로 건설해 준 나라가 세계에서 대한민국 빼고 또 어디 있는가.

항상 패배주의에 물들어 있는 군지휘관을 데리고 자주국방을 수립한다는 것은 공염불에 불과하다. 정말 역설적으로 말해서 우리 국민이 '양키 고 홈'이라고 외칠 때, 점령군 행세를 하는 미국의 태도가 변할 것이다. 미국은 선한 동맹국이 결코 아니다. 미국은 미국일 뿐이다.

이홍길 편

시민정신의 덕목을 찾아서

역사교과서 국정화를 강행하고 노동법 개정을 서두르는 정권은 노동자들의 집회를 불법집회로 규정하여, 막대한 경찰력과 최루탄 물대포를 동원하여 성공적으로 진압하는 데 성공하고 있다.

야당 새정연은 정권의 무한 질주를 저지하지 못하고 정권교체를 열망하는 민주세력들의 바람도 외면한 채 현상유지에 급급하다가, 안철수 탈당이라는 돌파구를 통해 정권교체의 구심력 창출의 가능성을 어렵사리 내비치고 있는 실정이다. 끝을 모르고 진행되고 있는 양극화 현상이 삼포, 오포, 칠포 시대로 일컬어지는 절망감이 많은 시민을 엄습하고 있음에도, 못 살겠다 갈아보자는 시민세력들의 구호는 아직 들리지 않는다. 선거로 본때를 보여주겠다는 속셈이거나 아니면 못 살겠어도 아직 갈아야 할 수준은 아니라는 판단인지는 알 길이 없다. 시민들의 총체적 절망감을 가늠하는 여론조사는 없었으니까.

시민들의 속셈이 궁금하던 차에 민형배 광주 광산구청장의 "내일의 권력"이라는 그의 행정 경험을 통한 권력진단서를 접하였다. 이 지역 민주인사들의 빈말이 되어버린 정권교체의 욕구를 되돌아볼 수 있는 기회이기도 하였다. 그가 제시하는 문제의식은 오늘의 권력들과 오늘의 권력구조를 그대로 놔둔 채 권력의 얼굴만 바꿔서는 우리 사회의 좋은 변화를 이끌 수 없다는 것이었다.

이명박 정권에서 박근혜 정부로 바뀌는 수준에서는 별 의미가 없겠지만 유신정권에서 민주정권으로 바뀌는 것은 전혀 별개의 것으로, 얼굴만 바꾸는 수준을 훌쩍 넘는 변화도 있다. 그렇지만 민주세력의 향수를 자극하는 김대중 정부, 노무현 정부도 민주화의 관문을 통과시킨 필요한 정부였지 충분한 정권들은 아니었다. 민주화를 저지시키고자 유령처럼 그 모습을 일신한 오늘의 권력들은 김대중 정부, 노무현 정부가 온존시킨 권력구조의 결과물은 아니었을까?

겨우 민주화의 성감대를 자극하는 몇몇 위원회를 제외하고 그 막강한 권력을 위탁받았을 때 민주화를 위한 민주적 권력구조를 어떻게 개편했는지 곰곰 곱씹어 볼 일이다. 정치 국정원, 정치 검찰, 정치 경찰을 진정한 민주공화국의 권력기관으로 만들 수 있었음에도 행여 당신들의 권력행사를 용이하게 하는 목전의 편의를 위해서 온존시킨 것은 아니었든가 하고 자성해 볼 일이다.

신자유주의라고 불러 자유주의를 모독하는 자본의 횡포를 방조하는 신방임주의의 변천과 발호를 당신들의 경제팀들은 예견하지 못했던가? 어떤 예방책을 세웠던가? 경제 민주화라는 유인성 강한 단어만 흩뿌리고 나라사랑 백성사랑을 잠꼬대로 읊조린다고 해서 민생이 돈

독해지는 것은 아니었다. 서민경제의 명맥이 끊겨가고 있는 현실이 너무도 적나라하다.

지난 민주정부가 현재의 집권자가 아니라고 해서 개혁을 방치한 책임이 면책되는 것은 아니다. 권력에도 역사성이 있다. 그 역사성은 기득권이라는 관성으로 강력한 응집력을 가지고 계속되려고 하고 이에 맞서는 민족과 국가공동체의 정의를 추구하는 저항력 또한 수그러들 수 없다. 그러나 상호 배반되게 움직이는 두 개의 힘은 힘의 공백지대를 이루어 그 시간 그 공간 그 사람들을 위한 힘은 없어지고 만다. 한말의 망국이 그 현저한 사례라 할 것이다.

그러므로 필요하고 충분한 권력과 그 구조는 지금 여기에서 우리로부터 이루어져야 한다. 여기 오늘의 우리를 재음미해보자. 과거처럼 계급으로 나눌 필요도 없다. 역할의 구별은 있겠지만 우리 모두는 생산자이고 소비자이고 봉급 수령자이고 복지 혜택자이면서도 사람된 위신을 잃게 되지 않을까 하는 류의 각가지 소외를 두려워하는 시민이고 민중이다. 기득권력과 기득재벌이 장악한 현실을 사는 우리에게 이미 시민과 민중의 경계는 없어졌다.

함께 이곳에서 오늘을 사는 민주공화국의 국민만이 존재한다. 대한민국의 모든 권력은 우리한테서 나오는 데도 각가지 법령의 형태로 우리의 주권을 제약하는 권력 장치들을 해부하고 재배치할 수 있는 국민 권력을 회복하고 정립해야 할 것이다. 우리의 기본권이 법률의 이름으로 제약되고 유린당하여 정당이 없어지고 국회의원의 자격이 박탈되는 데도 트로이의 목마도 제갈량의 목마도 못 되는, 겨우 싸움이 무서워 말싸움만 하는 소위 야당 정치인에게 뒷덜미 잡힌 불쌍한 호랑이 같은 국민이 되어서는 안 될 것이다. 자존(自尊)하는 국민단이 자존(自存)하고 자존(自存)하는 국민만이 자결(自決)했음을 국정교과서가 아닌 우리가 맘대로 선택해서 배운 역사가 일찍이 가르쳐 주었다.

동물들의 충고에 귀 기울이다

「금수회의록」을 읽고서

북한은 수소탄 실험을 성공시켰고, 남한은 대북 확성기 방송을 재개하고 미국은 B52 폭격기를 한반도 상공에 전개하는 무력시위를 펼쳤다. 대한민국 국회는 여야 간 선거구획정 협상을 공전시킨 채 한해를 넘겼다.

민주화를 위하여 기필코 정권교체를 이룩하겠다는 제일 야당 새정연은 더불어민주당으로 리모델링하고 안철수는 국민의당을 창당했으며 천정배는 17일 가칭 국민회의를 출범시킬 예정이다.

세월호 참사를 겪은 안산의 단원고는 희생된 262명의 학생과 교사들의 졸업식을 대신한 '눈물의 방학식'을 거행하였다.

내우외환의 고삐가 안팎으로 조여와 한반도와 대한민국은 질식하리만치 숨이 찬데 백성들은 담담하기만 하다. 냉전의 여진이 가시지 않은 국제정치가 심층의 원인이라 하지만, 남북의 분단이 초래하고 남북의 정권들이 그 빌미를 제공하여 조성한 위기 국면이다.

상황이 잘못되면 그 결과는 한민족 공동체의 파멸로 이어질 수 있겠다. 기아에 허덕이는 북한 인민들의 삶은 방치한 채, 천문학적 자금이 투입되는 수소탄 제조는 누구를 위해 무엇을 위해 저지르는 것인지 알 길이 없다. 핵폭탄이 결코 밥이 될 수 없는데도 감행하는 것은 평양 정권의 생존을 위한 엄니가 되기 때문일까?

역주행하는 남한의 민주화가 정상화가 필요하듯 평양 정권도 그들의 명목가치인 인민 정권을 회복해야 할 것인데, 여전히 대량 살상 무기들이 삼림을 이루어 가는 과정에 있어, 그 전도가 어둡기만 하다.

사람들은 행복하고 싶고, 자유롭게 생을 즐기고 싶고 안전하고 싶은데, 천재가 아닌 인재로, 그것도 스스로가 마련한 업보로, 전전긍긍한 삶들을 보내고 있다. 사람들의 노력은 다했음에도 기다리는 천명은 오지 않으니(진인사대천명) 짐승들의 충고라도 경청함이 어떨까 하고 자문해 본다.

내우외환의 잠재성 질환에 찌들어 그 위기감마저 둔해져 버린 한국의 현실과 그 현대사는 불가피한 천재가 아니라 인재이다. 고난과 질곡의 시간을 경험한 공동체는 역사가 주는 경험을 뼛속에 새길 만도 하건마는 짐승만도 못하다는 욕지거리를 쉽게 나불거렸던 것도 무색하게 동물들의 비아냥과 충고를 듣게 되는 지경에 이르렀다.

개화기 시대의 신소설 작가 안국선이 1908년에 쓴 「금수회의록」이라는 동물 의인화의 우화소설을 살펴보기로 한다. 안국선은 관비 유학생으로 동경전문학교에서 정치학을 전공한 사람으로 대한제국에서 서기관과 군수를 지낸 벼슬아치이기도 했다.

그의 작품 「금수회의록」에서는 까마귀·여우·개구리·벌·게·파리·호랑이·원앙새 등 여덟마리 짐승들이 나와, 인간을 비아냥거리면서 에둘러 충고를 한다.

작자는 서언에서 현실을 진단하기를 “세상은 인문이 결딴나서 도덕도 없어지고 염치도 없어지고, 의리도 없어지고 절개도 없어져서 사람마다 더럽고 흐린 풍랑에 빠졌다”라고 슬퍼하면서 금수만도 못한 이 세상을 장차 어찌하면 좋을꼬 하고 근심하다가 잠이 들었다.

그는 꿈속에서 헤매다가 ‘금수회의소’에 다달아 인류를 논박하는 짐승들의 회의를 방청한 내용을 기록하게 된다. 두 번째 연사로 여우가 등단하여 ‘외국의 세력을 빌려 의뢰하여 몸을 보전하고 벼슬을 얻으려 하며, 타국 사람을 부동하여 제 나라를 망하고 제 동포를 압박하니’ 하고 사람들을 규탄하고, 세 번째로 개구리가 나와 가라사대 ‘조그만큼 남보다 먼저 알았다고, 그 지식을 이용하여 남의 나라 빼앗기와 남의 백성 학대하기와 군함·대포를 만들어서 악한 일에 종사한다’고 일본 제국주의의 침략을 규탄하고 네 번째로 벌이 나와 머리를 까딱이며 연설한다.

‘거죽은 사람의 형용이 그대로 있으나 실상은 시랑과 마귀가 되어 서로 싸우고, 서로 죽이고 서로 잡아먹어서, 약한 자의 고기는 강한 자의 밥이 되고, 큰 것은 작은 것을 압제하여 남의 권리를 늑탈하여 남의 재산을 속여 빼앗으며 남의 토지를 앗아가며, 남의 나라를 위협하여 망하게 하니 그 흉측하고 악독함을 무엇이라 이르겠소’ 하는데 이르러서는 을사보호조약 이후에 이미 반신불수가 된 대한제국을 갖가지로 수탈하고 늑탈하는 일제의 행위들이 선연하고 그에 빌붙어서 알랑거리면서 제 동포를 착취하는 데 앞장 선 친일 군상들의 모습이 명멸하는데, 그러한 광경들이 어제 오늘로 끝날 것 같지 않아, 노년의 답답한 가슴이 더욱 처연해진다.

까마귀의 질타에 안절부절 못하다

금수회의에 첫 번째로 등단한 까마귀가 자랑하는, 저들의 반포지효를 소개하려고 하는데 잠시나마 머뭇거려진다. 까마귀가 자화자찬하는 반포지효는 그들이 먹을 것을 물고 와서, 그것을 게워내 그 어미를 봉양, 키워준 망극한 은혜를 갚는 것을 말하는데, 오늘의 한국을 사는 우리 어른들의 꼬락서니가 어처구니없어서 망설여짐을 금할 수 없다.

희망을 접어버린 7포 세대의 우리 자녀들에게 기껏 흙수저나 물려주는 처지에, 세월호 사건에 이어 부천 초등생 살해사건의 가해자가 그 부모라는 현실에 전율과 부끄러움을 감당할 길이 없는데, 반포지효로 자녀들의 효성을 채근하는 것 같아, 말을 이어가기가 두려울 따름이다.

대부분의 시간을 20세기에서 살았던 어버이로서 그냥 부형들의 욕심만 채우기 위해서 까마귀를 빙자해 너스레를 떠는 듯해서 면구스럽기만 하다. 그런데 다행스럽게도 이시진의 「본초강목」에서 까마귀를 자비로운 새라고 말하는 것을 알고 나서, 반포지효가 자녀들의 효행만을 강요하는 것이 아님을 알게 되었다.

반포의 효는 부모는 자식을 사랑하고 자식은 부모에게 효도하는 것을 드러내는 것으로, 반포가 결코 일방적은 아니었다. 인간사 현실에서 자식의 반포는 보기가 쉽지 않지만, 자식에 대한 부모의 반포는 다반사였다.

일방 쌍방을 논하기 전에 반포적 애정은 사람들의 도리였을 것으로 생각한다. 사람의 관계에 있어서 이해관계를 초월하는 보다 근원적 관계가 있었을 것으로 판단한다. 네 이웃을 사랑하라는 말씀이나 어짐으로 측은지심을 추동한 유교의 가르침은 윤리전범으로 전형화되기에 이르렀다.

천륜은 사람 관계의 첫 출발점인데, 그 출발점에 친함이라는 애정이 없고 이해타산이라는 메마른 셈본만 있었다면, 수십 억 년에 달하는 생명의 역사와 사백만 년에 이르는 인간의 역사가 오늘에 이를 수는 없었을 것이다. 생명 사이에서 또는 생명 안에서 이해타산의 셈법과 경쟁으로 시종했다면, 그 생존을 파멸시켜 수십 억 년의 생명사는 이루어질 수 없었을 것이다. 백년도 제대로 못사는 인간들의 삶, 그 배후에는 수십 억 년에 달하는 생명사가 이미 있어 왔던 것이다.

새삼스럽게 적은 이익과 편의를 위해서 천륜마저 거스르면서 자신만의 행복한 삶을 살 수 있다는 것은 옳고 그르다는 윤리 이전에 불가능하다. 인간인 우리 생명의 첫 출발을 상기하다 보면, 미웠던 천륜도 시원찮은 혈통들도 소중해져서 결과적으로 그만큼의 아니 그 이상으로 자신의 인생이 튼실해지고 두터워질 것이다. 우리의 주변이 나를 위해서 무엇을 주고 무엇을 해주었는지 집착하지 말고, 우리가 그들을 위해서 무엇을 해주었는가를 겸허한 마음으로 되돌아보면, 그 만큼은 우리와 그들이 함께 되어갈 것이다.

실질은 제쳐두고 겉모습만 그럴싸하게 꾸미는 가운데 진실은 휘발하고 마는 것은 만고의 진리다.

까마귀 가라사대 "부모는 자식을 사랑하고 자식은 부모에게 효도함이 하느님의 법인 줄 알아야 한다". 이어서 부연하기를 "지금 세상 사람들은 날날이 효자 같되 실상 하는 행실을 보면 주색잡기에 침혹하여 부모의 뜻을 어기며 형제간에 재물로 다투어 부모의 마음을 상하게 하며, 제 한 몸만 생각하고 부모가 주리되 돌아보지 아니하고 학식이라도 좀 있는 여편네는 주제넘게 온화 유순한 부덕을 잊어버리고 시부모를 어리석은 물건같이 대접하고, 심하면 원수같이 미워하기도 하니, 인류사회에 효도가 없게 된다"라는 까마귀의 장광설은 계속된다. "사람들은 세월이 가는 줄을 모르고 저희 부모가 식사를 했는지 처자가 기다리는지도 모르고 쏘다니니 어찌 까마귀 족속만 하리오. 사람은 일 아니하고 놀면서 잘 입고 잘 먹기를 좋아하되, 우리 까마귀는 제가 벌어 제가 먹는 것이 옳은 줄 아는 고로 결단코 사람들이 하는 행위는 아니하오"

까마귀의 장광설이 비수처럼 가슴을 후벼 필자의 지나온 전 시간이 트라우마가 되어 가슴을 옥죈다. 김영승 시인이 그의 시 '별'에서 들어내고 싶었던 것처럼 반성의 대상은 삶의 모든 것, 세계의 모든 것으로 수준 높게 승화시키는데, 함부로 그리고 쉽게 살아버린 필자의 지난 시간은 오히려 고황의 병이 될까 두려우니, 차라리 까마귀 고기라도 먹어서 금수회의의 까마귀 연사의 의기양양한 장광설을 잊을 수 있으면 좋겠다.

옛사람을 보며 오늘을 헤집다

「금수 회의록」에 나오는 동물들의 충고를 새겨들으면서 저자 안국선의 삶을 살핀다. 동물들의 현란한 충고와 인간 평가는 저자의 인간관과 시대관이기 때문이다.

책이 쓰인 1908년 이전 그는 일본 유학을 마치고 독립협회에 가담하여 활동하다가 투옥과 유배 생활을 경험하기도 하였다. 한말 탁지부 서기관에 임명되었고, 1911년에는 합방 조선에서 청도 군수를 역임하기도 하였다.

그의 저술 활동, 사회 활동, 관직 생활의 시기가 합방전후와 겹치는 것이, 국망으로 비분강개하여 의병에 투신하거나 순국을 택한 지사들과는 다른 면모를 보여주고 있었다. 동물들의 입을 통한 날카로운 세태비판에 가슴 뭉클했던 필자는 그의 처신에 일말의 실망감과 동시에 곤혹을 느낀다. 하지만 지사적 결단이 모두에게 가능하지 않은 것은 그 어느 시대에도 관통했던 역사임을 어쩔 것인가? 아울러 오늘의 한국 현실이 한말과 똑같지는 않더라도 내일의 운명이 불분명하기는 오십보백보인데도 우리들의 현실 인식은 천차만별이듯이 그때도 마찬가지였을 거라고 누그려 생각해 본다. 또 그가 독립협회 활동을 한 사람이라는 데에 착목하여 그 시국관의 시대적 한계를 유추해 본다.

오늘의 패권적 기득권 세력들이 그러하듯이 당시의 독립신문이 전하는 협회 인사들의 정치의식은 국가의 총체적 위기에도 불구하고 자신들의 헤게모니에 국한되어 있었음을 적나라하게 드러내고 있었다. 동학혁명을 저지하기 위해 청군을 끌어들인 것은 차치하고 독립신문의 언설들은 청나라와 일본군대가 주둔하여 국가 주권이 유명무실 해져버린 현실에서 "수도에 외국 군대가 와 있어 동학과 의병을 막아주니 다행"이라거나 "무법한 인민과 시세를 알지 못하는 유생층이 민병을 조직하였으니 박멸함이 마땅하다"라는 끔찍한 언설, "무식하면 한 사람이 다스리나 여러 사람이 다스리나 마찬가지"라는 그들의 하찮은 유식에 대한 오만이 넘쳐 "무식한 세계에는 군주국이 도리어 민주국보다 견고하다는 사실이 역사와 다른 나라의 상황이 보여준다"라는 평가와 주장은 야만과 미개를 빌미로 보호와 합방을 정당화했던 일본제국주의의 주장에 잠재적이거나 현재적으로 맞닿아 있었다. 그들이 백성을 계몽시키고자 했던 실질은 결국 그들의 주도권이었다.

대한민국 초대 대통령 이승만의 '독립정신' 6대 강령에도 민권을 찾아볼 수 없고 나라 위한 백성의 책임만 요란하다. 자유를 자립이라는 수준으로 축소 선양하면서도 민중을 배제, 결국은 수구와 타협하거나 외세 의존의 평안을 찾게 되었던 것이다.

1899년 대한제국의 헌법인 '대한국 국제'가 선포된 이후, 을사늑약 이전인 1904년에 이르기까지 국정개혁을 위한 상소나 건전한 비판이 등장하지 못했음이 지적되고 있으며, 황제 권력 강화가 자주독립이란 명분 아래 황제의 의향에 따라 자의적으로 행사되었는데, 일제의 황실 관리의 배려 아래 황실은 예전의 영화를 누리며 숨죽인 채 그 종말을 향하여 생존하고 있었다. 지사 황현의 절명시처럼 "새와 짐승도 슬피 울고 강산도 찡그린다"라는 처절함과 몇몇 지사의 죽음으로는 기울어가는 국운을 지탱할 길이 없었다.

기득권이 헤게모니를 잃었을 때 자신들의 이익과 안전을 지키는 방법은 새로운 권력에 빌붙는 것이었다. 그런데 그들에게 다행인 것이 우리는 의존의 긴 역사를 갖고 있었다. 큰 나라, 윗 나라의 비호 속에 안도했고, 따라서 체제 내의 지배를 관철할 수 있었다. 임오군란으로 왕의 아버지가 청나라에 잡혀가고 갑신정변으로 일본에 덜미를 잡히고 러시아 공사관으로 임금이 피신하여 국권을 의탁하고 미국에 국가 보위를 당부했건만 대한제국은 그 통치권을 영원히 일본 황제에게 넘기고, 일본 황제는 오만하게도 조선의 병합을 허락했던 것이다.

한반도를 둘러싼 오늘의 국제정세가 불안하다. 북한의 미사일 소동으로 기다렸다는 듯, 주변 강대국인 중국과 러시아가 한사코 반대하는데도, 당당하게 사드를 공론화하는 정권의 태도가 우리를 당황케 하고 미국의 공공연한 채근이 짜고 치는 고스톱판 같아 무력감에 짓눌린다. 대한민국의 주권은 국민에게 있다고 외쳐봤자 고스톱판은 끝나가고 있다.

한말의 시국을 풍자하고 살았던 안국선이 더 당당하지 못했다고 서운할 것도 없다. 무슨 재앙이 되어 돌아올지도 모르는 사드 소동에도 바닷속처럼 조용한 우리 언론과 저 의연한 대한민국 주권자들의 면면이 저리 빛나고 있지 않은가!

평화협정 체결이 전화위복의 기회다

북한의 4차 핵실험에 대응한 박근혜 정부가 공식 표명한 사드 배치와 개성공단의 폐쇄는, 1950년대를 방불케 하는 신냉전 구도를 조성하고 있다. 과거의 냉전이 한국의 분단과 동족상잔의 전란을 가져오고 남북한의 부정적 현실을 규정해 온 점을 생각하면 국가공동체 운명의 타율성이 몸서리치는데, 신냉전의 구도가 생긴다는 것은 상상하는 것만도 끔찍하다. 미국의 M·D계획의 연장선이라 하더라도 한국정부가 북한의 극단적 도발을 규탄하는 가운데 박근혜 대통령이 한반도 사드 배치를 공론화시켰다는 점이 우리의 촉각을 자극한다.

핵실험이라는 극단적 도발을 차단하거나 제동을 걸기 위해서 불가피했다고 가정해 본다. 그런데 북한의 핵 능력 제고는 그들이 핵 개발을 시작한 이후 예상할 수 있는 수순이다. 핵 능력이 억제 불가능하기 이전, 우리 스스로 그런 능력이 없다는 점을 고려하여 유력 동맹국인 미국과 주변 관계국인 중국을 동원하여 문제를 일거에 해결하는 배수진을 친 것이라고 상상해 본다. 주관적 전략 전술이 적중한다면, 통일 대박의 실마리가 되기도 하고 선거를 목전에 둔 시점에서 선거 여왕의 기량을 찬란하게 뽐낼 수 있는 절묘한 한 수가 될 법도 하다. 술책에는 고육책도 있고 반간계도 있는데 국면을 일거에 전환할 수 있는 배수진을 못 쓸 이유도 없다고 생각한 것은 아니었을까? 모험은 스릴이 따르는 것으로 건곤일척의 모험이 성공하면 역사를 바꿀 기회가 될 수도 있다. 소명의 운명감에 몸서리치는 높은 자아의 소유자들이 선택할만한 모험이기도 하지만, 그것이 개인의 운명에 국한하지 않고 국가와 국민의 운명에 상관된 결정이라면 신중하고 신중할 일이었다.

중국의 언론은 "중국은 한반도의 최악 상황에 주도면밀한 준비를 해야 한다. 중국은 동북아 방향에 군사배치를 강화하고 대응능력을 높일 필요가 있다"라고 주문한다. 스캐퍼로티 주한미군 사령관은 미국 하원 군사청문회에서, 한반도에서 충돌이 발생하면 2차 세계대전 규모와 유사할 수 있다고 경고하고 북한 정권이 도전을 받는다면 대량살상 무기도 쓸 수 있다고 전망하면서, 현재 한반도의 긴장은 최고 수준이라고 평가하였다.

유성우와 같은 미사일이 한반도 상공에서 폭죽처럼 쏟아질 정경이 눈에 선한데, 미 태평양 사령관은 북한이 비핵화되면 사드 배치가 불필요할 것이라고 말하고 있다. 그런데 절묘하게도 왕이 중국 외교부장이 비핵화와 평화협정 병행을 새로 제안함으로써 사드가 조성한 한반도의 난국을 해결할 새로운 방안으로 부각되고 있다.

우리는 먼저 중국이 한반도 사드 배치를 적극적으로 거부하는 것을 한반도와 중국은 물론 동북아의 평화를 염원하는 데서 나온 것으로 겸허히 수용해, 사드 배치는 우리 자위권을 위한 불가피한 조치라고 닭표 오리발 같은 주장은 삼갈 일이다. 사드의 한반도 배치는 현실적으로 경쟁국에 중국의 방어시설을 노출시키기에 역사적 관점에서도 그들의 우려는 정당하다.

청일전쟁 이후 대만 할양, 요동반도 할양은 중국의 주권을 일본이 독패할 수 있다는 가능성 때문에 러시아, 독일, 프랑스 3국이 간섭하여 요동반도를 중국에 환부시켰던 것이다. 그로부터 120년이 지난 군사기술의 발달수준을 고려한다면 사드에 대한 중국의 반대를 그 코밑에 있는 나라에서 자위권 운운의 희언을 농해서는 안 될 것이다. 사드 난국에서 우리의 운명을 우리의 경솔로 그르칠 수는 있어도 주동적으로 해결할 능력이 없는 현실이 안타깝다.

왕이 중국 외교부장은 "중국은 6자회담 의장국으로서 한반도 비핵화 실현과 정전협정을 평화협정으로 바꾸는 것을 동시에 추진하는 협상을 벌이자고 제안한다"라고 밝혔다. 그뿐만 아니라 그는 미국과 함께 북핵을 견제하기 위한 대북제제안 마련에 적극적으로 참여하고 있다. 북한의 선 평화협정 후 비핵화와 한·미의 북한의 진정한 핵 포기 의지 증명과 이후 대화 협상을 절충한 것이라고 그 의미를 축소할 필요가 없다. 위기의 국면에서 '비핵화·평화협정 협상의 병행'을 처음으로 공식 거론한 것으로 북한을 대화의 장으로 나오게 하는 유일한 방안임을 높이 평가해야 할 것이다.

북핵 문제는 냉전체제의 산물이므로 냉전을 극복할 대안이 필요하다는 지적은 논리적으로, 60년도 훌쩍 넘은 정전상태는 그 자체가 비정상이므로 우리는 정상화를 향하여 뜻을 모아야 한다. 그렇게 되면 사드 파동은 한반도의 군사적 긴장을 해소할 수 있는 전화위복의 기회가 되고, 박 대통령은 그녀의 위태롭고 거친 배수진 전략으로 전화위복의 기회를 마련한 한반도의 유력한 평화 조성자가 되는 영광을 안게 될 것이다.

태평천하 그리고 희망가 · 1

"천하가 태평하니 희망을 노래합시다"

뒤틀린 세상 따라 뒤틀리다 보니 별별 요망한 생각이 난무한다. 그래도 함께 고민할 여러분이 있기에 요망 떠는 틈틈이 진실의 요망군이 되어 볼 생각이다.

깊이 궁리를 잘하는 것을 궁통이라 말하는 수도 있지만 궁하면 통한다는 말은 본디 궁하면 변하고, 변하면 통한다는 것을 줄인 말로 개혁 정당화의 논리로 중국 청말의 개혁운동 시에 회자되었던 것이다. 정치가 궁하고 경제가 궁하고 민생이 곤궁해지면 나라가 위태로워지는 것은 당연한 순서이자 논리가 되겠다. 그러므로 공동체는 그 생존을 위해서 기왕의 시스템과 방향을 변화시킴으로써 새로운 활로를 찾게 된다. 3선 개헌으로 부패한 독재 권력을 연장코자 했던 자유당 정권과 맞서 싸웠던 '못 살겠다 갈아보자'라는 구호도 같은 맥락이었고, 이대로는 기왕의 양당체제가 민주화를 고사시킨다는 발상으로 새로운 정치세력을 도모했던 국민회의도 같은 생각이었던 것이다.

그러나 현실은 인간집단이 그 이해관계와 정치욕망을 배합하여 조성하는 것으로 변화가 아무리 절박하더라도 대체적 조건을 넘어서기는 어렵다. 기성의 현실을 적극적으로 긍정하는 세력은 변화를 요구하는 세력을 견제하거나 압도하여 변화를 차단한다. 아울러 갖가지 논리와 사례를 동원하여 현실을 분식하고 미화한다. 사드의 위험을 경고하고 양극화의 문제점을 지적하고 5포 시대, 7포 시대의 안타까움을 젊은 세대들의 미래를 곁들여 통사정해도, 기성세대들에 의해 장악된 현실은 기득권 방어를 위한 총화단결로 더욱 강고한 결집력을 자랑할 따름이다.

주도권이 심각하게 동요하거나 위협받을 때만 그들은 퇴각하고 양보한다. 6·29선언이 그 실례다. 비록 다수이고 변화의 정당성을 가졌을지라도 현실을 타파할 능력이 없는 사람들은 이솝우화의 신포도 이야기로 변혁을 포기하거나 반어적 풍자로 감성 만족에 머무르기에 십상이다.

이야기를 끌어가다 보니 비관 정서가 쪼속쪼속 올라와 패배감이 가슴 밑바닥을 후빈다. 그러나 패배의 쓴잔을 아직 마실 필요는 없다. 도구 또는 무기는 가치중립으로 사용하는 사람들의 수단이다. 홍범도 장군은 그의 게릴라투쟁 시에 적의 무기를 빼앗아 사용한 것으로 유명했다. 사용하는 목적과 방법은 사용자가 결정하는 것임으로 태평천하의 희망을 아직 버리지는 말자. 문자로서 태평천하는 모든 인간이 소망하는 대동의 낙원이다.

기득권자들의 희망은 기득권의 보호와 창달이고, 그렇기 때문에 그

진영의 대척점에 억압받았던 민중이 상시 존재했던 것이다. 민중의 희망은 억압과 착취가 없거나 없어지는 것으로 기득권자들의 그것에 비해 훨씬 열려 있는 것이다. 20세기, 21세기가 그 전망으로 보여주고 제시한 것으로 민주정권, 인민정권의 실질을 구현하면 되는 것이고 직접민주, 간접민주의 모든 인간의 행복과 복지에 도움 되는 방법을 구성원들이 선택하면 되는 것이다.

그런데 민중의 희망은 끊임없이 유린당하여 왔다. 기득권자들에 의해서 유린당하고 민중 안에서 신생하는 기득권세력에 의해서 기만당하면서 보내온 세월이 전 역사에 통할 때, 삶과 역사에 의해서 배신당한 느낌으로 "이 풍진 세상을 만났으니 너의 희망이 무엇이냐. 부귀와 영화를 누렸으면 희망이 족할까"하고 자문해 보지만, 기득권자에 근접해가는 느낌 말고는 아무래도 양이 차지 않는다. 억압과 착취를 극복하고자 했던 희망이 겨우 억압자, 착취자에 근접해가는 것이라면 그 시시함에 자괴감을 떨칠 수 없다.

함평의 농민운동가 노금노가 지은 '땅의 아들'이 전한 바에 의하면, 1980년 미국문화원을 방화한 사람들은 법정에서 자신들의 행위는 "민족자존을 지키고 되찾고자 실행한 정당한 행동이며 이 시대 민중들의 미국에 대한 분노의 표시를 행동으로 대변하고자 광주 미문화원에 불을 질렀다"라고 주장했다. 그중 한 사람인 농민운동가 박시영은 사건 직후 경찰에 검거되기 몇 시간 전에 그의 심정을 희망가의 곡에 따라 다음과 같이 불렀다.

"비바람 몰아쳐 벼꽃이 지니 옛날 생각을 하였더라. 한 번에 찢으려던 깃발이 무섭구나. 내 손 흔들고 내 발 뛰어서 새 세상 이루어 보렸더니 희망찬 세상은 들판 가득 또다시 안개로다"

박시영처럼 적어도 기득권자들에 근접하고자 하지 않았던 민중은 아직 요원의 불씨처럼 세상 도처에 내연하고 있을 것이다.

태평천하 그리고 희망가 · 2

"천하가 태평하니 희망을 노래합시다" 하고 말해 보지만, 1940년에 채만식에 의해서 『태평천하』가 출간되었을 때에도 2016년의 총선거의 계절에도 전혀 가당치 않은 말씀이다. 천하태평은 우리들의 소망은 될지라도 현실이 되지 못하는 것은 그것의 물적, 인적 조건이 마련되지 않았기 때문이다. 그런데도 태평천하를 말하는 것은 그것이 가져다주는 반어적 풍자가 절망하는 마음을 달래주는 감성 만족을 줄 수 있기 때문이다.

작가가 그의 작품 배경이 1938년임을 구태여 밝히는 것은 독자들에게 그 시대성을 귀띔하는 것이다. 1937년 중일전쟁이 시작되고 조선이 전시체제로 개편되면서 내선일체의 동화정책이 강화되고, 1938년에는 국민정신 총동원 조선연맹을 조직하고 육군 지원병제도를 도입하였다. 1939년에는 일본식 이름을 쓰도록 강요하였다.

1938년부터 가혹한 태평천하가 시작되고 있었으니, 작품 「태평천하」는 반어적 풍자로, 식민지 지식인의 냉소를 드러내는 고발문학이라 할 것이다. 그러나 작가의 신랄한 풍자와는 다르게 현실을 천하태평으로 사는 사람들이 있는 것은 옛날이나 지금이나 마찬가지가 아닐까 하고 자문해 본다.

망국의 안타까움과 식민지의 가혹한 현실이 엄존하고 또 미만함에도 불구하고 「태평천하」의 잘난 주인공 윤직원의 처절한 울부짖음으로 형상화된 그의 시대의식을 경청해 본다. "오죽이나 좋은 세상이여? 화적패가 있느냐? 부랑당 같은 수령들이 있더냐? 재산이 있어도 도적놈의 것이요 목숨은 파리 목숨같던 말세는 다 지나가고... 거리거리 순사요 골골마다 공명한 정사, 오죽이나 좋은 세상이여... 남은(일본은) 수십만 명 동병을 하여서 우리 조선놈 보호하여 주니 오죽이나 고마운 세상이여... 이걸 태평천하라고 하는 것이여, 태평천하... 그런디 이런 태평천하에 태어난 부자 놈의 자식이 더군다나 저나 떵떵거리고 편안하게 살 것이지 어째서 지가 세상 망쳐 놓을 부랑당패에 참섭을 한단 말이여..."

주인공 윤직원의 자못 긴 넋두리성 절규는 유학 마치고 검·판사 될 것을 기대하였던, 시쳇말로 금수저가 분명한 그의 손자 종학이 사회주의에 참여하였다는 소식은 그의 세계가 무너지는 경천동지할 파열음이었다. 자기 재산만 지켜주고 그의 안일을 지탱해 주면 윤리 도덕이 문제 될 것이 없고 식민지를 운영하는 일제가 그의 태평천하를 보장해 주는 둔덕이 되고 산성이 되었던 것이다.

윤직원의 일제에 대한 감사 사설은 중일전쟁의 평가에서도 빛난다.

"자아 보소 관리허며 순사를 우리 조선으로 많이 내보내서 그 숭악한 부랑당놈들을 말끔 소탕시켜 주고 그래서 양민들이 그 덕에 편히 살지를 안넝가? 그러구 또 이번에 그런 전쟁을 하여서 그 못된 놈의 사회주의를 막아 내주니, 원 그렇게 고맙고 장한 노릇이네" 일제하의 그 어두운 시절에 윤직원의 안보관과 반공관은 이렇게 확실하였다.

그런데 이처럼 가소롭고 안타까운 태평천하 주인공의 시국담은 일제하에서만 있었던 것은 아닐 것이다. 홍어 타령하면서 신나서 죽고 못 사는 일베무리가 우리 주변에 널려 있다는 현실. 역사 국정화 작업 같은 일이 국가 기관에 의해서 은밀하게 그러나 당당하게 진행되고 있다는 사실. 널브러진 흙수저가 천하에 미만해도 내 집의 금수저만 온전하면 그만인 권력자, 금력자들 또한 우리의 이웃이고 태평천하의 주인공들이시다. '좋아졌네 좋아졌어' 하는 새마을 찬가로 우리의 정치감각을 마비시키면서 마의 유신시대를 열었던 박정희가 반인반신의 우상으로 군림하고 있다는 해괴한 소식도 이제는 뉴스가 되지 않는 태평천하가 오늘이다.

총선의 계절에 "박근혜 정부가 일 좀 하게 해주세요"라는 썰렁한 구호를 내거는 사람들이 만든 세상이 가관이다. 사드 파동, 소득 불균형, 헬조선으로 상징되는 7포 세대의 절망이 켜켜이 쌓여왔는데, 또다시 무슨 짓을 저지르려고 "일 좀 하게 해 주세요" 하고 이양 떠는 심사가 차라리 괴기스럽다. 박근혜 시대를 총괄하는 '대한민국 몰락사'는 바닥을 치는 대한민국의 행복지수를 거론하면서 경제적 생활고와 경쟁에 시달리며 불안에 떠는 민생을 개탄한다.

그런데도 지금 이 시간에도 민생은 벼랑에 몰리고 있다. 태평천하의 시대 배경은 중일전쟁 과정이었다. 제발 "이 풍진 세상을 만났으니 너의 희망이 무엇이냐"라고 우리의 절망을 달래는 21세기의 희망가를 부르는 일이 없었으면 좋겠다.

어머니 이야기들로 가슴 적신다 · 1

오늘의 한국을 살아가려면, 세월호 사건이 아니더라도 참담함에 익숙해야 한다. 후줄근한 잉여 인간의 몰골로 소외가 절절한 뒤안길에서 불평객으로서, 마냥 채이지 않으려거든, 붉은 유니폼도 빛나는 대통령의 선거운동에도 침묵해야 한다. 아니 감동한 눈빛으로 찬양해야 제격이다. 내우외환, 막장에 몰린 이 나라의 현실이 아무리 절망스럽더라도, 변혁의 불안과 고통을 감내하기보다는 서서히 추락하는 즐거움을 누리면서, 그래도 결코 버림받지 않을 것이라는 하느님의 보우를 기다리는 희망을 갖자. 혹여 참고 견디며 살아가는 모습들이 너무 처절하다 느끼거든, 우리 조상들도 어버이들도 그렇게, 그렇게 살아왔노라고 변명을 준비하자.

진화를 거듭하여 종편 황금시대를 일군 TV 세상은 우리들의 5감을 갖가지로 어루만져 당신 이성이 부산떠는 수고로움을 덜어준다. 행여 개떡 같은 프로라고 무시하지 말고, 즐거움 속에 배움이 있다고 함께 키들거리면서 동조하는 시간 속에 조국 근대화를 훌쩍 뛰어넘는 새 유신의 아침이 밝아오는 것을 기다리자. 먹먹한 가슴이 뚫릴세라 갖가지로 이죽거려 보아도 막힌 체증이 여전한 것은 투표를 끝냈어도 마찬가지다.

2등 정당을 자임하면서 들러리의 애교가 익숙한 정당과 새 정치를 말하면서도 막장을 돌파할 용기를 추스르기보다는 정치 입지 마련에 골몰하여 선거 연대마저 거부한 신생 정당이 이 지역의 정치적 소외와 낙후를 책임지겠다고 벌이는 진흙탕 싸움은 칼자루를 쥔 세력의 너스레와 엄살만 부추기니 오히려 저들은 북풍몰이와 안보장사에 신명을 낸다. 그 엄살이 과반을 넘지 못하면 식물정권이 된다는 지경에 이르면, 이제 정치라 하지 말고 차라리 개그판이라고 이름해야겠다.

지난 시절의 어느 대통령은 어렵고 속상하면 고향의 부자 아버지 찾아 머리 맞대고 위로받았다지만, 귀거래사도 못하는 그냥 백성은 그동안의 불효와 그 회한을 엮고 묶어 죄스러움을 삭이다 보면, 어머님들의 모정은 그 다사로움으로 우리의 아픈 가슴을 적셔 줄 성싶다. 100세 어머니가 80세 아들을 항상 걱정한다는 옛말은 결코 빈말이 아님은 우리 모든 아들이 안다. 아리고 피곤하고 곤죽이 된 아들들의 심신은 어머니 곁에서 회복하고 부활한다.

우리에게는 생소할지 모르지만, 포석 조명희 시인은 '돌아오지 않는 낙동강'으로 과거 조선 문학계에 불멸의 공적을 남긴 사람임을 1946년 해방일보가 알려주고 있다. 그의 영향은 정지용, 한설야, 이기영에게 미치고 있는데, 그가 1923년 귀국하여 발표한 '봄 잔디밭 위에'의 한 대목을 감상해 본다.

내가 이 잔디밭 위에 뛰노닐 적에 우리 어머니가 이 모양을 보아주실 수 없을까
어린 아기가 어머니 젖가슴에 안겨 어리광 함같이
내가 이 잔디밭 위에 짓둥굴 적에
우리 어머니가 이 모양을 참으로 보아 주실 수 없을까
미칠듯한 마음을 견디지 못하여
엄마! 엄마! 소리를 내었더니
땅이 우에! 하고 하늘이 우에! 하오메
어느 것이 나의 어머니인지 알 수 없어라

엄마를 부르는 아들들의 소리에 땅도 하늘도 우에! 우에! 하고 화답하니 어머니는 이제 천지와 일체가 된다. 어머니 품에 행복한 아들들의 미소와 천지간에 평안하게 널브러진 아들들의 자태가 빛난다.

필자는 수년 전에 돌아가신 형님의 임종을 지킨 조카가 전하는 형님의 마지막 말씀을 떠올릴 때마다 어머니를 찾는 무력한 자식의 모정에 가슴이 저민다. 형님은 "안 되겠구나" 하고 깊은숨을 쉬고 나서 "엄니, 엄니, 엄니"를 세 번 부르고 영면하셨다고 한다. 어찌해 볼 수 없는 무력함 속에서도 어머니를 찾는 것이 어찌 내 형님뿐일 것인가.

이곳 출신인 시인 김남주는 그가 '옥중에서 쓴 편지'에서 어머니를 사모하는 마음을 고스란히 드러내고 있다.

어머니 어머니 어머니
다시는 동구 밖을 나서지 마세요
수수떡 옷가지 보자기에 싸들고
다시는 신작로 가엘 나서지 마세요
꿈에라도 못 보시면 한시라도 못 살세라
먼 길 팍팍한 길 다시는 나서지 마세요

감옥살이하는 시인 아들의 사모곡 또한 우리들의 가슴을 저민다. 그 또한 나라 걱정 백성 걱정 속에 진즉 고인이 되었는데, 살아남은 우리들의 부끄러움만 소리 없이 넘친다.

어머니 이야기들로 가슴 적신다 · 2

이제 고인이 된 시인 정의행을 김준태는 세월호가 탄생시킨 노래꾼으로 지목한다. 그의 시집 『노란 리본』을 펼치다가 「엄마 손」과 오월 어머니들께 드리는 시 「어머니」를 읽는다.

> 애들아, 어서 올라와! 끝까지 기다릴게!
> 속울음 삼키며 글을 적습니다.
> 무심한 파도가 밀려오는 팽목항에서 아직도 바다 속 울고 있을 넋들에게 노란 편지를 바람에 띄웁니다.

세월호 사건 이후, 그들의 유가족도 아니면서 아픈 몸을 돌보지 않은 채 세월호 집회마다 한 번도 거르지 않았던 정의행 시인은 이제 그 노란 리본을 들고 세월호의 젊고 어린 넋들을 만나러 하늘나라로 갔다. 그는 생전에도 부처님 마음으로 사람을 만나고 세간을 살펴, 백양사 방장스님인 지선은 세월호에 대한 엄청난 분노를 유려한 시로 승화시킨 정의행의 『노란 리본』을 높이 기렸다. 오월 어머니들을 위로하는 「어머니」의 일단을 소개한다.

눈에 넣어도 안 아플
자식들 가슴에 묻고
울며불며 싸워 오신 어머니
이제는 울지 말고 웃으세요
한 맺힌 가슴 이제 풀어 놓으시고
아리랑 부르며 나아갑시다
(중략)
바람이 아무리 거세게 불어도 꽃은
피어나듯 이 땅에 평화는 반드시
오리니 억눌린 자 가슴 펴는 평등한 세상
행복한 나라 반드시 오리니
분열을 넘어 싸움을 넘어
하나 되는 세상 반드시 오리니.

이렇게 간구하던 정의행 시인의 복덕이 오월 영령에게도 미치리라 믿는다. 세상의 모든 아들, 딸은 어머니가 그들의 마지막 귀숙처인데, 현실이 아프면 아플수록, 고단하면 고단할수록 어머니에 대한 그리움은 더욱 사무친다.

일제하에서 민족 해방운동의 지하단체에 가담했다는 죄로, 출옥 후

사상범으로 교화보호소를 거쳐 산업 보국대원으로 사할린에 끌려가, 결국 그곳에서 생을 마친 작가 유시욱은 「오호츠크해의 바람」이라는 15일간의 일기를 책으로 남겼다. 그의 일기에는 가슴 뭉클한 어머니와 고향에 대한 이야기가 넘쳐난다.

그의 어머니는 당시의 많은 어머니와 마찬가지로 17살에 시집와서, 하루도 편할 날 없이 괴로움 속에 일생을 사셨다. 그러면서도 작자를 위해서는 그의 표현대로 "당신 가슴 속에 있는 심장의 불길을 다 쏟아서" 정성껏 그를 키웠다.

그가 풍달이라는 어려운 병으로 40일간이나 병석에 누워 사경을 헤맬 때 행여 죽을까 봐 밤잠을 자지 않고 간호하였으며, 일사병으로 30일간을 누워 앓았을 때는 하루도 빼지 않고 벼 이슬과 익모초 물을 받아주셨고, 옆에 앉아서 가슴이 답답하다고 외치는 그에게서 부채질을 멈추지 않으셨다.

작자 유시욱은 그가 청진으로 서울로 남원으로 마지막에는 사할린까지 표랑하며, "언제나 어머니의 가슴에 '자식에 대한' 걱정이라는 자리를 비워"본 적이 없는 천하의 불효막심한 자식이라고 자신을 애통해하면서 세상의 누구보다도 어머니 생각을 할 때 그 애정을 뼈저리게 느끼곤 하였다.

소학교 6년 동안 그가 고향 한오리의 신작로를 걸어 학교에 다닐 때, 도시락 그릇에는 어머니의 애정이 차곡차곡 담겨 있었고 어머니가 챙겨준 속적삼에도 애정은 풍겨왔고, 모자라는 학비 때문에 얼굴을 찌푸리는 그에게 아비지 몰래 주머니 끈을 푸시는 어머니의 애정은 사할린의 산중에 까지도 그의 가슴을 적셔왔다.

그의 어머니는 유교의 세례를 받으셔서 폭군이시던 아버지에게 조금도 반항하지 않았다기보다는, 가정의 심한 불화가 어린 자식들에게 가는 영향을 두려워했던 것으로 회상하였다. 어느 때인가 그의 아버지가 주무시는 사랑방 문 앞에 낯선 여자의 하얀 백고무신이 놓여 있었는데, 한쪽은 뜰에 한쪽은 마당에 떨어져 있었다. 아침 일찍 일어난 어머니는 그 신을 가지런히 갖추어 놓으시고 아무 말 없이 부엌으로 들어가신 것을 그는 기억하고 있었다.

어머니는 아들들의 영원한 고향이다. 어머니에 대한 회상에 이어 고향 그리움이 켜켜이 쌓여 "내 고향, 푸른 벌판을 뚫고 나간 하얀 한 오리의 신작로여!" 하는 작가의 탄성은 그의 일기의 여기저기에서 터져 나온다. 그리하여 그는 고향이나 조국을 생각하지 않고 주의니 사상이니 하는 것은 뿌리가 없이 언제라도 넘어질 수 있는 얇은 지표면에 붙어 서 있는 나무라고 말한다.

어머니 이야기들로 가슴 적신다 · 3

끔찍한 수준의 자녀 학대와 잔혹한 부모 살해의 기사들이 안타까운 뉴스로 독자들의 가슴을 쓸어내리게 하지만, 어버이날의 훈훈한 인정이 경향 각지 부형들의 마음을 다숩게 해주는 오월이다.

일탈된 인성까지를 포함해서 자녀들에게 어머니는 여러 모습으로 다가오지만 힘들고 외로울 때는 안식처로 어김없이 어머니를 회상한다. 그런데 작가 김주영이 회상하는 어머니는 일반 자녀들의 그것과는 약간의 편차를 보이는 상 싶다. 그의 작품 「잘 가요 엄마」에서 피력하는 엄마의 선물은 크나큰 행복으로 설명되는데, 그냥 안식처는 아니었다.

"어머니와 내가 함께 한 시간 속에서 어머니는 나로 하여금 도떼기 시장 같은 세상을 방황케 하였으며 저주하게 하셨고, 파렴치로 살게 하셨으며, 쉴 새 없이 닥치는 공포에 떨게 만들었다. 그러나 그것이 바로 어머니가 내게 주었던 자유의 시간이었다."

작가는 힘들고 외로울 때 평안을 찾는 보통의 자식들과는 다르게 깨달음을 통해서 큰 행복을 들춰내는데, "내 생애에서 가슴 속 깊은 곳으로부터 우러나오는 진정 부끄러움을 두지 않았던 말은 오직 엄마 한마디뿐이었다"고 말하고 있다. 그가 말하는 오직 한마디 '엄마'가 가슴을 때리면서 '치사랑, 내리사랑'이라는 말로 어버이에 대한 자신들의 불효와 소홀했던 기억을 얼버무리는, 아니 깡그리 해소했던 나와 우리들의 이기심과 몰염치가 뜯어내 버리고 싶을 만큼 싫다. '불효자는 웁니다'라는 노래로 청승 떨기에도 면목이 없는 나이가 되었지 않은가?

얼마 전 독서 시민단체 '무등공부방'의 배려로 그 이름도 별난 유료의 '비움박물관'을 참관하면서, 그 비움이 무엇인가 궁금했는데 관장님의 설명과는 상관없이 자식들을 위한 어머니의 마음에서 드러나는 비움과 당부, 그리고 자녀들이 느끼는 모정이 향기로웠다.

「빗돌」이라는 시에서 나타나는 모정이 살갑다.

엄니 엄니 울엄니
따뜻함이 도타운 울엄니 젖가슴
모질고 모질고 모진 겨우살이에도
눈티워주었던 노란 햇살보다

따스했던 울엄니의 모든 것

작품 「딸에게」를 함께 소개한다. "네 가족을 위해서라면 아무리 지루하고 팍팍해도 참을 줄 아는 어진 아내로, 자애로운 어머니로 살아라"고 당부하는 어머니의 마음이 호들갑스럽지 않아서 좋다. 윤리와 인정이 증발해버린 현실에서 어머니들의 어머니 하는(mothering) 모습이 다숩기만 하다.

인정의 다사로움이 어머니에 대한 그리움으로 소생하는 것을 보면, 사람은 결코 이성만으로 살지 못하는 감성적 존재이기도 한 것이 분명하다. 요새 부모들과 자녀들의 일부가 욕망과 쾌락을 위해서라면 한껏 추락해도 좋다는 넋들로 헬조선에 쌓여가, 어글리코리안이 되어가는 것도 서슴지 않으니 말세가 빈말이 아닌 성싶기는 하다.

당부를 훨씬 넘어 어머니의 자식 사랑을 지독하게 기리는 서양의 이야기도 있어, 모정은 세계적으로 보편적이었음을 확인한다. '동양 여성 철학 에세이'가 소개하는 모성이야기를 살핀다.

에처 그레이라는 사람이 쓴 「강렬한 심장」의 일부다. "한 소녀를 사랑한 젊은이가 있었네. 그를 조롱하며 소녀가 물었지. '너는 두렵지? 오늘 나에게 네 어머니의 심장을 쟁반에 담아 가져오는 것이' 청년은 달려가 어머니를 죽였지. 어머니의 가슴에서 선홍빛 심장을 도려내어 사랑하는 연인에게 달려갔네. 숨이 가빠 넘어지고 쓰러지면서. 심장이 땅바닥에 구르고 애처로운 소리를 내었네. 그리고 온화한 음성이 흘러 나왔네. '아가야. 다치지는 않았니?'"

이 이야기를 소개한 여성학 학자는 학생들과 함께 이 이야기를 토론했다. 그가 기대했던 것은 청년이 어머니의 심장을 가져온 부분에 대해 학생들이 문제 삼기를 바랐지만, 대부분의 학생은 모든 것을 아낌없이 주는 어머니, 비록 어머니의 심장을 도려냈을지라도 자식의 안위만을 걱정하고 행복을 비는 어머니의 자애로운 모습에만 감명하는 태도에 놀라워했다.

어머니의 희생과 봉사만을 생각하면서 어머니에게서는 따뜻한 정과 이해심만을 기대한 결과로 해석하지만, 그러나 그것은 가부장적 문화 속에서 살아온 결과로 판단한다. 보편적이고 상식적인 선상에서, 더욱이 여성학적 관점에서 옳은 판단이다. 그러나 황금알을 낳는 거위를 죽이는 농부의 우매함을 드러내는 우회에서 확인하는 것처럼, 여성학의 관점으로 밝혀지는 어머니의 냉철한 모습보다는 무한한 사랑으로 자식의 단점을 포용하는 어머니에게서 세파에 지치고 힘든 심신을 위로받아 온 결과가 온전한 세상을 지탱해 온 큰 역량이었음을 잊지 못하는 많은 아들이 있었다. 그것이 이제까지의 우리들 인생이었다.

어머니 이야기들로 가슴 적신다 · 4

앞서 소개한 사할린의 작가 유시욱은 그의 「오호츠크 해의 바람」에서 '그 크고 거룩하신 어머니'를 기리면서, 그의 어머니가 아버지의 바람으로 해서 괴로운 심정을 잊으시려고, 중국 역사에 관한 이야기를 시간 가는 줄 모르고 해 주었던 것을 회상하고 있었다. 그의 어머니는 통감 7권까지를 읽은 유식한 부인이었다. 삼국지의 조자룡이나 유충열전은 물론 이태백, 주자, 그리고 조선 김삿갓의 시들도 그의 어린 시절에 어머니에게서 들은 이야기들이었다.

조선시대에 일반 여성들의 지식수준은 가정생활을 영위하는데, 불편함이 없으면 무방할 정도였는데, 유 작가의 어머니는 훨씬 유식한 부인이었던가 싶다. 일반 서민 가정과는 다르게 양반가정에서는 여성을 남편의 내조자로서만이 아니라 가정의 좋은 관리자로, 부모를 잘 봉양하고 자녀를 현명하게 양육하기 위해서는 나름대로 교육을 중시해서 '남편은 하늘이고 아내는 땅'이라는 전통시대의 이치에 따른 '삼종지도'와 '칠거지악'을 가르쳐 일상생활의 예의범절을 익히도록 하였다.

조선 초기 성종의 어머니 소혜왕후는 「내훈」을 지어 여성 교육의 필요성을 강조하였다. "나라 운명의 흥망은 남자들만의 몫이 아닌 부인들의 역할에도 달려있어서 여성들도 덕을 쌓고 자신의 품행을 스스로 단련하는 것이 중요함"을 말하였다. 남성들과는 달리 여성들을 위한 공교육이 갖추어져 있지 않은 현실에서 부모와 조부모의 행동과 가르침이 배움의 바탕이었고, 주변 친인척의 행동거지를 보고 들으면서 여성들은 성장하였다. 그래서 여성들이 부덕이 결핍되어 그 도리를 다하지 못할 경우 '보배움(보고 배우는 것의 줄임말)'이 없다는 비난을 받았고, 남성의 경우는 '방목되었다'는 질책을 면하지 못하였다. 혼사를 할 때 신랑 집에서는 문명(問名)이라 하여, 신부 집안의 어머니와 가계를 탐문하여 알아보았던 것이다.

이러한 전통시대가 지나감으로써, 20세기 이후의 남녀는 형해화된 중매·자유연애·결혼상담소를 통해 결혼하고 가정을 꾸리기가 십상이다. 옛사람들의 기준으로 보면 보배움 없는 여성과 방목된 남성의 결합이 이루어질 가능성이 크다. 더구나 시대 환경도 만만치 않아서 건강한 주체를 유지하는 것 또한 어렵다. 전통문화는 해체되어 석양의 잔영처럼 그 흐릿한 모습으로 남아 있어 그 생광을 느낄 수 없는데, 현대문화는 아직 안착되지 않아 끊임없이 유동하고 있는 것이 현실이다. 게다가 우리들의 생존터전인 대한민국은 식민시대·분단시대·전쟁시대·산업화시대·민주화시대의 왜곡과 굴절로 점철된 압축근대화를 거치는 동안, 안정된 자아들을 지탱하기 어렵게 되었고 그 자아들이 조성하는 사회 환경 역시 불안감을 내포할 수밖에 없었다. 자녀 학대 살해·부모 살해·여성혐오 살인·묻지마 살인 등에다 삼포·오포·칠포 등의 헬조선 풍경을 배경 삼으면, 이것은 사람 사는 동네가 아니라 차라리 아수라 난장터라고, 골든벨을 울리는 것이 제격이겠다.

5월 21일 광주 시민의 날. 공수부대가 민중의 궐기로 쫓겨난 날을 시민의 날로 삼았다는 사실을 경하하고 있는 마당에서, 여성 시의원들이 '오 대한민국'을 열창하여 나라 사랑을 고무하는 것은 좋은데, 그 노래가 전두환의 더럽고 잔악한 치부를 가리는 위장 음악임을 왜 몰랐을까 하고 안타까워하면서, '오 대한민국'이 자랑하는 대한민국은 없다는 사실을 귀띔해 준다.

다시 옛날 여성 교육으로 돌아가 보면, 세종은 효와 열을 핵심으로 삼는 「삼강행실도」를 반포하였고, 영조는 「여사서」를 번역·간행시켰고, 이황은 「규중요람」을, 우암은 「계녀서」를 지어서, 여성들의 부덕을 함양토록 하였다. 그러나 그것들은 여성학자들이 지적한 대로 어디까지나 가부장제의 남성 중심 사회를 위한 방편에 불과했던 것 또한 사실이다.

한국의 민속 문화가 전한 바에 의하면, 딸이 시집갈 때 친정아버지는 돌절구를 딸의 시집에 가져다주었다. 그 돌절구는 속이 매끄러워서는 안 된다. 그 둘쑥날쑥한 틈새에 보리쌀이 끼어 갈아지지 않을 만큼 거칠게 조제되어야 했다. 딸에게 휴식과 여가가 없어야 했고, 그것은 부덕 함양의 인내심 공부였다. 턱도 없는 부덕 교육은 결단이 난 여성해방의 현대에 왔는데도, 총체적 인간 질곡의 정치·사회·경제의 왜곡현상은 날로 더해가고 있다. 이제 불가불 새판을 짤 수밖에 없을 것 같다. 헌판을 용납한 것도 우리였고, 새판을 짜는 것도 우리일 수밖에 없다.

어머니 이야기들로 가슴 적신다 · 5

모든 어머니는 아내였거나 아내이다. 아내라는 지위가 보장되지 않은 어머니도 어느 남자의 짝이었거나 짝이다. 그러므로 여성인 어머니는 남녀 권력관계의 한 부분으로 여성학자들의 연구와 관심의 대상이 된다.

여성인 어느 대중예술가는 1960년부터 아내가 가정의 '내무부 장관'이라 불리는 유행이 생기면서부터 가족 내 권력 관계가 미묘하게 변화했다고 진단한다. 비록 가정 내에서 일지라도, 사랑으로 포장하고 윤색해도 부부관계가 권력 관계에서 원천적으로 자유로울 수는 없을 것 같다.

바람직한 부부는 이해와 양보, 애정으로 역지사지하면서 조화와 평형을 유지하는 것이 부부관계의 현실적 최선으로 서로의 자아를 지켜주는 것인가 싶다. 막무가내로 이기심과 영향력 확보를 위해서 가정 내 권력 관계에 집착하다 보면 누가 권력자가 되어야 하느냐, 가정 권력의 요체는 무엇이냐, 가정 내 권력의 핵심은 무어니 무어니 해도 경제권과 교육권인데, 그것들은 이미 아내들의 몫으로 되어버린 것이 옛날이라고 항변하는 남편들이 생길 것이고 아내들은 아내들대로 최종 결정권은 당신들이 행사하지 않느냐고 반발하면서 '가화만사성'의 화평을 깨트릴 수 있지만, 그래도 사람들의 일상에서 크게 벗어나지 않는 추억으로 치부할 수 있었다.

그런데 오늘날에는 자녀학대, 육친살해 사건들이 빈발하면서 부부갈등을 훨씬 넘어버린 부모와 자식 관계, 엄마와 자녀 관계가 돌출되고 있는 현실들이 예사롭지 않다. 아동학대 예방을 위한 교육과 상담, 치료를 진행하고 있는 「굿네이버스」의 '엄마처럼'을 검색해보면, "당신의 행동 하나 말 한마디가 아이의 내일을 바꾼다"라는 경고와 함께 "매 맞고 자란 아이는 때리는 어른이 되고, 욕 듣고 자란 아이는 욕하는 어른이 되고, 학대받고 자란 아이는 학대하는 어른이 된다"고 충고한다. "난 엄마처럼 될 거야" 하고 반어적으로 절규하는 어린 소녀의 표정이 섬뜩하고 음산하다. 편애해서 키운 자식, 이웃과 인척과 더불어 잘 살기보다는 일등 강박 속에 왜곡된 자아로 형성된 자식도 문제가 많기는 마찬가지다.

부부간의 문제에만 매달릴 수 없는 현실에서 옛날의 엄부자모(嚴父慈母)를 상기하면서 '어머니 이야기들로 가슴 적시는' 사례들을 찾다가 율곡의 어머니인 '신사임당'을 아직도 우리가 그리워하고 아쉬워하는 현모양처임을 확인한다. 하필이면 봉건시대이자 가부장시대 여성의 상징인 신사임당이냐고 못마땅해하는 여성주의자들의 따가운

시선과 질책에 멈칫거리면서도 반어적으로 “난 엄마처럼 될 거야”하고 절규하는 소녀의 눈빛이 하도 절실해서, 첨단의 현실이라도 아직 모범된 현모양처가 필요하고 유효함을 실감하기 때문이다.

필자가 오늘의 현실이 신사임당 같은 전범을 필요로 한다고 역설하지만 그녀에 대한 관심은 어느 여류학자의 지적처럼 어린이를 위한 위인전에서부터 전문학자의 연구에 이르기까지, 또 고액화폐의 도안 인물로 이미 우리 모두에게 익숙해졌다.

사임당을 들어내는 주요한 조건은 무엇보다 그녀가 뛰어난 작품을 남긴 화가라는 점과 조선의 대학자이자 정치가인 율곡 이이의 어머니라는 점이다. ‘겨레의 영원한 어머니’나 대표적 ‘현모양처’가 된 것은 그것을 의미화한 작업의 결과로 여성학자는 설명한다. 여성학자는 “진실이란 지식과 권력을 통해 생산되는 담론의 효과임을 역사 인물 사임당에도 적용할 수 있다”라고 귀띔한다. 사임당이 화가라는 사실과 율곡의 어머니라는 사실이 겹쳐 화려한 시너지 효과를 거둔 것이 ‘겨레의 영원한 어머니’로 나타난다. 신사임당과 동시대인이면서 중국에도 그 명성을 떨쳤던 시인 소세양은 사임당의 그림 족자에 시를 지어 넣어 “묘한 생각 맑은 자취 따라잡기 어려워라”로 그림을 찬양했고, 선조대의 문장가 정유길은 사임당의 그림을 “신령이 응축되어 오묘한 조화를 빚어낸 것”으로 평가했다. 송시열의 사임당의 난초 그림에 대한 발문은 “사람의 힘을 빌려서 된 것은 아닌 것 같은데, 오행의 진수를 얻고 또 천지의 기운을 모아 조화를 이루어 과연 율곡 선생을 낳으심이 당연하다”라고 감탄하고 있었다.

사임당의 정체성은 덕행과 인품, 그리고 율곡의 어머니인 점에 있었고, 율곡을 추종하는 서인과 노론의 선비들에 의해서 그 훌륭함이 발양되어 마침내는 중국의 정호·정이 형제의 어머니 후부인을 능가하기에 이르렀다. 사임당은 삼종지도를 넘는 내조자였고 율곡의 좋은 가정교사였으며 시모, 친모를 잘 모신 훌륭한 부인이었다. 그러나 어느 평자의 지적대로 현대에 그를 과찬하는 것은 편협한 가족주의만을 조장할 수 있고 흙수저가 양산되고 있는 오늘의 현실에서, 금수저 예찬을 당연시할 가능성 또한 배제할 수 없음도 지적하고 싶다.

어머니 이야기들로 가슴 적신다 · 6

1933년 이광수가 쓴 「어머니」의 한 구절을 소개한다.

> "어머니의 고통과 인내와 사랑과 희생을 무엇에아 비기리?
> 어머니의 사랑은 끝없는 사랑......
> 우리의 살을 준 이, 말을 준 이, 민족의 권처하는 정신을 아울러 준 이.
> 사랑, 희생, 인내, 근면, 봉사, 모든 우리의 미천(밑천)을 준 이......
> 아! 거룩하여라 어머니시여.

어머니 이야기들로 가슴 적시고 싶은 21세기의 필자만이 아니라 1933년의 이광수도 마찬가지였던가 싶다. 끝없는 어머니의 사랑과 그 거룩함으로 우리들의 가슴을 가득 채우는 포만감에 나른한 행복감이 넘치지만, 희생, 인내, 근면, 봉사 등의 우리가 즐기고 상찬하는 덕목들이 어머니들의 고난의 일생을 알알이 드러내고 있어, 자식들의 이기심과 남정네의 비겁함과 뻔뻔함에 새삼 가슴앓이를 느낀다. 그러는 와중에 사람 된 부끄러움을 해소하기 위해서 가부장 시대에서만 남성 우위가 관철되었음을 강변하면서, 남녀와 부모자식 관계가 결코 일방 통행만이 아닌 상호 교통의 관계였음을 찾아 나선다.

우리들의 어린 날, 너는 누구냐 하는 질문에 제법 똑똑하게 '나는 나다'하고 대답했는데도 또다시 같은 질문을 받게 되면 '나는 남자다' 하고 대답한다. 그런데도 같은 질문을 다시 받게 되면 무어라고 대답 할지 몰라 난감해진다. 질문자는 쩔쩔매는 우리에게 '너 자신을 알라' 고 말한 서양의 옛 성현을 상기시켜준다. 몇 번의 채근과 귀띔을 통해 관계 속의 자신을 발견한다.

부모의 자녀, 형제자매들의 형제자매, 친구들의 친구, 전라도 광주 사람, 한국사람 등등 관계 속의 자신의 존재가 무한 확장되면서 인간은 관계 속의 존재임을 확인하게 된다. 거꾸로 관계 속의 자신을 역추적해서 그 출발점을 확인하게 되면 자신이 모자, 부자, 모녀, 부녀의 한 짝임을 알게 되고, 나의 존재가 부모의 부부관계에서 비롯되었음을 새삼스럽게 확인한다.

관계 속의 존재로서 인간을 확인하고 그 인간들의 가장 바람직한 관계, 이상적 관계를 그려본다. 추상적 관계, 관념적 관계가 아닌 현실적 관계를 유추하다보니 시간적 공간적으로 제약받는 관계일 수밖에 없음을 확인하게 된다. 21세기에는 그 시의성을 상실해서 전근대성을 면할 수 없는 삼강오륜도 전날의 시대성을 반영했음을 알게 된다.

어느 시대나 이상적인 관계와, 그 관계의 안정감을 담보하는 틀을 요구한다. 그러나 그 틀이 만들어졌다고 해서 그것이 곧바로 보편적으로 현실화되는 것은 아니다. 인류애, 아가페, 자비, 충서 등으로 표현되는 관계의 소망은 지향이지 바로 현실이 아님은 정도의 차이가 있을지라도 예나 지금이나 비슷하다. 소망스러운 관계는 관계 주체들의 요구와 이해와 함께 시·공간의 조건과 상관되어 있음을 확인하면서, 현실에서는 결코 별처럼 찬연히 빛나는 절대적 관계가 존재할 수 없음을 발견한다. 그것은 어디까지나 인간 주체의 조건에 대응하면서 이루어지는 상대적인 것들이다.

「회남자(淮南子)」에 나오는 달 속에 있다는 여신 항아 전설을 소개한다. "항아는 활 잘 쏘는 예의 아내이다. 항아는 원래 하늘나라의 여신이었지만 예와 결혼하여 제준의 명령을 받고 지상에 함께 내려왔다. 서왕모에게서 받은 불사약을 예와 항아가 나눠 먹을 경우 두 사람이 늙지 않고 죽지 않는 것에 그치지만 한 사람이 먹을 경우 불로불사는 물론 하늘나라로 승천하는 것이 가능하다는 말에 항아는 남편 부재시에 혼자 먹고 하늘에 떠오르게 되었는데, 하늘나라에서 남편을 배반한 것이 들켜 비난받을까 두렵고, 또 남편이 찾아올까 두려워 달나라로 도피하였다.

위의 이야기는 아가페적 부부관계와 같은 절대적 관계가 불가능함을 시사하는 신화적 배경인 듯싶다. 그런데 모자, 모녀, 부자, 부녀 관계의 헌신성을 설명하는 데는 항아 여신의 이야기가 미흡함을 보인다. 모자 관계의 헌신성들이 부부관계의 그것을 훨씬 뛰어 넘는 것은 자녀가 그 분신으로 나타나 어버이 자신의 확장이기 때문에 가능한 것은 아닐까 하고 유추해 본다. 이러한 관계의 본질을 살펴보는 예를 심리학자의 도움을 받아 사도세자, 혜경궁 홍씨, 정조 임금의 삼각관계에서 살펴볼까 한다. 물론 그 관계의 굴곡은 각인의 심리와 그들의 트라우마와도 상관되었을 것으로 생각한다.

어머니 이야기들로 가슴 적신다 · 7

어머니 이야기들로 가슴 적시고 싶은 것은 복잡하면서도 삭막한 현실에서 잠시나마 자유롭고, 평화롭고, 풍요로운 마음을 누리고 싶기 때문이다. 피곤하고 짜증나는 요즘 한국의 정치 경제 기류는 망각의 청심환이라도 찾고 싶게 한다.

사람들은 삶이 고될 때 더욱 '엄마야 누나야 강변 살자'고 쫑알거렸던 지난 시절의 추억이 그립고 어머니의 구수한 젖내음에 젖어 그냥 좋기만 했던 기억도 소중하기만 하다. 그런데 소박하기만 한 아들들의 소망이 항상 모두에게 가능하기만 한 것은 아닌 성싶다. 육친 간에 모자 간에 자연스러운 인정도 권력과 금력이라는 인간의 탐욕적 조건들이 작동하게 되면, 성현들의 높은 가르침마저도 무색해져 버리고 만다.

효도의 덕성을 높이 평가하기 전에 사도세자의 죽음을 둘러싼 정조와 그의 어머니 혜경궁 홍씨의 마음고생들을 더듬어 보기로 한다.

영조에 의해 그의 아들 사도세자가 뒤주 속에서 죽게 되었을 때는 노론 집권시기였고 사도세자의 장인인 홍봉한은 집정대신이었다. 훗날의 정조는 사도세자의 아들이고 홍봉한의 외손자이고 혜경궁 홍씨의 아들이었다. 열 한 살의 나이로 아버지의 죽음의 현장을 경험한 정조는 14년간의 은인자중 끝에 왕이 되는 날, 그가 사도세자의 아들이라는 너무도 명백한 사실을 노론 대신들에게 선포하였다. 그것은 그의 외조부로 대표되는 세력을 향한 공격의 예광탄이었다. 그런데 사도세자의 아내이고 정조의 어머니인 혜경궁 홍씨는 친정과 아버지를 끝없이 사랑한 효성스러운 딸이었다. 아들과 어머니의 효행은 그 방향을 달리하면서 갈등이 내재하게 되지만, 그것을 적나라하게 표출할 수 없는 시대적 제약 또한 엄연하였다. 아버지의 원한을 갚고자 하는 아들이지만 어머니에게도 효도를 다하는 임금이어야 했고, 친정을 위한 막강한 방패막이고 싶어도 왕권 지상의 시대에 왕인 아들의 뜻을 쉽게 거부할 수 없는 어머니였다.

아들의 효행은 사도세자 능묘의 이장과 화성 축성으로 나타났고 어머니의 효행은 친정과 아버지를 위한 치열한 글쓰기, 곧 한중록으로 나타났다. 홍봉한이 사도세자를 죽게 하는데 일익을 담당하지 않았더라면 효행의 갈림길에서 오는 갈등은 없었겠지만, 당시 그것은 권력행위였고 집정 노론의 생존방식이었다. 아버지 영조가 아들을 죽이려 할 때 신하들도, 혜경궁 홍씨도, 그의 친어머니와 장인도 지켜만 보고 있는 채 자결을 명하는 영조 앞에 기막힌 원통함으로 뼈마디까지 울부짖던 사도세자가 엎드려 있을 때, 그 살벌하고 험악한 자리에 정조가 나서서 '아비를 살려주소서.' 하고 거듭 애원하였다. 반면 혜경궁은 남편 사도세자가 뒤주에 갇힌 후 아들을 핑계로 친정집으로 가기에 이른 뒤 정조가 석고대죄할 주변의 권고도 무시하였다.

한중록은 조선의 산문 고전으로 평가받고 있을 정도로 명문이나 사도세자의 구명 욕구는 어디에서도 드러나지 않는다. 영조의 지엄한 분부에 거스르지 않고 아들의 안위를 걱정하면서, 보다 끈질기게 반복되는 것은 친정아버지와 친정에 대한 변호였다. 사건 당일 친정에 귀가한 딸은 "당신 또한 어찌 살 뜻이 계시리오마는, 내 뜻과 같아서 망극 중 오로지 세손을 보호하려 하시는 정성만 계셔 경보궁(사도세자)을 따르시지 못하시니라. 아버지께서 세손을 보호하여 종사를 보전하신 충성은 천지신명에게 물어봐도 분명한지라" 하고 그의 아버지의 공을 높이고 있었다. 다음날 아버지께서 나와 세손을 붙들어 통곡하고 위로하시되 "이 뜻이 옳으니 세손이 나중에 성현이 되시면 성은을 갚는 것이고 낳으신 아버님께도 효도가 되시리이라」하고 대궐로 들어감을 말하였다. 혜경궁은 자신의 심중을 밝혀 '처음부터 그리되신 것이 섧지 점점 그 지경에 이르신 것을 어찌하리오. 내 조금도 마음에 머금은 바가 없으니 감히 이렇다 원망도 아니하였노라."라고 말하고 있었다. "그 망극한 일을 겪고 차마 어찌 살리오. 자결하고자 하였으나 못하니라. 나마저 죽으면 열한 살 세손에게 첩첩한 아픔을 끼치는 것이라" 하고 다짐하는 모습도 보인다. 그런데 자신과 친정아버지가 지켜서 임금이 된 아들이 친정을 징벌하는 것을 겪게 된 혜경궁의 마음의 상처도 크겠지만, 자식 원망을 드러내지 않는 것을 보면 전통시대의 왕가의 부덕을 실감할 수 있겠다.

모자일망정 효행의 길이 다름을 어찌할 것인가.

어머니 이야기들로 가슴 적신다 · 8

어머니는 모든 남성의 영원한 고향이다. 모성에 대한 은덕을 기리고 또 기려도 좋을 만큼 그 은혜는 가슴 벅차다. 자식들의 어머니에 대한 자연스러운 감정은 인지상정으로 치부해서 감사의 마음과 보은의 다짐으로 자식 도리를 다한 것으로 생각하기 쉽다. 그러나 여성인 어머니들도 생존 주체인 것을 고려하고 보면, 자식들이 보내는 애정이 현실에서는 아름다운 희생을 담보해야 하는 피할 수 없는 짐이 될 수도 있다.

더구나 정치적 목적을 국가권력이 모성애를 미화하고 이를 제도화하기에까지 이르다 보면, 스스로 자아 상실을 당연시하기에 이른다. "어머니 마음의 본질은 사랑이다. 모든 이해를 초월한 사랑, 모든 수고를 즐겨 참고 받는 사랑, 자기 몸이 부서지는 한이 있을지라도 자녀의 빛나는 생을 위하여는 자기 몸을 초개처럼 내던질 수 있는 사랑, 얼마나 위대한가? 우리는 먼저 좋은 어머니가 되어야겠다. 우리 자신의 인격을 닦아서 자녀의 좋은 모범이 되어야 착하고 깨끗한 좋은 인재를 사회에 내어 보낼 수 있다." 1955년 9월 6일자에 어느 어머니가 ≪경향신문≫에 기고한 글이다.

1955년 8월 30일 국무회의에서 5월 8일을 어머니날로 제정한 것에 감명받아 쓴 글인 성싶다. 갓 전쟁이 끝난 2년 차에 모두가 전후 복구에 매진해야 할 때, 정부는 재건의 동력을 모으는 구심점을 어머니에게서 찾았다. 어머니날의 제정과 행사를 통해 끊임없는 희생과 인내가 어머니의 미덕임을 국가 차원에서 각인시키는 계기로 삼았다. 공동체의 생존을 위해서, 국민들의 희생과 노고를 동원하기 위해서 희생의 상징인 어머니라는 지향점을 드러내는 것은 필요한 국가전력일 수 있었다.

그러나 그로 해서 가중되는 여성과 어머니들의 노고는 겹치고 또 겹치게 되었다는 것을 실감하게 된다. 전통시대의 남존여비 사상과 농경사회의 다산 장려가 가져다주는 질곡과 그러한 사회에서 양육된 자식들의 요구에다 전후 재건의 무거운 짐마저 미사여구로 덮어씌우는 국가권력, 그 권력은 부패로 악명을 떨친 이승만의 자유당 정권이었다. 우리 모두 다 함께 분투하자고, 모두 다 함께 행복할 민주공화국을 만들자는 것이 아니라, 친일파 떨거지들의 추악한 냄새나는 기득권을 온존시키기 위해서, 성스러운 모성의 이미지를 전략적으로 동원한 저간의 사정을 인지하고 보면, 고소를 금할 수 없다.

역사가 본디 그런 것이라고, 어머니는 본디 희생의 대명사이고, 한반도는 본디 반도로 대륙에서 보면 해양 진출의 창끝이고 해양에서 보면 대륙 진출의 교두보로, 몽골의 일본 침략과 임진년의 일본의 명나라 정복전쟁과 미·소 각축의 한국전쟁의 역사가 이루어진 땅, 그 땅에 살았던 우리 어머니들의 눈물과 아우성과 한숨, 그리고 잠 못 이루며 전전반측했던 지아비 걱정, 자식 걱정의 스냅들을 어찌 다 헬 수 있을 것인가?

세계에서 그 유례를 찾을 수 없는 긴 휴전 끝에 평화가 오고 통일이 오는 것이 자연스러운 논리일 것인데, 한국전쟁을 초래한 동·서냉전의 구도가 21세기에 새롭게 위용을 갖추면서 그 모습을 드러내려 한다.

평양정권의 끝없는 또 집요한 핵 개발 거동, 미국의 북한 압박과 중국 포위, 덩달아 신명 난 일본의 재무장 거동, 경제로 국민을 현혹해 청와대로 귀환한 박정희의 딸 박근혜 대통령은 한국경제의 상승축을, 재벌경제를 감싸기 위해 훼손시키더니만, 미국의 한국에 대한 사드 진입을 앞장서서 향도하면서 나라사랑 홀로 하는 저 기막힌 거동, 이 몹쓸 거동들이 일궈내는 종국적 영상은 어떤 것이 될까? 미·일·한과 북·중·러의 세계적 규모의 전투대형이 마련되고 그 선봉에는 다 같이 한국말이 유창한 김정은과 박근혜의 설전으로 시작할까, 열전으로 시작될까, 혈전으로 엉켜갈까 하고 궁금해할 수도 없으니, 남북한 합쳐 얼마나 많은 생령들이 유린당할까 하는 두려움에 가슴이 떨린다. 그 사이에 이 땅의 어머니들은? 중국과 러시아는 전쟁 시에는 한반도의 사드 기지를 일차적으로 타격할 것을 경고하고 있다. 한반도가 화약고가 된다.

전란의 역사가 재연되어 그 운명의 궤적을 따라가니, 운명을 사랑하라. 아모르 파티! 잘못된 운명은 벗어나야 한다. 스스로 벗어나야지 내 운명에 동참하는 이웃은 없다. 성주만이 아니라 우리 모두가 사드 반대 전선에 용약 궐기해야 한다. 빛고을 반사드 전사들의 건투를 격려한다.

어머니 이야기들로 가슴 적신다 · 9

희망을 끄집어내는 일, 우리 모두의 몫일 수밖에

어머니 이야기들로 가슴 적시는 다사로움은 혹서는 서늘하게 하고 혹한은 누지게 할 것인데, 인간사는 그렇게 녹록할 수 없는 모양이다. 「한중록」을 쓴 혜경궁 홍씨의 일생도 파란만장해서 지아비 사도세자가 시아버지 영조에 의해서 죽게 되는 것을 겪고, 그의 친정아버지가 아들 정조에 의해서 벼슬살이에서 축출되는 것을 목격해야 했다. 남편이 죽은 후 혜경궁의 친정은 아이러니하게도 형제 정승의 지위를 누리는 최고의 명문가가 되었으나 그의 아들인 정조에 의해서 몰락의 길을 걷게 되는데, 더욱 기구한 것은 그의 아들이 죽고 난 뒤에 친정을 위하여 남편 사도세자의 행적을 거짓 증언하기도 하였다. 이러한 혜경궁 홍씨 일생의 비극의 배경에는 부자유친의 자별함이 깨어짐을 넘어 천륜의 붕괴가 있었던 것이다. 영조는 아들 사도세자를 뒤주에 가둬 죽였다. 이러한 불행이 생기게 된 배경에는 조선시대 당파싸움이라는 권력투쟁과 조선 왕실의 골육상쟁 트라우마가 친자 처형이라는 비극으로 표출되었던 것이다.

삶들과 역사가 권력에 침습되다 보면 역사는 왜곡되고 삶들은 뒤틀어지기 마련이다. 불교 「현우경」에 "과거를 알고 싶은가? 그렇다면 현재 너의 모습을 보라. 미래를 알고 싶은가? 그렇다면 지금 무엇을 하고 있는가를 보라"는 대목이 있다.

과거의 우리는 오늘의 우리에 이어져 있고 오늘의 우리는 내일의 우리에 이어져 있다. 오늘의 우리는 불안하고 불만족스럽다. 오늘의 불만은 어제의 씨앗이 큰 것이고 내일 우리가 맞닥뜨릴 불안은 오늘 우리가 심고 있을 것이다. 곧 그것들은 바로 우리의 운명이 되는데 우리가 주동적으로 결정하고 조성하지 않았다는데 화가 나고 분노하게 된다.

사도세자의 비극이, 혜경궁 홍씨의 기구한 일생이 영조라는 권력자와 노론, 소론의 권력투쟁이 만든 결과인 것을 아파하면서도 우리의 운명을 권력자들에게 그냥 맡긴 채로 수수방관하고 있는 자신들의 모습이 가소롭지 않은가?

북핵을 걱정한다, 사드를 걱정한다 하면서 그것이 우리들의 삶을 결정짓는 중심축이 되는 것인데도, 그것을 누가 결정하였는가? 누구를 위한 핵이고 누구를 위한 사드인가 궁금하지도 않은가? 인민공화국이면 인민에게서 권력이 나와야 할 것이고 민주공화국이면 민중에게서 권력이 나와야 할 것인데, 소위 집권자들이 권력을 오로지 한 채, 문양만 인민이고 민주면 그것은 벌써 사이비 공화국이다. 인민권력으로 하자 민주권력으로 하자고 늦게나마 목소리를 높여 주권자의 위상을 스스로 찾아야 할 것이다.

「대통령의 언어」라는 정동칼럼을 읽는다. "박근혜 대통령은 사드 배치 반대를 '불필요한 논쟁'으로 단정 지었다. 국민을 향해 대결하듯 어디 대안이 있으면 말해보라고 재갈을 물리려는 듯한 표현도 썼다. 반대세력을 불순세력이라고 했다. 불필요한 논쟁을 하다 보면 대한민국이 사라질 것이라는 무시무시한 말도 서슴지 않았다."

민주공화국 수장의 언어가 무시무시해서 괴기스러울 정도다. 1755년 영조 31년 2월 4일, 나주 벽서사건이 발생하였다. 나주 객사에 흉서가 걸렸는데, 그 내용은 '조정에 간신이 가득해 백성들의 삶이 도탄에 빠졌다는 것'이었다. 범인이 잡혔는데 소론 강경파들이었다. 연루된 사람 중에는 현직 나주 목사도 있었다. 영조는 범인들을 능지처참으로 처벌하였는데, 훗날 그가 죽인 사도세자에게 소론에 대한 자신의 분노를 전하려고 세자를 능지처참의 현장에 직접 데리고 나가 생생히 지켜보도록 하였다. 매일같이 국청 뜰에 피비린내가 진동하고 성문 밖에는 하루가 멀다하고 죄인들의 목이 걸렸다. 죄인을 심문 처벌하는 국청은 달을 넘겨 계속되었고 수많은 관련자가 죽어 나갔다.

광주의 '시민의 소리'에 실린 김병욱 교수의 「판도라의 상자」를 읽는다. 제우스의 명령으로 헤파이토스가 만든 판도라는 말 잘하고 요염하고 아름다우나 사악함을 감춘 여인이었다. 판도라는 인간을 불행하게 할 재앙을 가득 담은 상자를 에피메테우스 앞에서 뚜껑을 열어 온갖 재앙이 퍼지게 했는데, 오직 하나 '희망'이라는 좋은 선물이 바닥에 있었지만, 판도라는 제우스의 명령으로 '희망'이 튀어나오기 전에 뚜껑을 닫아버렸다. 김병욱 교수는 현 정권이 거짓말공화국이라는 비아냥을 듣고 있음을 적시하면서, 거짓말을 덮기 위해 또 다른 거짓말을 해야 하는 모순에 빠져있다고 지적한다.

누가 판도라 상자의 희망을 끄집어낼 것인가? 힘들지만 결국은 우리 모두의 몫일 수밖에 없겠다.

옛사람들이 꿈길에서 노니는 이야기 · 1

만하의 몽유록을 소개한다

광복절 날 박 대통령의 경축사를 듣는다. 자긍심을 고취하고 단합해서 발전의 원동력을 되살리자고 말한다. 진정한 개혁은 통일 대한민국을 만드는 것이라는 말로 개혁과 통일을 한데 묶는 전에 없던 발상을 내놓기도 한데, 전혀 실감이 나지 않는 까닭은 무엇일까?

일본에 대해서는 역사를 직시해 미래지향적 관계를 만들자고 주문하는데 원님 맞는 황토 깔기의 도로 미화 작업이 아니길 바랄 뿐이다. 기득권만 지키면 공멸한다는 반성적 화두가 심금을 울릴 법도 한데, 사드는 자위권적 조치라는 강변에 "기득권만 지키면 공멸"이라는 그녀의 반성적 화두의 진정성을 의심케 한다.

사드가 한·미·일 연맹의 군사체제를 완비하여 구 냉전체제에서 그들이 마음껏 구가하고 누렸던 기득권을 보호하기 위한 외연 장치임이 분명한데도, 그럴싸한 말로 우리에게 고질화된 불안의식을 자극하는 안보몰이로 신 냉전체제의 주춧돌을 놓아, 기득권 안보의 신전략을 구사하는 것이라는 필자의 판단이 터무니없는 억측이라면 우리 모두를 위해서 천만다행이겠다.

중국과 러시아가 사드를 반대하면서 으름장을 놓고 있는데 중국은 제일 교역국이라는 사실, 중국시장 상실이 명약관화한 지경을 만들면서 발전의 원동력을 되살리자고 채근하는 뱃심은 어디서 나올까가 궁금해진다. 여걸은 남다르다 하고 감탄하면서 이웃들과 덕담이나 나누면 그만이겠지만, 사드 파동으로 위태로워질 것이 분명한 국가공동체의 미래가 안타깝기만 하다.

부끄러운 자화상이지만 한민족공동체는 숱한 전란을 겪으면서도, 망국의 설움을 씹으면서도, 압제자와 외세의 수모를 당하면서도 끈기와 은근으로 살아남아 온 생명력이 있었음을 상기한다. 계속 긴장하고 불안하면 삶이 망가지기 때문에 출구를 찾아야 한다. 상상 속에 출구는 꿈속에서만 찾아지는데 일찍이 우리 조상들은 그 묘리를 터득했던 것 같다. 몽유록(夢遊錄)을 읽기로 한다.

몽유록은 꿈속에서의 삶을 기록한 것으로 조선의 중·후기 작품들 속에 나타나고 있는데 남가일몽의 고사도, 김시습의 금오신화 등이 그 일종이다. 이광수의 꿈도 같은 계열의 한 버전이라 하겠다.

오늘 여기에서 본격적으로 살펴보고자 하는 작품은 김광수(金光洙)의 「만하몽유록」이다. 호가 만하(晩河)인 저자는 이웃 장성 출신으로 19세기 말에서 20세기 초를 살았는데, 그의 몽유록은 시골의 한 젊은 지식인이 자신의 삶과 세상을 바라보며 고민한 문제를 형상화한 고소설로 1907년 작이다.

이 작품이 우리가 관심을 갖기에 충분한 것은 작자의 한말 국제정세와 국내정세에 대한 정보와 함께 그의 높은 식견과 인식이 드러나 있고 우리나라에 닥칠 미래에 대한 예견 또한 놓칠 수 없기 때문이다. 청이 망할 수밖에 없는 까닭을 설파하고 앞으로의 각국은 자본주의 굴레에서 자유로울 수 없다는 언급과 일본과의 의병전쟁에 있어서는 지구전이 양책이라는 주장은 모택동과 장개석이 일본과의 싸움에서 시간을 공간으로 환치하는 지구전으로 마침내 최후의 승리를 담보하는 선하인 것 같아 그 전략 전술 감각의 탁월성에 감탄을 금할 수 없다.

국문학자들은 애국 계몽기와 일제 초기에 몽유록 작품이 많이 쏟아져 나왔음을 말하면서 만하의 몽유록은 옛 전통적인 몽유록에서 개화기 몽유록으로 가는 과도기적 특징을 보여준다고 한다. 수많은 중세 봉건적 고사와 인식이 함께 나타난다는 점에서 그 과도기적 자리매김의 근거를 찾는다. 국문학자가 아닌 필자가 관심을 갖는 것은 작품의 문학사적 위치보다도 그가 살았던 시대를 그가 어떻게 인식하고 있었던가와 지식인으로서의 그의 오뇌와 번민을 알고 싶은 것이다.

그는 일제의 학정에 항의하는 가운데 1915년 장살 당한 이름 없는 의인이었다. 그의 많은 작품은 해제에 의하면 그의 아들 대(代)에 그 집안이 동란 전후 좌우갈등과 투쟁 속에서 백양사 입구에 있었던 그의 집은 물론 마을 전체가 소실되어 그의 작품 또한 망실되어 세상에 전해질 수 없게 되었다.

만하의 몽유록 중 제7회의 「저승 들어 충신역적 상벌 줌을 두루 보고 신궁에 가 조손간의 정의를 펼쳤구나.」를 간추려서 소개하고자 한다. 시대와 공동체에 책임을 다하려는 의기에도 불구하고 몽유로 출구를 마련할밖에 없던 선비와 민초들의 무기력을 슬퍼한다. 그러나 슬픔 뒤의 다짐은 꼭 있어야겠지.

옛사람들이 꿈길에서 노니는 이야기 · 2

「만하 몽유록」의 발문에서 저자 김광수는 '꿈이라는 것은 마음과 뜻에 관계된 일이 생각에 감응하여 이루어지는 것'으로 '나를 아는 사람이라면 반드시 마음과 뜻을 자연스럽게 드러내었다고 말할 수 있을지언정, 꿈이 거짓되다고 말할 수는 없을 것'이라고 다짐한다. '꿈이 거짓인지 아닌지는 나를 아는 것이 어느 정도 인지에 달려있다'라고 거듭 다짐하여 그의 현실 인식에 대한 주변의 공감을 신뢰하고 있었다. 몽유록 마지막인 7회를 따라가면서 그의 시대적 고민이 어떻게 형상화되는가를 감응하기로 한다.

저자는 꿈길에 노니는 가운데 병자호란의 삼학사의 안내를 받아 해동 충의의 문을 거쳐 대한 충신 민영환, 조병세의 문에 이르게 된다. 고국 사정을 묻는 두 충신의 물음에 저자는 '지금 우리 대한의 이천만 동포는 충군 애국하는 정성과 자유롭게 활동하는 마음이 3,4년 전에 비해 몇백 배나 되지만 운세가 가고 바뀌어서 사직의 멸망이 조석에 달렸다'라고 대답한다. '저들은 강하고 우리는 약하니 백성들이 죽을 위험에 빠지는 것이 급박하게 되었습니다. 상공께서는 밝은 영이시니 혹 저승 세계에서 도와주지 않으시렵니까?' 하고 애소하면서 "만백성의 운명은 도탄에 빠져 힘겨워하고 일제의 압제를 받아 욕을 당하니 살았어도 살았다고 할 수 없습니다" 하고 고국의 사정을 전한다.

이어서 자살한 두 충신에 대한 저자의 아쉬움이 계속된다. '사람마다 모두 스스로 목숨을 끊어 버린다면 우리 임금은 장차 누구와 환난을 함께하며 또한 누구와 더불어 세상을 다스리겠습니까. 두 공께서는 국가의 기둥이요 세상 사람들의 태산 북두성이니 위로는 임금의 마음을 바꿀 수 있고 아래로는 백성의 바람을 거둘 수 있습니다. 충성과 힘을 다하여 임금을 보필하고 백성을 구제한다면 삼천리강산과 오백 년 사직을 다시 일으킬 수 있을 것입니다', '군신과 부자가 성을 등지고 한번 싸워 사직과 함께 죽어도 좋았지요. 계책은 여기에서 벗어나지 않는데 죽음을 먼저 하였으니 나라의 기둥은 꺾였고 태산북두도 무너진 것입니다. 비록 죽은 자는 영예롭다 하더라도 백성들은 어떻게 합니까?' 두 혼령을 앞에 둔 저자의 아쉬움과 애통은 절절하다.

1895년 명성황후가 시해되고 단발령을 당한 후 러시아 공사관에 피신한 고종은 애통 조서를 발표했고, 유인석을 비롯한 많은 선비가 의병을 일으켰다. 유인석은 「격고 팔도열읍」의 격문을 발하는 속에서 '군신, 부자가 마땅히 성에 배수의 진을 치고 한번 싸워볼 생각이 있는데 천지 귀신은 어찌 밝은 데로 향하는 이치가 없겠습니까?'라고 말하고 있는데, 김광수의 결전 의지도 유인석의 격문과 그 궤와 결을 같이 하고 있고, 을사늑약으로 자진한 시종무관장 겸 육군부장 민영환의 유서 「결고아 대한제국 이천만 동포」에서 '영환은 죽어도 아주 죽는 것이 아니요 기필코 구천 밑에 가서라도 제군들을 도우리라'고 다짐하고 있어 몽유록 저자의 도움 요청이 내력을 갖고 있음을 알게 된다.

저자 김광수의 애소에 민영환과 조병세의 혼령은 통곡하고 슬퍼하며 탄식하고 말한다. '내가 전에 속으로 생각하기를 이 몸이 인간 세상에 있으면 드러내놓고 죽일 수 없지만 혼이 되어 지하세계로 돌아가면 저들을 몰래 벨 수 있을 것이라 여겼습니다. 그러나 한번 저승에 드니 아득하고 어두워 인간 세상의 일에는 간여할 수 없었습니다'하고 말하였다. 어찌해볼 수 없는 막다른 현실에서 신령의 보우를 기대하는 것은 유인석도, 민영환도, 조병세도, 또 저자 김광수도 마찬가지여서 우리 애국가의 '하느님이 보우하사 우리나라 만세'가 민족의 심리적 내력을 갖고 있음을 새삼 느낀다.

망국 이후 또 분단 이후 사드 정국이 바야흐로 무르익는 내우외환의 오늘에 이르기까지 신령들과 하느님의 보우는 왜 일어나지 않는지 야속하기만 하다. 사람의 일은 민영환의 혼령이 말하듯 '한번 저승에 드니 아득하고 어두워 인간 세상의 일에는 간여할 수 없기 때문에', 결국 인간들의 몫일 수밖에 없음을 몽유록 저자는 혼령의 입을 빌려 제시하고 있었다. '저들은 강하고 우리는 약하니 부끄러움을 머금고 욕됨을 참으며 교제를 친밀히 하여 그와 더불어 개화를 하여야 합니다. 십 년간 무리를 모으고 십 년간 가르쳐서 지식을 교환하고 기계 다루는 일을 마치며 재원을 원활히 유통해 백성을 활동하게 합니다. 그런 후라면 수모를 막고 원수를 갚을 수 있겠습니다.‘

위정척사론을 벗어난 애국 계몽가의 모습을 저자에게서 발견하게 된다. 외국과 교제를 친밀히 한다는 충고를 통하여 치우치지 않는 등거리 외교가 우리들의 국제적 활로임을 꿈속의 옛사람들을 통해서도 실감하게 되니, 미국과 중국의 줄다리기에서 추락하고 짓밟히는 일은 없어야겠다. 분명 온고지신은 영원한 진리다.

꿈길에서 듣는 옛 여인들의 애원성·3

「강도(江都)몽유록」의 독후감을 쓰고자 하는데, 절개를 지키기 위해서 죽은 뭍 여자 혼령들의 애원성이 너무도 절절해서 몽유의 노닌다는 말이 외람되기 그지없다. 북핵과 사드로 대치하고 있는 남북한의 오늘이 차라리 꿈이면 좋으련만, 전운이 감도는 엄연한 현실이어서, 이미 역사가 되어버린 옛 상처마저 예사롭지 않아 병자호란에서 죽은 여인들의 하소연과 질타에 가슴 졸인다.

전쟁은 권력을 가진 정치가들의 행위이고 남정네들의 행위인데, 그 치명적 결과는 특히 여성과 어린이들에게 두드러지게 나타난다. 북핵도, 사드도 민생과 아무런 상관이 없을 것인데 한 줌도 안 되는 정치꾼들이 결정, 그냥 백성인 우리를 전전긍긍 불안한 나날을 보내게 한다. 병자호란도 마찬가지로 쿠데타로 정권을 탈취한 서인 세력들은 그들의 잘못된 정체성을 확충하고자 친명정책을 펼쳐 국가를 전란의 소용돌이에 빠뜨렸다. 전쟁은 공동체의 생명과 재산을 담보하는 것으로 국운을 거는 행위인데, "태양이 하나이듯 대명 천자 한 분뿐"이라는 사대 명분을 세우기 위해서 쿠데타 정권은 준비 없는 전쟁을 감수했던 것이다. 잘못 일어난 병자호란의 참상에 골몰하다 보니 행여 사드는 잘못된 정권이 미국의 세계전략에 편승하는 것은 아닐까 하는 두려움과 의혹마저 인다.

병자년 호란으로 강도(江都)의 참상은 더욱 처절하여 시혈은 냇물처럼 흘렀고 백골은 산더미처럼 쌓였으나 장사 지낼 사람이 없었는데, 적멸사의 청허선사만이 이를 슬프게 여겨 몸소 시신을 거두어 묻어주려고 하였다. 선사는 움막을 지어 생활하며 법사를 베푸는 가운데 꿈을 꾸었는데, 일단의 부녀자들이 열을 지어 앉아서 신세 한탄을 늘어놓는 것을 목격하게 된다. 그들의 참상은 목불인견으로 그야말로 생지옥이었는데, 그들의 애원성은 한결같이 남성들에 대한 지탄이었다. 한 여자가 울먹거리며 전란의 참상을 말하는데, "구태여 그 이유를 따지자면 바로 우리 낭군의 죄이겠지요. 태보의 높은 지위며 체부의 중책을 진 사람이 공론을 무시한 소치로, 사정에 이끌려 편벽되게도 강도의 중책을 자식에게 맡겼지요. 자식놈은 중책을 잊고 밤낮 술과 계집에 파묻혀 마음껏 향락에 빠졌습니다. 장차 닥쳐올 외적의 침입을 까맣게 잊어버렸으니 어찌 군무에 힘쓸 일을 생각이나 하였겠습니까?" 하고 말하는데, 다른 부인이 말을 가로챈다. "제 낭군은 자기 재주에 감당하지도 못할 중책을 맡아 오직 천험한 자리를 굳게 믿어 군무를 소홀히 하였습니다. 이에 밀어닥친 적군을 막지 못한 것은 당연한 이치입니다. 강을 휩쓰는 비바람에 사직이 무너졌고 삼군이 박

살났습니다. 상감마마가 성에서 내려오시어 항복하셨습니다."하고 말하면서 당시의 권력자였던 이민구, 김자점, 심기원 등을 탄핵하였다.

또 한 부인이 내달아 개연히 탄식하며 말하기를 "낭군이 상감마마를 가까이 모신 총신으로 한 번 제대로 싸워보지도 못하고 성문을 활짝 열어 놓아 되놈들을 받아들여 무릎을 꿇고 항복하여 구차하게 죽음을 면하였습니다." 이어서 한 부인이 앞섶을 붉은 피로 낭자하게 물들인 채 눈물을 한없이 쏟으며 조용히 말했다. "시아버님의 죄과는 이루 다 말할 수 없습니다. 특별한 천은을 입어 강도 유수가 되었습니다. 강도는 중한 땅이라 마땅히 굳게 지킬 것이거늘, 천험만 허황하게 믿은 데다 호병의 날카로운 창검을 무섭게 여겼답니다. 그래서 해가 중천에 떠오르도록 단잠에서 헤어나지 못하였지요. 또한, 매일 크게 취해 강루에 누워 짐승 같은 욕심만 채웠답니다. 이러니 국가의 존망을 꿈엔들 생각하였겠어요? 그는 원래 물을 다룰 줄 몰라서 험한 풍랑에 키를 잡을 수도 없었습니다. 자연히 수군들은 뿔뿔이 흩어지고 적막한 강성에는 개미 새끼 한 마리도 얼씬거리지 않았습니다."

또 풍채가 빼어난 여장부가 나서서 말하길 "다만 제 가슴에 맺혀 천년토록 잊지 못하는 한은 제 낭군 때문입니다. 상감마마가 내리신 옷을 입고 상감마마의 녹을 먹으면서 살아생전에 국은이 막중하였는데 몸이 창황한 즈음에 처해서 인사를 생각하지 않고 오직 살기만을 좋아하고 죽기를 두려워해서 기꺼이 제 종이 되었지요. 이러하니 풍채는 매몰되고 체신은 말이 아니었습니다." 여자 혼령들의 질타가 준열한데 하나같이 집안의 남정네들을 향한 것이었다.

우국의 시국담이 “국내 불순세력이나 사회불안 조성자들에 대한 철저한 감시”의 덫에 걸릴까 두렵다. 우리는 유신시대의 황당한 긴급 조치를 겪은 세대들이기 때문이다.

슬픈 애원성의 내력 · 4

잘못된 정권과 잘못된 전쟁과 그 책임

〈강도몽유록〉에 등장하는 여자 원혼들은 그녀들의 가장인 남정네들의 무능과 무책임을 질타하면서도 당시의 권력과 임금에 대한 원망은 드러내지 않았다. 전란의 책임은 궁극적으로 임금과 정권에 있을 것인데, 집안의 남정네들만 원망하고 임금을 탓하는 애원성은 없다. 그들을 자결하게 만든 병자호란은 인조 정권의 친명 반후금의 대외정책 때문에 초래된 전란으로 반정만 없었더라면 피할 수 있었던 전쟁이었다. 그런데도 대명 의리에 집착하여 자기 정권의 정체성만을 도모, 두 번의 대외전쟁과 한 번의 반란 전쟁을 겪었다. 그 전쟁이 가져다 준 참화는 그야말로 시산혈해의 생지옥이었다. 쿠데타 정권의 명분 보위의 전쟁이 이 지경에 이른 것을 반정 승리의 그 날에는 아무도 예측하지 못하였을 것이다. 더구나 전란의 단서가 된 쿠데타의 시점이 임진왜란의 전후복구 과정이었던 것을 감안하면 인조반정의 당파적 분파성은 마땅히 준열하게 지탄받았어야 했다. 몽유록 여인들의 애원성이 그러하듯 전란의 책임을 묻는 조야의 어떤 정치세력도 없었다. 옛날에만 그런 것이 아니라 이 땅의 현대사와 오늘에 있어서도 마찬가지가 아닐까?

망국과 분단과 독재에 대한 치열하고 실효성 있는 책임 추궁은 없는 채 그것들의 상흔과 후유증은 오늘에도 맥맥하다. 근래에는 서민들의 민불요생의 민생파탄마저 예견되는데도 책임 추궁의 민성은 들리지 않는다. 시대가 바뀌고 세월이 흘러가도 백성들을 농락하고 순치해 내는 기득권 세력들의 탁월한 기량에 의해 보통사람들의 민권·민생의식은 위축되고 나약함과 비겁함을 생명력으로 치환하여 연명의 유전자를 비축하고 있는 우리들의 부끄러운 오늘, 비겁해도 좋다, 나약해도 좋다. 은근과 끈기는 우리들의 자랑스러운 국민성이라고 너스레를 떨면서 민주화, 인간화의 골든타임을 놓쳐 버리는 장본인이 우리들이 되어가고 있다. 늦었더라도 퇴색됐더라도 다시 일어나 민의의 깃발을 세워야 한다.

나의 행복, 나의 생명은 나의 책임이듯 우리의 행복과 생명도 마찬가지인데, 더구나 시대는 인권 지상의 민주주의 시대로 이제 신민은 없고 시민만 독야청청한 21세기이다. 사약을 받으면서도 임금에게 충성서약을 했던 옛날, 외세를 물리치고 광제 창생하겠다고 일어선 동학혁명의 주체 세력들도 감히 왕권을 부정하지 못하고 국왕 주변의 간신들을 척결하겠다고 선언했던 지난날, 4·19혁명으로 이승만 독재에 맞섰던 세력들도 망명하는 대통령을 연민하면서 그 주변의 부정부패 세력에게 책임을 전가했던 전시대의 아직 걷히지 않은 우리들의 미숙한 온정주의도 탓해야 마땅할 것이다.

사람을 해치는 미친개는 잡아야 한다. 권력과 권력자를 향한 청산하지 못한 신민의식으로 부르는 사미인곡은 이제 그만두어야 한다. 당파, 패거리의 연대의식은 지금까지도 잔존해서 우리들의 삶을 훼손하고 공동체의 마땅한 진로를 훼방하고 자랑스러운 우리 민주공화국의 토대와 위신을 부식하게 된다. 우리가 방심하는 사이에 자신들의 기득권을 위해서 몇 번에 걸친 전쟁의 참화도 아랑곳하지 않았던 세력들과 그 주변에서 마름으로, 졸개로, 권력 가리개로 살아온 비겁한 역사가 부끄러운 것으로 퇴출당하는 것이 아니라 이제 정형이 되어, 왕조시대의 신민의식이 청산되지 못한 채 공화국의 요해처를 부식하는 세균이 되어가고 있다. 우리들의 안녕과 행복을 유린한 세력과 그 수행자들에게 과감하게 책임을 물을 줄 아는 시민이 되어야 한다. 전 시대의 유산인 잘못된 인정과 자신의 코앞의 이익과 안전만 확보하면 그만이라는 이기심으로 우리의 현재와 미래를 망쳐서는 안 될 것이다.

옛 여인들의 슬픈 애원성의 내력은 잘못된 권력의 수단 방법을 가리지 않는 패권의식에 있었고, 갖가지 연유로 이를 방조한 백성들의 온정에 있었음은 불문가지다. 따사로운 인정사회가 항구적으로 이루어지기 위해서는 책임을 다하는 리더와 책임을 묻는 구성원들의 조합에 의해서 달성된다고 하는 것이 불변하는 역사의 가르침이다.

꽃 피는 계절의 초혼 · 1

설움에 겹도록 부르노라

박근혜 전 대통령을 탄핵하고 대선으로 적폐청산의 새 세상을 준비하게 되었어도 세월호 뭇 영령들을 맞는 우리들의 가슴은 시리고 시리다. 목련, 산수유, 매화 그리고 벚꽃들이 봄 내음 물씬 풍기면서 남도의 봄을 수놓는다. 봄의 제주도를 찾아 수학여행을 떠났던 팔팔한 젊음들이 불귀의 객으로 혼령이 되어 3년 만에 우리들의 곁에 돌아온다. 2014년 4월 16일, 온 국민의 조바심을 외면한 채 침몰했던 세월호가 녹슬고 찢긴 모습으로 1073일 만에 그 모습을 드러냈다. 국가권력의 방치로 침몰했던 세월호가 그 국가권력의 훼방과 농단으로 방치되어 인양을 늦추다가 대통령이 탄핵당하자마자 바로 인양되었는데, 이를 우연이라고 여길 사람은 저주받아 마땅한 박근혜 패거리를 제하고는 없을 것이다. 세월호 특별법이 제정되고 참사 원인 규명을 위한 숱한 몸부림이 있었지만 정권은 온갖 구실로 인양을 지연시키고 사실을 왜곡했다는 지적이 빗발친다.

시인 진은영은 “지난 3년 동안 이 정부는 유가족들이 진실을 알아낼 수 없도록 하는 데 모든 주의를 다 기울였다. 우리가 무능력이라고 믿었던 대통령의 주의력 결핍은 결핍이 아니다. 그는 국민의 생명과 안전에 기울여야 할 주의를 세월호 가족들과 국민들을 아무것도 할 수 없는 상태로 만드는 데 쏟았다”라고 했다.

얼마나 끔찍한 주의력인가? 국민의 이기심을 촉발하기 위해서 경제를 무기 삼아 세월호 인양과 세월호 특별법 제정과 그 연장 요구를 옥죄며 차단하는데 분주했다. “사회불안이나 분열을 야기하는 언행들은 국민경제에 전혀 도움이 되지 않을 뿐 아니라 결정적으로 경제에 악영향을 미친다”라고 후안무치한 협박을 서슴지 않았던 박근혜였다. 그녀의 당과 정부는 “세월호 침몰 참사 여파로 인한 소비위축, 내수부진이 매우 걱정스럽다”고 뒤따라 호들갑을 떨었다. “세월호 특조위를 연장하느냐 하는 문제는 국민세금이 많이 들어가는 문제”라고 세금 걱정했던 그 맘보로 최순실과 함께 국가 예산을 훔치는 데 열심이었던 것을 생각하면 “이것도 나라냐” 하고 분노했던 항간의 목소리들이 실감 난다.

세월호 영령들을 조상하는 마당에 박근혜 떨거지들이 펼치는 난장판을 설명하면서 보수 운운하는 호명들이 ‘보수’라는 단어를 모독하는 것 같아 마음에 걸린다. 가치와 도덕을 외면하고 생명 욕구대로 그냥 사는 것이 보수라고 우기면 할 말이 없지만 사람 사는 데 필요한 것을 지키면서 사는 것이 보수라면, 그들이 세월호 사건을 통해서 보여준 것들은 무엇이며 그들이 일관되게 주장하는 보수란 것은 도대체 무엇일까 의심스럽다. 비리와 부정으로 획득한 장물일망정 눈 부릅뜨고 지켜야 하겠지만 보수라는 수식어가, 이름표가 아깝다. 아무리 때 끼고 헤진 걸레일 지라도 걸레의 기능을 했고 얼마간의 세제를 쓰면 걸레로 다시 사용될 수 있는데, 비료로도 사용하기 부적절한 독 있는 악성폐기물이 된 쓰레기를 걸레라고 호명하면 걸레를 모독해도 한참 모독하는 것이 된다. 쓰레기는 그냥 쓰레기로 호명하고 박근혜 패거리, 떨거지들은 그 악다구니가 요란하더라도 그냥 떨거지로 놔두는 것이 어떨까? 악취 풍기는 쓰레기 난장판도 새 세상이 가져다줄 일진청풍으로 말끔하게 청소될 날이 머지않았다는 희망을 갖자. 그래서 우리는 그 긴긴날 삭풍도 마다하지 않고 촛불을 들지 않았던가?

남은 자들의 미안함, 부끄러움 그리고 죄스러움을 안고 챙기다 보면 우리 한 몸 지탱하기도 어렵다. 슬픔과 분노가 교차하는 가슴을 쓸어내리고 젊은 영령들을 맞고 위로하는 초혼제를 준비하자. 세월호 참사는 천하가 다 알듯이 부끄럽기 그지없는 인재였고 얼마든지 살 수 있는 생떼 같은 생명들을 "안심하라"는 말로 생수장 시켰다. 오죽했으면 청국 상인 공양미 삼백 석으로 심청이를 사서 인당수 용왕에게 제물로 바치듯, 얼마든지 살 수 있는 생명을 제 새끼 출산을 위한 앞가림으로 인신 공양했다는 유언비어성 빈말들이 설왕설래했을까?

봄 냄새 물씬 나는 4월 소쩍새보다도 더 슬픈 피 울음 울었을 원혼들을 불러서 위로하자. 원통함을 조금치라도 삭이는 씻김굿을 마련하자. 4월의 저승길을 간 세월호 영령과 함께 4·3 제주 사건의 원혼 그리고 이승만 독재에 항거하다 산화한 4·19 영령. 4월에 만나야 할 영령들이 너무도 많다. 설움에 겹도록 부르노라. 설움에 겹도록 부르노라. 이승과 저승이 너무 멀구나.

꽃피는 계절의 초혼·2

4·3, 그 황량한 길을 걸어

1948년 4월 3일을 전후로 제주 인구 십 분의 일에 해당하는 3만에 이르는 인민들이 학살당하였다. 이 사건을 그냥 4·3 사태라 부르기도 하고 제주대학살, 제주항쟁으로 칭하기도 하지만, 광주 5·18을 북한군의 소행이라고 허위 날조한 지만원은 제주 4·3 반란 사건이라고 음해하기도 한다.

제주 4·3이 어떻게 호명되든지 간에 그 많은 사람이 국가 폭력에 의해서 학살되었던 사실은 변할 수 없다. 전 4·3유족회장 김두연은 "4·3, 그 황량한 길을 걸어"라는 기록을 남기고 있다. 지난 세월을 아프게 살아 온 유족들의 삶을 말하는 것이겠지만 억울한 죽임을 당한 원혼들이 안식처를 찾지 못하고 황량한 저승길을 아직도 헤매고 있을 것만 같아 가슴이 아리다. 초혼제의라도 마련해서 위로해야 할 살아남은 후인들의 책임이 중하다.

어느덧 69년이 흘렀다. 금년에도 제주 4·3평화공원에서는 어김없이 추념식이 열렸다. 관계자들은 초대의 글에서 “그날의 한과 슬픔과 눈물, 그날의 꿈과 희망과 사랑으로 얼룩진 시편들을 준비하여 한 손에는 희망을 품고 다른 한 손에는 아픔을 보듬고 꽃 진 자리로 4월이 오고 있습니다. 새로운 꽃망울을 안고 그렇게 오고 있습니다”라고 울먹인다. 그들의 하소연은 애통해하면서도 살아남은 자들의 삶의 이정표를 희망의 꽃망울로 드러내고 있다. 희망과 아픔이 함께하는 웃픈 역사를 제주 현대사의 큰 자락으로 만든 것은 세계사의 격랑이 한반도를 덮치고 제주도를 할퀴면서 시작되었다.

1947년 3월 1일 기념행사가 시위투쟁으로 발전하면서 4·3의 비극은 시작되었다. 제주 시위투쟁에 참여한 인원은 최소 7만 명에서 12만 명까지로 추산되는데, 제주시에만 3만 명이 운집하였다. 시위과정에서 경찰의 발포로 6명이 사망하였다. 이에 대한 항의로 3월 10일에는 초유의 관·민 총파업이 일어났다. 1990년에 발간된 「제주 경찰사」에 의하면 166개 기관, 단체 4만 명 이상이 참여하였다. 전 도민의 의지가 어디에 있는가를 알 수 있는 대목이다.

이러한 의지는 1948년 4월 3일 새벽 1시를 전후로 한라산 오름마다 봉화가 타오르면서 무장봉기로 시작되었다. 제주 남로당 소장파가 그 전위에 있었음은 사실이지만 결코 남로당의 전략은 아니고 국가의 분단을 초래할 5·10 단독선거에 대한 위기감이 4·3투쟁의 주원인이라고 이운방이라는 당시의 활동가는 증언한다. “애국청년들은 5·10 단선에 의한 통일조국 건설의 최후 기회 상실을 개탄하며 절치액완!, 무력탄압에는 무력대항 뿐!”이 증언의 핵심이다.

앞서 조병옥 경무부장은 3·1시위 때의 사망사건을 정당방위로 발표하고 3·10 관·민 총파업에도 강경 대응하여 사태를 수습하기보다는 육지에서 경찰과 서북청년단원들을 대거 투입하였다. 서북청년단원들은 북한에서 공산당의 탄압을 피해 월남한 젊은이들로 이승만 단정세력의 전위대 노릇을 하고 있었다. 공산당이라면 절치부심하는 그런 집단이었다. 미군정과 그 후견을 받는 이승만 단정세력들과 그들에 의해 고무된 친일 경력의 경찰들은 사태를 수습할 수 있는 가능성을 극단으로 몰아 그들의 정치적 입지만을 강화하고자 하였다. 토벌대와 무장대가 협상을 통하여 사태를 수습할 가능성을 차단하기 위해서 무장대로 위장한 경찰은 토벌대를 습격하는 「오라리 습격」사건을 조작하기도 하고, 사태수습에 적극적인 김익렬 연대장을 "공산당의 자식"으로 모함하는 조병옥 경무부장의 거동도 또한 가관이었다. 김익렬은 해임되고 친일파의 자식임을 자랑하는 김진경이 그 후임이 되어, 이후 불법적 계엄령의 엄호하에 제주도와 온 한라산을 이 잡듯 뒤져 죽이고 태우고 굶겨 없애는 삼광의 초토화 작전으로 삼만이 넘는 제주 인민을 학살하였다.

만주에서 일본군의 앞잡이가 되어 학습한 초토화 작전을 조국에 돌아와서 펼치고 훗날 월남에서 그 위용을 과시하였으니 한국군의 명예 회복을 위해서라도 씻김굿을 곁들인 초혼제를 올려야 마땅하지 않을까 싶다. 슬픈 인간사, 슬픈 한국현대사 그리고 애처로운 제주의 역사가 비창 삼중주를 이룬다.

1948년 12월 10일 세계 인권선언이 선포되었다. 미국의 막강한 영향하의 UN은 "모든 인간은 태어날 때부터 자유로우며 누구에게나 동등한 존엄성과 권리가 있고 타고난 이성과 양심을 지니고 있으며 형제애의 정신에 입각해서 행동"할 것을 규정하였는데, 초토화작전은 그 무슨 날벼락이었을까? 미국은 2차대전의 전범들을 재판, 심판한 주도국이었다. 빛 좋은 개살구는 원래 떫기 마련. 우리에게는 해방이었는데 미국에게는 점령이었다. 그 간격은 땅과 하늘 사이만큼 멀었는데, 친일 경찰에게는 점령이 축복이었고 전비를 가려주는 면죄부이자 호신부였다.

반공민주주의, 후견민주주의로 터 잡은 한국 민주주의는 민주, 민중항쟁으로 그 온전함을 찾아가는데, 평양의 인민민주주의는 삼대 세습으로 사유화되어 북핵으로 그 폼새를 뽐내는데 또 인민민주주의의 온전함은 언제일까? 김두연의 형님은 토벌대에 의해, 아버지는 무장대에 의해 죽었다. 4·3의 상흔은 한라산의 오름마다 제주인의 가슴마다 응어리로 남아있는데 그 해원의 출구는 어디일까?

꽃피는 계절의 초혼·3

"의에 죽고 참에 살자"던 4·19영령들의 결단

1960년 4월 19일 서울. 부정선거를 규탄하는 학생과 시민들로 거리는 메워졌고 "대통령 부통령 선거 다시 하라"는 함성은 하늘에 치솟았다. 세종로 일대를 가득 메운 데모대 중에서 "대통령한테 따지자"라는 외침이 나왔다. 그에 따라 물밀 듯 데모 대오는 경무대를 향했다. 학생 물결이 중앙청 뒷문 통의동파출소에 이르자 경찰들이 학생들을 향해 공포탄과 최루탄을 발사했다. 학생들은 행렬을 멈추고 자리에 주저앉아 이승만 정권 물러나라고 구호를 외치기 시작했다.

어디선가 '의에 죽고 참에 살자'라는 플래카드가 나타났다. 학생들이 일어나서 움직이기 시작했다. "바리케이드를 뚫고 대통령 집무실로 가자", "이승만을 만나자"고 외치면서 대오는 격렬하게 움직이고 바리케이드는 무너지고 소방차는 뒤집혔다. 오후 1시 경찰들은 학생들을 향해 발포하기 시작했다. 달아나는 학생들을 향해서도 무자비하게 발포했다. 수십 명의 학생들이 피를 뿌리며 쓰러져갔다. 최루탄 연기 속에서도 학생들은 한발 한발 저지선을 돌파하며 "의에 죽고 참에 살자"라는 구호를 외치며 앞으로 나아갔다. 경찰의 발포로 의에 죽고 참에 사는 영혼들이 길가 여기저기에 나동그라졌다. 학생들은 경찰의 발포에도 굴하지 않고 이웃과 어깨동무를 하고 울면서도 「전우가」를 목메어 부르기 시작했다. 자유당의 독재와 부정을 규탄하는 학생 대오는 광주, 부산, 대전, 대구, 인천 등에서도 맥맥히 물결치고 있었다. 이러한 학생과 시민은 4·19혁명 투쟁 동안 전국적으로 186명이 사망하고 6,026명이 부상당했으며 수만 명이 경찰에 연행됐다.

항쟁은 학생들이 주도했지만 하층 노동자와 무직자들의 참여와 희생도 두드러졌다. "의에 죽고 참에 살자"던 다짐처럼 진리와 진실의 길은 모든 현실이 초월되고 참이라는 진리만이 우람하게 확대되어 온 가슴에 담뿍 찰 때 찾아진다. 세상을 살아가는 현실을 어찌 소홀할 수 있을까만은, 중요한 것들은 큰 결단에서 이루어지는 것이다. 그래서 우리는 아직도 인간이 지켜야 할 윤리에서 용기를 제외하지 않는다. 중요한 것은 혼자 결코 못 이루고 이웃과 모두가 함께 이룬다. 어느 시인이 읊은 것처럼 한 송이의 국화꽃을 피우기 위해서도 소쩍새가 밤마다 그렇게 울어댄다는데, 자유와 민주 그리고 우리의 공동체의 오늘과 내일의 삶을 위하는 길이 나 홀로 그리고 쉽사리 이루어 질리는 결코 없다. 삼일만세운동도 중국, 일본, 러시아, 조선의 곳곳에서 조국 독립을 열망하는 소망들이 사상과 종교, 지역을 뛰어 넘어, 민족의 자존과 자유를 위해 똘똘 뭉쳐 하나가 되었다. 어디서 먼저 했다, 누가 더 힘차게 외쳤다, 누가 더 큰 희생을 했다는 부끄러운 '도토리

키재기'를 하는 이야기는 없다. 그냥 모두가 함께 3·1만세운동이면 족했다. 광주학생독립운동으로만 이야기되는 신간회운동도 일제하에서 민족진영과 사회주의진영이 협동하여 보다 효과적으로 독립운동을 하자는 운동으로 누가, 어느 지역이 중심이고 먼저였느냐 하는 '도토리 키재기'는 없었다. 한국민주화운동의 민주, 민중적 기점이 되는 4·19민주화운동을 기념하는 운동에 있어서도 '도토리 키재기'식의 분란이 없기를 바라면서 민주화운동기념사업회가 출판한 『한국민주화운동사』와 '희망4·19신문'이 전하는 1960년의 4·19일지를 개관했다. 대구 고교생들의 2·28투쟁을 비롯해서 전국 28개 시를 넘는 지역에서 크고 작은 시위가 4월 26일까지 줄기차게 있었고, 그중 서울, 마산, 부산, 광주 등지에서 희생자를 낳았다.

장병준 평전을 통해 광주 3·15민주주의 장송데모의 전모가 서사되는데, 그것이 역사적 사실임은 분명하나 4·19혁명의 시원으로 강변하는 것은 불필요한 논변거리가 될까 우려한다. 광주 3·15는 당시 민주당 광주시당의 정치활동으로 시작되었음을 기억하면서 그냥 광주 3·15로 기념할 수 있기를 바란다. 4·19는 한국 민주화의 기점이면서 민주·민중주체 각성의 위대한 계기였음을 밝혀둔다.

민주, 민중세력의 입장에서 회고할 때 한국의 근현대사는 그 가열찬 투쟁에도 불구하고 패배의 연속으로, 우리에게는 역사적 승리의 이정표가 없었다. 찬란한 승리로 발전시키지 못하였지만 부정부패의 독재권력을 타도했다는 기억은 대한민국이 민주공화국이라는 사실을 실감나게 했고, 그 실감이 오늘의 촛불혁명을 가능하게 했을 것으로 생각한다. 4월 혁명을 가능하게 한 영령들을 추모하면서 초혼제의를 마련해서라도 살아남은 자들의 부끄러움을 줄이고 싶다.

계절의 여왕 5월의 초혼·4

봄꽃들이 하나씩 하나씩 시들어 가면서 온 산들이 홍록으로 물들어 가는 여름의 문턱 5월에 초혼가는 어울리지 않는다. 더욱이 적폐에 찌든 지난 세월을 청산하고 새 시대를 기약하는 촛불대선이 치러지는 2017년의 5월에 옛 상처를 꼬드기는 것 같아 피비린내 났던 5·18을 상기하는 것이 맘 편한 일은 못 된다.

5월이 오면 이미 익숙해진 '오월의 노래' 가사가 절로 나온다. "왜 쏘았지 왜 찔렀지 트럭에 싣고 어딜 갔지. 망월동에 부릅뜬 눈 수천의 핏발 서려 있네. 오월 그날이 다시 오면 우리 가슴에 붉은 피 솟네." 읊조리다 보면 해묵은 증오가 치밀어 오른다. 한 세대도 더 넘게 해원하고 극복했다 싶었는데, 지난 아픔을 꼬드기는 현실은 여전히 줄기차다.

국정농단을 질타하는 불꽃들이 은하수의 별빛처럼 온 세상에 출렁이는데도 수구부패를 비호하는 세력들이 무엄하게도 태극기를 앞세우고 호호탕탕 가로를 누비는 현실이 엇그제였다. 적폐세력을 감싸고 촛불의 정당성을 훼손하고 비웃는 대통령 후보의 후안무치가 방송과 언론을 누비는데도, 언론자유를 방패 삼아 기승을 부리는 꼬락서니를 방관하는 우리들. 5·18의 학살 원흉은 자서전을 통해 죄 없음을 발명하고, 필시 그의 졸개가 분명한 인사는 5·18이 북한군 소행이라고 날궂이 넋두리를 남발했었다.

소설가로, 해직 교수로 5·18 수습의 중심에 있었던 송기숙 교수는 5·18이 지난 17년 뒤에 「5월의 미소」라는 작품을 발표했다. 피해자와 가해자의 화해를 모색하는 충정이 빚어낸 작품이다. 소설 속 인물들의 대화를 통해서 진실과 화해를 언급하면서, 진정한 화해에 이르기 위해서는 그날의 진실, "곧 왜 하필 광주였는지, 왜 그렇게 잔혹하게 학생들과 시민들을 살해했는지?, 발포명령은 누가 내렸는지" 등을 밝히는 것이 순서라고 역설한다. 대학살은 이루어졌는데 아직까지도 발포명령자가 나타나지 않아 역사적인 미제사건이 되고 있다.

황석영, 정동년 등이 쓴 '5·18 그 삶과 죽음의 기록'에 의하면 공수특전단은 '화려한 휴가'라는 명칭의 1차 작전에서 시작하여 '충성'으로 끝나는 5차 작전까지의 임무를 띠고 광주에 투입되었다. 특히 제7공수특전단은 전두환 보안사령관의 사병처럼 육성되었으며 광주 시내에 최초로 투입될 때부터 살인허가를 받은 것처럼 잔인 냉혹하였다.

이를 구체적으로 살피면 초기에 강경 진압을 점차적으로 잔혹화하고 잔인한 진압행위를 시민들에게 공개 노출시키고 언론을 통제하여 유언비어 발생을 유도하여 시민들의 고립감을 부채질해 생존, 저항의지를 유발하였다. 초기의 과잉진압은 광주시민의 공분을 불러일으키기 위해 사전에 계획되었을 가능성이 크다. 주지하다시피 정치적 소외와 경제적 핍박으로 고통받은 광주시민들은 상대적으로 강할 수밖에 없었던 민주화의 희망과 공수부대의 잔인한 진압에 대한 분노가 결합되어 강렬한 저항을 시작한 것으로 평가하였다. 왜 하필 광주였느냐 하는 의문에 대한 해답이 되겠다.

전두환은 5월 13일 위컴 장군을 만났다. 전두환은 북한이 뒤에서 학생시위를 조종하고 있고 남침의 결정적 시기가 가까워졌을지도 모른다고 말했고, 위컴은 북한으로부터의 침공이 임박했다는 징조는 없다고 대답했다. 미 국무부는 북한의 공격이 임박했다는 아무런 움직임도 없다는 내용의 성명서를 발표했다.

1978년 중앙정보부의 북한정보분석관을 역임하고 2005년 국정원 북한실장을 역임한 이영진은 2009년 '1980년 5월 노동신문의 비밀'이라는 책을 출판, "광주항쟁은 남한 내 지하혁명세력이 김일성이 절실하게 한 건을 필요로 할 때 김일성의 기대에 부응하기 위한 기획물이며 다른 한편으로는 6차 당 대회를 기해 새로운 지도자로 전면에 나서게 되는 김정일에게 바치는 '충성의 선물'이었다"고 말하였다. 황석영의 『죽음을 넘어 시대의 어둠을 넘어』를 발췌하여 "전남학생운동연합 지도부가 시위의 주체였고, 그 핵심은 녹두서점, 현대문화연구소"를 지적하였는데 이달 중에 『죽음을 넘어 시대의 어둠을 넘어』 전면증보판이 출간된다고 하니 다시 확인해 볼 일이다.

옛말에 '고황에 병이 들면 나을 수 없다'라고 하였는데, 고황에 분단병이 들어 국가의 중요시기마다 분단신경증, 분단발작증이 일어나고 그 증세는 종북통으로 나타나는가 싶다. 지금은 그 어렵다는 암증도 낫는 시대다. 교통하고 소통해서 고황에서 빨리 벗어나야겠다. 남북이 민주, 민중을 지표로 소통하다 보면 처방이 나옴 직한데 우리 모두가 너무 한가하고 의기소침한지 모를 일이다.

6·10항쟁의 젊은 넋들을 초혼한다 · 5

한 세대를 지나 광주의 오월은 대한민국의 오월이 되어 촛불혁명으로 민주, 민권 승리의 금자탑으로 그 찬연한 부활을 이루었지만, 그것은 6·10항쟁이라는 거국적 항쟁을 겪고 나서야 가능했던 것이다.

전두환 신군부세력이 저지른 광주의 대학살극은 결코 잊혀 질 수 없는 상흔이었다. 복지사회건설이라는 미사여구로 사실을 은폐하여 저들의 만행을 호도하려고 광분하였지만, 세월은 흘러가도 산천은 안다는데 정의감에 불타는 젊은이들이야 오죽했을 것인가? 오월 그날이 오면 끓는 피를 억제할 수 없는데다 "앞서서 나가니 산 자여 따르라" 하는 부채감에서 자유로울 수 있는 젊음은 없었다. 적반하장으로 광주학살극을 기획, 연출한 전두환 살인집단은 폭력적 통제로 그들의 지배를 관철하고 있었다.

그러나 광주항쟁의 불씨는 항쟁 유가족들의 진상규명운동을 발단으로 불타올랐고, 운동의 진원지였던 전남대학교의 운동조직들은 재정비되거나 창립되었으며, 대학교에서 제적당하거나 졸업한 학생들은 구차한 취업보다 노동현장, 농촌현장에 진출하여 대중에 기반을 둔 반독재 민주화 역량을 비축하고 양성하고 있었다. 대학 내에서는 학원자율화추진위원회가 결성되어 악법개정 요구 등 학내의 전반적인 민주화 요구에 호응해가고 있었다.

1984년에 이르러서는 광주의거구속자협의회, 전남민주청년협의회, 전남사회운동협의회 등이 결성되어 조직운동의 역량이 정비되어가고 있었다. 정비된 운동역량은 정치투쟁의 전위역할과 함께 민중생존권 투쟁을 지원, 대중운동의 밑바탕을 강화하여 나아갔다. 1986년에 결성된 광주지역민주노동자생활임금쟁취투쟁위원회, JOC운동 등도 그 성과의 주요 부분이었다. 농민운동의 조직화도 진행되어 '농가부채해결 전국농민투쟁위원회'가 결성되어 농민들의 권익을 수호하기 위한 투쟁을 전개하였고, 이것들은 사회운동, 민주화운동의 역량으로 점차 전이되고 있었다. 기독교농민운동, 가톨릭농민운동에서 볼 수 있듯이 일부 종교들도 민주화를 돕는 바람막이가 되어주었고 YMCA, YWCA도 운동의 피난처 구실을 해주었다.

이렇게 운동역량이 결집, 확산되고 있는 가운데 학생들의 분신 항의가 잇따르고 있었다. 표정두 열사는 "내각제개헌 반대", "장기집권음모 분쇄", "박종철을 살려내라" 등의 요구를 분신으로 결사 주장하였다. 1987년 4월 27일에는 이재호, 김세진 열사의 추모식을 갖고 "민족염원 말살하는 신호헌론 분쇄하자"는 구호를 외쳐 정부의 정치적 음모를 부정하였다. 지난 1987년 1월 15일, 서울대 언어학과 박종철

군은 남영동 대공분실에서 고문치사 당했다. 치안본부장 강창민은 "박종운의 소재를 묻던 중 책상을 탁하고 치자 억하고 소리 지르며 쓰러져 중앙대부속병원으로 옮겼으나 12시경에 사망하였다"고 어처구니없는 발표를 하였다. 박종철 군의 고문치사는 여론을 비등케 하였다. 신문들도 이를 대서특필하고 그동안 침묵하던 대한변호사협회도 검찰을 질타, "우리 헌법의 이념인 민주적 기본질서와 인간의 존엄성을 수호하기 위한 전 국민적 결단과 노력이 있어야 함"을 호소하였다. 천주교정의구현사제단도 「고문살인 종식을 위한 우리의 선언」을 통해 "박종철의 죽음이 이 어두운 시대를 외면한 우리 모두의 양심의 죽음"이라고 규정하고 전두환 퇴진을 요구하였다. 이러한 분위기는 정부의 내각제개헌에 반대하는 직선제개헌세력을 고무하였고, 전두환 일당은 4·13조치를 발표, 개헌논의 유보, 현행헌법을 통한 정부이양, 대통령선거 연내실시 등을 제시하며 개헌논의를 원천봉쇄하고자 하였다.

이러한 정부의 조치는 사회 제 세력을 개헌운동으로 결집시키는 결과를 낳았다. 비조직화된 시민사회 내부에도 자생적인 동원의 잠재력이 양성되어 있었고 이것들이 이후 투쟁과정에서 전국을 누빈 넥타이부대의 출현을 가능하게 한 것이다. 민주헌법쟁취국민운동본부가 조직되어 전국 투쟁의 구심체 역할을 하였다. 학생들의 시위투쟁도 가열차게 일어났고 그 과정에서 이한열 군이 최루탄에 맞아 죽은 안타까운 사건이 발생하였다.

민주화 요구는 전국에서 요동쳤고 지배세력들은 6·29선언으로 사태 수습에 나서 양보전략의 꼼수로 집권연장에 성공하였다. 극단적 대립에서 오는 파국을 불안해하는 민심이 지배세력의 양보전략을 민주화의 연착륙으로 수용함으로써 운동의 한계를 노정하였다. 그 사이에 희생한 고귀한 젊음에 우리 모두가 빚지고 산다. 초혼의 제의에 촛불혁명의 성공을 알려 열사들의 영생을 손 모아 축원한다.

초혼의 함성으로 해원하자 · 6

어찌 잊으랴! 동족상잔의 통한을!

6·25라고도 불리는 한국전쟁이 발발한 지 67년이 되었다. 미·소 두 강대국이 벌이는 냉전 초입에 우리들은 분단도 모자라 동족상잔의 삼년전쟁을 치렀다. 외세 탓이라고 변명하고 살아왔지만 36년 만의 환희의 해방을 짓뭉개고 피투성이 쌈박질을 천 날도 넘게 감행한 배달민족의 처참한 몰골이 부끄럽고 또 부끄럽다.

남쪽 지도자는 온 국민이 염원하는 남북협상을 내팽개치고 단독정부를 선언했고 북쪽 지도자는 소련, 중국의 후원을 믿고 전쟁을 저질렀다. 전쟁의 결과 부상자를 제외한 사망·실종자가 남한의 군인 27만 명, 민간인 68만 명, 북한은 군인 35만 명, 민간인은 월남자를 제외하고 70만 명이 넘어 민간인 사망자가 군인의 두 배를 넘고 있었다.

미군의 무차별 폭격과 '몰살작전'은 작전대상을 '살아 움직이는 모든 것'으로 작전대상 지역을 '지도상에서 사라지게 하는 것'으로 규정하였다. 북한지역의 경우 1평방미터 당 평균 18개의 폭탄이 투하되어

평양과 원산은 사실상 지도상에서 사라졌다.

이외에도 남북의 정권에 의한 학살 또한 가공할 규모로 자행되었다. 국민방위군사건, 거창양민학살사건, 황해도신천사건과 미군에 의한 노근리학살사건, 그리고 광범한 지역에서 자행된 보도연맹원 학살과 북한정권의 반혁명분자 숙청, 토착 좌익세력의 민간인 학살도 만만치 않았다.

밝혀지다가 말아버린 부산·경남 일대의 수장, 암매장 사건도 있었다. 이 사건은 4·19혁명 직후 국회 본회의 석상에서 박찬현 의원이 제기하였으나 5·16쿠데타로 묻히고 말았다.

전쟁 중의 임시수도 부산의 치안을 공고히 할 목적으로 특무대는 정치적 반대세력과 좌익관련자와 그 가족들을 무차별 연행해 갔는데 그들은 돌아오지 않았다. 그들은 오륙도 앞바다에 수장됐거나 부산 인근의 신어산 계곡 등지에 암매장되었고 그 숫자는 대략 1만여 명으로 소문만 무성했는데, 그것이 사실로 확인된 것은 일본인들을 통해서였다.

1953년부터 1954년 사이에 일본에서 발행된 주간지 ≪선데이 마이니치≫와 ≪주간 아사이≫ 등에는 대마도 어민들의 항의와 피해보상을 요구하는 기사들이 실렸다. "철사로 엮인 한국인들 시체더미가 어장의 그물에 걸려와 어업을 못하겠다는 내용이지요. 조류가 부산앞바다에서 대마도로 흐르니 수장된 시체들이 그쪽으로 많이 떠밀려간 것입니다."(당시 부산일보 기자였던 김경렬 씨의 증언. '말' 89년 7월호).

당시 부산사람들은 부산 앞바다에서 나는 생선을 먹지 않는 습관이 생겼다는데 특히 해삼을 피했다고 한다. 전쟁이 할퀴고 간 재앙과 상처들이 생각할수록 수십 년이 지난 지금에도 가슴이 저미도록 몸서리치는데, 억울하게 죽은 그 많은 생령들의 원한은 어디에서 어떻게 풀어야 할지 막막하기만 하다.

죽어야 할 조금의 책임도 없고 어떤 작위도 저지른 바 없는데 모두가 불귀의 객이 되고 말았다. 학살자들과 전쟁을 책임져야 할 세력과 그 장본인들은 영웅이 되고 우상이 되는 기막힌 역사를 유가족들과 우리들은 오늘도 짊어지고 산다.

한국전쟁의 한 당사자인 이승만은 건국의 공로자, 공산화를 막은 위대한 반공지도자, 미래 발전의 기반 구축자로 추앙되고 있고, 전쟁 도발자인 김일성은 '조국해방전쟁의 전 기간 조국과 인민의 운명을 한 몸에 지니시고 겹쌓인 난관과 시련을 헤치시면서 당과 국가, 군대와 인민을 빛나는 승리로 현명하게 이끄시었다'는 불굴의 우상이 되었다. 숱한 생령들을 사지에 몰아넣은 책임은 봄날의 아지랑이처럼 간데 없다.

전쟁을 피하고자 하는 몸부림과 노력이 없지 않았으나 실천할 수 있는 주도권이 없었다. 전쟁 이전인 1948년, 문화인 108명은 연서하여 우리 자신의 체제를 단일적으로 정비, 강화할 것을 주장하면서 "남북통일을 지상적 과제로 한 정치적 합작에 있다. 남북 상호의 수정과 양보로써 건설되는 통일체의 새로운 발족"을 호소했고, 남북협상에 나선 김구, 김규식은 한국전쟁의 가능성을 경고하면서 "민족의 생존을 위하여 주의와 당파를 초월하여 단결할 수 있다는 것을 증명하자"고

호소하였으나 한국전쟁은 일어났고 국토는 결딴나고 인민은 도탄에 빠졌던 것이다.

반공과 반동을 명패 삼아 남북의 적대와 증오를 조장한 결과들이 아직도 의연한데, 한 번뿐인 인생을 몽땅 잃어버린 영혼들을 어떻게 위로해야 할지 막막하다. 초혼의 함성이 폭풍이 되고, 해일이 되도록 외치고 또 외쳐 무고한 원혼들의 원한을 씻고 또 씻어 살아남은 자들의 부끄러움을 조금이라도 씻을 수 있으면 하는 바람이다.

관동대지진 때의 조선인들·7

애재라! 설상가상의 겹 불행들

1980년 5·18 당시의 전두환 살인집단의 만행을 규탄하는 「오월의 노래」는 한 세대를 훌쩍 넘은 오늘에도 부르다 보면 가슴이 처연하다. '왜 찔렀지 왜 쏘았지 트럭에 싣고 어데 갔지' 하는 구절이 상기시키는 학살만행의 잔혹상은 '전두환을 처단하라'는 절규를 아직도 실감 나게 한다.

그런데 학살의 역사는 광주에서만이 아니고, 한국에서만이 아니고 일본에서도 일어났다. 1923년 9월 1일, 도쿄, 요코하마 일대가 큰 피해를 입은 관동대지진이 일어났는데, 그때 조선인 6000명 이상이 죽어갔다. 조선 사람이 학살대상이었고 집행자는 일제의 경찰과 군대, 자경단, 재향군인회들이었다. 지진으로 20만 명 이상의 이재민이 발생하고 10만 명의 사망자와 막대한 재산피해를 입었다.

지진의 혼란을 틈타 조선인들이 방화하고, 우물에 독약을 넣고, 집단습격과 약탈을 자행한다는 유언비어가 지진이 발생한 9월 1일 오후부터 유포되기 시작하여 도쿄 전역에 떠돌았다. 군경에 의해 날조된 유언비어는 빠르게 유포되었고 일본인들은 이를 믿었다. 그리고 학살은 무차별적으로 자행되었다. 일본인들은 죽창이나 철창, 몽둥이, 총칼 등으로 닥치는 대로 조선 사람을 죽여 강물에 던지거나 불에 태웠다. 잔인하게 살해하여 매장하였다. 그러고도 당시 사이토 조선총독은 2명만이 살해되었다고 말하고, 일본 정부는 1923년 11월 15일 현재 피살자 233명, 중상 15명, 경상 27명으로 공식 발표하였다. 그런데 최근의 일본 학계에서도 대체적으로 6000명을 상회할 것으로 말하고 있다. 그런데 당시 식민지하의 조선과 조선 사람은 속수무책이었다. 해방된 현재에도 이를 밝히려는 우리의 노력은 어디에도 없음이 안타깝다.

역사는 관심 있는 자들의 기억 속에만 맴돌고 흘러가 버린 과거는 그냥 묻혀버리고 마는 것을 우리들은 도처에서 확인한다. 보다 나은 세상을 만들고 정의를 올바로 세우기 위해서는 온고지신해야 함을 빈말처럼 읊조리지만 역사는 간혹 크고 작은 파동만 드러낼 뿐 그냥 흘러가 버리는가 싶어 무력한 데다 유한한 인생이 안타깝기만 하다. 아픈 역사를 살아오고, 아픈 현재를 살고 살아온 사람들은 용케 크고 작은 파동에서 비켜났다는 안도감에 가슴을 쓸어내리면서 살아남은 행운을 자축할 수도 있겠다. 그러다가 홀연히 함께 살았던 사람들이 이제 우리들 옆에 없고 다시 있을 수도 없음을 깜짝 놀라듯 깨닫는다. '임을 위한 행진곡'의 한 구절 "산 자여 따르라" 하는 주문에 오금이 든다. 어떻게 따를 것인가 해도 망연자실할 따름이다. 본인의 어떤 책임도 없이, 더욱이 무리 지어 죽어간 이들의 죽음의 순간이 전율로 우리를 덮친다. 얼마나 무섭고 끔찍했을까를 상상하며 몸서리친다.

비무장의 조선 사람들, 나라 잃고 생업을 위해 만리타향 일본 땅에 와서 온갖 궂은일을 다한 조선 사람들을 왜 죽였을까 하는 의문이 꼬리에 꼬리를 문다. 지진의 참상을 보고 받은 내무대신 미즈노는 계엄령으로 사태를 수습하고자 하여 '조선인 내습'을 날조하였다. 이재민 구호와 치안대책을 숙의한 내무대신, 내무성 경보국장, 경시총감 등이 최고의 결정권자였는데, 그들은 1918년 쌀 소동 때에도 치안당국자로 민중탄압의 선두에 서서 과잉진압을 자행했던 인사들로 3·1운동 당시 미즈노는 총독부 정무총감으로, 경시총감 아케이케는 총독부 경무국장으로 조선인의 3·1만세운동을 무력으로 탄압한 장본인들이었다. 민중의 위력을 잘 알고 있는 그들은 9월 1일 오후 진재의 참상을 둘러본 후 조선인을 그들의 치안유지를 위한 희생양으로 삼았다. 식민의 정통에 대해 조선인과 사회주의 세력은 이단이었고, 그것은 제거의 명분이 될 수 있었다. 1920년대 일본에서는 사회운동이 활발한 데다 불황이 닥쳐 치안 부재가 우려되는 상황이었다.

일본은 1910년, 2000년 역사의 조선을 강제병합하고, 1919년 3·1독립만세운동을 살인폭력으로 진압하고, 1920년 6월, 만주의 독립군과의 청산리 봉오동 전투에서 패배한 분풀이로 간도지방 불령선인 초토화 계획으로 '경신대학살'을 자행했다. 1921년 워싱턴 회의로 해군 확장은 제한된 데다 1922년, 일본군의 아무르에서 철수로 시베리아 간섭은 실패하였다. 조선의열단의 움직임 또한 일본 식민 주류세력의 신경을 날카롭게 만들고 있었다.

가해자에게도 트라우마가 있는 성싶다. 워싱턴 회의와 시베리아 철병으로 인한 좌절감이 도둑놈 제 발 저리는 식의 가해자 트라우마와 겹쳐 정신적 아노미 상태를 유발, 천인공노할 관동대지진의 조선인 학살을 자행했던 것으로 판단된다. 망국민의 불행이 가해자들의 아노미현상으로 겹 불행을 당하게 되었던 한국인들의 지난 시간이 안타깝기만 한데, 학살의 잔영은 아직도 아른거리니 무력한 우리는 초혼으로 영령들을 위로할 따름이다.

관동대지진 때 조선인 학살을 다시 말한다 · 8

필자는 앞서의 글에서 관동대지진 때의 조선인들이 유언비어 대문에 집단 학살당했음을 말하고 아울러 지진 이재민 구호와 치안대책의 최고 책임자들이 3.1만세운동을 과잉진압한 자들임을 지적한 바 있다. 유언비어가 민간에서 어떤 오해에서 발생한 것이 아니라 관이 주도, 조작했음이 여러 곳에서 감지되었다. 민간인들이 쉽게 유언비어에 현혹되어 끔찍한 학살을 자행할 수 있었던 것은 관과 민이 함께 공유한 어떤 심리상태, 즉 가해 트라우마에서 비롯된 예상공포가 유언비어를 산출하여 엄청난 학살행위로 이어졌다고 판단한다.

컬럼비아대학교 명예교수였던 사이덴스티커 교수의 '도쿄이야기'에 의하면, 대지진은 1923년 9월 1일 정오에 엄습했고, 이후 사흘 동안 1700여 차례 여진이 계속되었다. 지진으로 피해를 입은 건물은 시내 전체의 4분의 3에 달했는데 화재로 소실된 것이 3분의 2였다. 조선인이 우물에 독을 뿌리고 있다는 소문이 퍼졌고 경찰은 특별히 우물에 주의하라고 경고하였다.

교수의 말을 그대로 소개하면 '조선인에 대해서 무조건 최악을 상상하는 경향, 아니 경향이기보다 소망은 일본 근대사를 통해서 끊임없이 나타나는 현상이다. 그로 인해 학살은 시작되었다'고 말하고 있었다. 학교들의 역사자료에 의하면 지진 발생 다음 날 사이타마현 내무부장은 '도쿄에서 불령선인의 망동이 있으므로 동 마을 당국자는 재향군인회, 소방대, 청년단과 일치협력하여 경계 임무를 맡기 바란다'는 통첩을 전하고 있었고, 미무로 소학교의 연혁지는 9월 3일에 '군청에서 불령선인 경비에 관한 통첩이 있었다'라고 기술하였다. 현내 각처에서 자경단에 의한 240명에 달하는 조선인 학살 소식이 있었고, '오후 3시경 불령선인이 내습한다는 소식을 접하자 우리와 각 정·촌이 모두 경종을 울리고 본부에서도 소방조 군인분회, 청년단원, 학교직원, 관공서 담당자 등이 모두 출근해서 경계에 임했다. 불령선인의 내습에 겁을 먹고 학교 교직원도 자경단에 편성되어 잠을 자지 않고 보초를 서는 모습이었다.' 9월 4일에는 계엄령이 사이타마 지바 두현으로 확대되고 4일 새벽 편류촌의 자경단이 24세의 조선인을 죽창과 일본도로 살해, 이 학살에 참여한 청년은 '계엄령 하이므로 조선인을 체포하면 훈장을 받을 것으로 생각했다'고 말하고 있었다. 9월 8일에도 조선인을 위험시하는 의식들은 계속되고 있었다. 학교도 경찰과 관공서와 마찬가지로 조선인을 차별하고 위험시하는 의식을 불어넣고 유언비어를 확산시키고 있었다. '9월 2일 가나가와에서 도쿄 방면으로 조선인이 300명 정도 무리를 지어 일본인을 보면 닥치는 대로 죽이고 시내로 들어오고 있다'. '불령선인 3000명이 다미가와를 덮치고 있다'라는 등등의 유언비어들, 그것들이 일본인들의 학살을 유발하여 6000명에 달하는 조선인들이 참살당하였다. 관동대지진이 초래하는 피해와 혼란의 수습수단으로 조선인들을 손쉽게 희생양으로 삼았다. 그것은 사이덴스티커 교수의 말대로 일본 근대사를 통해서 끊임없이 나타나는 현상인데, 그 심리적 배경은 일본인들의 가해 트라우마라고 할 수밖에 없겠다.

가해 집단의 공포감을 강화시킨 것은 조선 사람들의 저항과 독립운동이었다. 1920년대 소위 문화통치가 그 기회를 제공하였다. 1921년 부산에서 일어난 부산부두노동자 파업을 비롯한 경성양화 직공파업, 경성고무 여직공 파업은 7월 아사동맹으로 이어지면서 전국 노동계와 일본 노동계 재일 조선인 노동계의 성원을 받고 있었다. 농민운동은 1921년부터 소작농민운동단체가 조직되어 1922년 7월, '소작인은 단결하라'는 선언을 발표하면서 활발해져서 1923년에는 107개 단체로 증가하였다. 3.1운동이 보여준 전국적 민족역량의 결집은 독립운동가들을 고무하여 민족적 총력 항쟁으로 전개할 수 있다는 가능성을 보게 되고 의사, 지사의 수준을 넘는 독립의 주체로 민중을 새로 발견할 수 있었다. 국내의 비밀결사도 100개를 넘고 상해 임시정부의 국내조직인 연통부와 교통부도 그 활력을 획득하고 해외 독립군 조직도 70~80개를 웃돌기에 이르러 2만여 명에 달하는 독립군이 각종 형태의 독립전쟁을 치르고, 의열단원들의 일본과 조선에서의 의열투쟁, 암살과 폭탄투척도 계속되는 가운데 도쿄 진공계획까지 논의되었는데, 이런 것들이 일제 당국이 정보와 첩보로 인지하여 그에 대비하는 모종의 작전을 충분히 준비할 수 있었던 바, 그것이 관동대지진 때 조선인 학살로 나타났다면 지나친 상상일까?

그들은 1920년 간도를 초토화시킨 경신 대참살의 장본인들이었고, 앞서 지적한 바와 같이 지진 수습 책임자들은 조선통치의 경험자들이었던 것이다.

소월의 시 「초혼」 감상을 감상하다·9

세월호 참사를 방조한 박근혜를 옥에 가두고서야 미흡한 대로 설원한 것 같아 우리들은 가슴을 쓸어내릴 수 있었다. 팽목항에 메아리쳤던 초혼의 절규들에 하늘이 감응해서 촛불혁명이 일어났고, 그래서 악의 축이 결단났다는 비약이 억지스럽지 않다. 그런데 1923년 동경대지진의 와중에서 학살당한 조선사람들의 겹 불행들은 그냥 역사 속에 잠기고 말았다. 6000명이 넘는 조선사람들이 학살되었는데도 당시 사이토 조선총독은 두 사람만 죽었다고 발뺌하고 있었다. 필자는 세월호 참사가 빌미가 되어 우리의 근현대사에 숱한 생령들이 억울하게 죽어간 사실을 알게 되었고 재난을 피해 살아남은 사람들의 의무감은 죽은 사람들에 대한 애도와 해원임을 실감하게 되었다.

팽목항을 메운 유족들의 외침도 초혼의 부르짖음이고 살아남은 사람들의 애도임을 절감하게 되어 소월의 시 「초혼」이 예사롭지 않게 가슴에 와 닿았다. "산산이 부서진 이름이여 허공중에 흩어진 이름이여 내가 부르다가 죽을 이름이여", 얼마나 절절한 외침인가. 팽목항에 울려 퍼진 외침이. 유가족들의 심정이 바로 그러했을 것을 전율처럼 체감한다.

많은 학자, 문인들이 소월의 시 「초혼」을 감상하고 비평하였다. 고 김열규 교수는 "누가 뭐라고 해도 서러움이 가장 서럽게 살아있기로는 초혼이 으뜸이다.", "그의 정한은 때때로 참담한 통한의 막장에서 울림한다. 시름겨운 한숨, 혼잣말의 애소, 소리 없이 두 뺨에 얼룩지는 눈물 그리고는 어두운 방 속의 흐느낌 등은 서로 어울려서 그의 시의 기본적인 조율을 이룬다"라고 평했다. 또 김흥규 교수는 "어떤 다른 사정에 따른 이별은 언젠가 만날 때를 기대할 수 있지만, 죽음은 산 사람과 죽은 사람 사이에 도저히 넘을 수 없는 절대적 장벽이기 때문"이라고 해설하면서, 그러한 경험을 노래한 것으로 이해한다. 유종호는 "낭만적인 사랑이나 그 통속적 변형인 연애가 수입된 지 얼마 안 되는 낭만주의 시기에 '사랑하던 그 사람이여!'를 터놓고 연발할 수 있었다는 것은 시인의 젊음과 함께 낭만적 사랑에의 믿음을 나타내 주고 있다.", "낭만적 상상은 성질상 현재로부터의 도피를 꾀하고 이에 따라 과거숭배, 미래신앙 혹은 죽음예찬으로 빠지기도 하는데 「초혼」에는 죽음예찬의 흔적조차 보이기도 한다"라고 평한다. 훗날 소월의 자살을 의식한 평이 아닐까? 김시태는 「자연과 덧없음의 인식」에서 소월의 「초혼」을 덧없는 삶에 대한 인식을 기초로 하고 있다고 말하면서 "좋게 말하면 정신의 원숙을 의미하는 체념과 달관의 세계, 나쁘게 말하면 자기방기의 길을 스스로 선택하는 것이 된다"라고 말하였다.

앞서의 비평과 감상과는 다르게 고 고영자 교수의 「초혼」 비평이 눈길을 끈다. 고 교수는 일본문학 전공자로 필자의 학교 동료였다. 고 교수는 "대부분의 비평가들이 소월의 「님」을 대체로 남녀 간의 연인이라 하여 여성적인 편향으로 논의하는 것은 사전적 비판방법의 오류"로 평가하면서 그가 주장하는 주석적 비평을 주장한다. 고 교수는 소월의 시 「초혼」을 초혼의식에 중심을 두고 분석해야 한다고 말한다. 초혼은 민속으로서는 임종이나 사람이 죽은 직후에 베갯머리나 지붕 위나 높은 곳에 올라가 사망자의 이름을 부르며 혼백을 불러 다시 돌아오라고 부르거나 사망자를 돌려보내는 풍습이다. 사망자의 혼백이 다시 돌아오지 않으면 죽은 것으로 확인, 장례를 치른다. 고 교수는 「초혼」을 나라 잃은 국민의 곡성으로 설명한다. 관동대지진 때 학살당한 조선 동포들을 향한 초혼이라 설명한다.

관동대지진은 1923년 9월 1일에 발생했다. 소월의 연보에 의하면 1923년 3월에 배재고등학교를 졸업하고, 같은 해 5월에 동경에 가서 동경상대 예과에 입학하였다가 지진이 일어난 후 10월에 귀국하였다. 관동대지진을 충분히 경험할 수 있는 시간이었다. 시 「초혼」은 1925년 12월에 간행된 『진달래꽃』에 수록되어 있고, 1923년 5월 이전에 창작한 시 목록 안에는 「초혼」이 포함되어 있지 않다. 「초혼」의 의미가 죽은 자의 혼령을 부르고 있다는 점으로 보면 「초혼」은 관동대지진과 불가분리의 관계에 있다고 주장한다. 집단학살이 '내가 부르다 죽을 이름이여'로 특정화, 개별화되는 것은 역사적 사건을 작가가 수용하는 시각과 관점에서 얼마든지 가능한 것으로 판단할 수 있겠다.

시인이, 조선의 젊은이가 관동대지진의 참상에 어떤 감회도 없었다면 그 또한 이상한 일이 아닐까? 참상에 대한 적극적 표현이 없는 것은 어느 평자의 말대로 검열을 의식한 자기검열의 결과로 보면 그 감상적 표현을 이해할 수 있겠다.

초혼의 끝자락에서 배우는 것들 · 10

팽목항에서 부르짖는 초혼의 함성이나 시인 소월이 '내가 부르다 죽을 이름이여'라고 외치는 초혼과 다르게, 전통의 상례에서의 초혼은 망자의 임종 후 유족들의 '아이고' 또는 '어이어이'하는 통곡이 끝나고 나면 가족들은 망자의 저고리를 잡고 망자의 이름을 부르거나 하는 등 혼백을 부르는 초혼의례를 말한다. 초혼은 상례의 한 대목이다.

모든 생존자에게 죽음은 누구도 피할 수 없는 숙명이다. 사람들은 생전에 다정하고 소중한 많은 이들을 먼저 떠나보내는 안타까운 시간을 경험한다. 근래에 중국의 민주주의자들은 유사보를 떠나보냈고, 이 지역 운동가들은 박석률 동지를 잃었다. 그가 마지막 남긴 평화, 자주, 개혁이라는 화두만 그의 신산했던 일생을 상기시켜 줄 따름이다.

일상들의 경험과는 다르게 떼죽음의 체험은 살아남은 자들에게 많은 트라우마를 남긴다. 어찌 그런 일이 있을까 하는 떼죽음의 현실이 국사, 세계사 가릴 것 없이 비일비재하다. 제국주의의 횡포, 독재권력들의 권력유지와 권력 확장 때문에 죽음의 자기 책임이 전혀 없는 사람들의 떼죽음이 역사 속에서는 인종청소, 홀로코스트로 불리는데, 광주 5.18학살은 어느 범주일까?

죽은 자들을 위해서 원수를 찾아 복수할 길도 없고 해원할 방법도 없는데, '산 자여 따르라'고 목청껏 부르는 우리들의 「임을 위한 행진곡」은 우렁차다. 그런데 애잔함 또한 면할 수 없는 것이 우리를 슬프게 한다. 그래서 사람들은 5.18 발포책임자를 규명하자고 빤한 주장을 빈말처럼 읊조리지만, 규명될 것으로 믿는 사람은 없는 성싶다. 전두환이 벌금의 반을 갚았다는 것이 뉴스가 되는 것이 오늘의 엄연한 일상이다. '그래. 아이야. 진실은 가슴 속에 쌓이는 것이지 광명천지에 그 모습을 온전하게 드러내지 않는 것이 역사'라고 어른들은 불끈거리는 손자를 다독인다.

아르메니아 학살을 필두로 현대사를 장식하는 혈흔을 넘는 혈해들, 아프리카, 아메리카의 야만을 문명화 시키면서 백인 제국주의자들이 저질렀던 오만무례했던 짓들이 오늘의 중동, 아프리카의 운명을 규정짓고 있는 것을 보면, 일찍이 공자가 애제자 안회의 죽음을 아파하면서 외치던 하늘의 길을 회의했던 저간의 사정들이 다가오면서, 아울러 인간에 의한 인간의 대량학살이 결국은 인간의 인간조건에서 비롯되고 있음을 실감한다.

탐진치를 설파했던 석가도, 인의를 체득할 것을 말했던 공자도, 사랑을 하늘의 길로 현실의 이정표를 세우고자 했던 예수도 분명 위대한 선각자로 인간성의 어둠을 밝혀 드러냈지만, 인간의 욕망은 여전히 생명의 동력으로 작동한다. 결국은 욕망을 어떻게 윤리화할 것이냐, 가치화 할 것이냐로 귀착됨을 알게 된다.

껍데기는 가라 쇠붙이는 가라고 외쳤던 시인도 인간의 어두운 욕망을 직시해서 몸부림쳐 절규했다. 시인은 그의 화두만 남긴 채 갔지만 껍데기는 여전히 득실대고 쇠붙이는 이 땅의 곳곳에서, 아니 세계의 도처에서, 그 웅장한 철옹성을 쌓았고 오늘도 쌓아가고 있다.

그런데 인간의 욕망이 만들어 낸 성과물은 그 위용도, 아름다움도 상당해서 사람들을 즐겁게, 행복하게 해준다. 그래서 무작정 욕망만 탓하는 것은 조금은 민망하다. 욕망 그 자체는 도구 같은 것으로 중립적이지 않을까를 가늠해 본다. 욕망이 어떤 주체에 의해서 가동되는가가 문제다. 좋은 욕망과 나쁜 욕망의 갈림길도 역시 사람에 의해서 나뉠 수밖에 없을 것 같다. 그래서 욕망의 가치화를 말하고 그 세련성을 말하는 성싶다.

칼레시(市)의 일곱 의인이 지금도 회자되고 있는 것은 그런 인간윤리를 기리는 까닭이리라. 그러나 특별한 영혼들의 특별한 결단을 보편타당한 모범으로 제시하는 것은 보통사람들에게는 너무 버겁다. 뻔히 죽는 자리임에도 불구하고 감히 선택하는 것은 안중근, 윤봉길, 윤상원에게나 가능하지 모든 사람이 가능한 것은 아니다.

인간의 욕망은 행복과 영양가를 겨냥한다. 그 점에서는 동물과 진배없다. 동물과 다른 것은 사람을 만물의 영장으로 만들어 주는 인간의 대뇌 덕분이고, 대뇌는 인간으로 하여 지적 능력을 갖게 하고 감성과 욕구를 컨트롤하는 능력을 갖게 한다.

크로포토킨과 한국에서의 그의 실천적 추종자인 신채호, 이회영에 의하면 인간의 욕망의 방향은 금력과 권력이기 때문에 인간 삶에 있어서 권력과 금력을 공유하는 무정부주의를 제시했다. 세간에 한창 뜨고 있는 박열도 무정부주의자였다. 물론 쉬운 길은 아니어서 한 번도 무정부주의가 권력의 주체가 되어보지는 못했지만 역사의 막장에서 혜성처럼 빛난다. 스페인 내전의 공화파의 주류도 무정부주의자였고 남미 칠레의 아옌데도 무정부주의자였다.

세속을 못 벗어난 우리들은 떼죽음 당한 분들을 위로하고, 그러한 비극이 다시는 없기를 바라면서 살아남은 우리들의 가능한 길을 다짐해본다. 사람 많은 삶들의 귀감은 못되더라도 소극적으로는 나쁜 편이 안 되는 것, 적극적으로는 좋은 사람들과 세상을 조금이라도 맑고 밝게 하는데 일조하는 숙세주의 입장을 견지하는 것이 보통사람들의 길이 아닐까?

더불어 '정의롭고 관용하여' 함께 가자 · 1

1960년대의 "못 살겠다, 갈아보자" 했던 민심이 4.19혁명의 원동력이 되었다면, 2016년부터 발화한 "적폐청산 박근혜 구속"의 촛불들의 요구는 문재인 정권이 주도하는 오늘의 개혁 드라이브의 정치 지형을 이룩했다. 더불어 바르고 정의로 수식되는 정당들의 이름값으로 보면 온 국민이 염원하는 적폐청산이 순조롭게 이루어질 것 같지만, 현실의 걸림돌들은 녹록지 않다.

지난 시절의 적폐청산의 시금석일 수 있고 대통령의 공약사항인 '5.18 특별법' 제정에 갖가지로 딴지를 거는 정치세력이 의연히 엄존한다. 적폐일지라도 그것을 통해서 이루어진 것이 대한민국이라는 저들의 비뚤어진 국가관과 그에 따른 자부심이 촛불의 빛과 열기에 찬물을 끼얹으려 하고 있다.

촛불이 조성한 오늘의 개혁 정국은 국민의 명령이다. 현존하는 정치집단으로서 자신들의 존재감을 드러내는 방법으로써 국민이 요구하는 적폐청산일지라도 트집을 잡고 딴지를 거는 방법으로 자신들의 역사적 정체성을 과시하면서 자기들다움에 충실하다고 자부할 수도 있겠다. 그러나 국민의 요구이자 명령인 적폐청산은 이를 훼방하고 지연시키려는 세력들의 정계 퇴출 요구로 상승하여 그 분노가 봇물 터지듯 터져 나올지 모르니 자중하고 자중해서, 적폐청산을 통한 새로운 대한민국 건설에 동참해야 할 것이다. 국민은 돌아온 탕아를 위해 잔칫상을 준비할 아량이 맥맥하다. 부연하지만 한국 현대사에 있어서는 안 될 얼룩 속에서 일궈진 정체성은 그 자체가 역사적 적폐임을 귀띔하고 싶다.

봄날의 꿩이 요란하게 울어대는 것은 동료를 불러내는 몸짓으로 선인들은 춘치자명이라 했다. 울음소리에 화답하는 동료도 있겠지만, 사냥꾼과 포식자를 불러들일 수도 있다. 생긴 대로 사는 게 능사가 아니다. 꿩의 정체성을 넘어서는 보다 큰 섭리와 계절의 특성을 잘 살펴야 할 것이다. 더불어 바르고 정의롭고 자유로우려면, 얼룩 속에 피어난 물방울 그림 같은 타성에 안주하면서 "우리도 나라와 민족을 위해서 일익을 담당했다"는 춘치자명은 이제 그만둘 때가 되었다. 사냥꾼이 다가오면 당신들의 정체성은 고사하고 존재마저 지탱하기 어렵게 된다는 사실을 성찰하고 성찰해야 할 것이다.

무등산을 오르는 길은 증심사 계곡에도, 원효사 계곡에도, 만년사 계곡에도 있다. 꼭 하나의 길만 있는 것이 아니기 때문에 우리은 바람직한 방편에 따라 길을 선택한다. 길의 절대화는 자신이 선택한 길만을 고집하면서 "나를 따르라" 하는 식으로 다른 길의 가능성을 배제

한다.

억압과 착취가 미만한 현실과 살을 에는 혹독한 겨울에도 살아남아야 다음 해의 봄날을 맞을 수 있고 이웃 사람과 더불어 만날 수 있다. 그냥 생존이 아니라 사람에 값하는 생존이기 때문에 바름과 정의를 말하게 되는 것이다.

일제강점기의 엄혹한 현실에서 억압과 착취가 있다고 해서 모든 사람이 의사가 되고 열사가 될 수는 없었다. 의사이고 열사인 분들도 온 국민이 자기들처럼 의사로 살라고 요구하지도 당부하지도 않았다. 그런데 사람들은 억압의 구름이 걷힌 뒤 다순 봄날의 양광을 즐기면서 지난날 의사들의 피어린 투쟁을 기리는 기쁨은 자주 자결의 인민들이 누리는 축복이다.

안중근 의사를 기리고 윤봉길 의사의 쾌거에 가슴 설레며 백범과 약산의 애국 단성에 감격하는 것은 숱한 선열들을 둔 우리 국민의 자랑이기도 하다. 그러나 우리들은 의열투쟁을 기리면서 '투쟁절대화', '투쟁미신화'의 신화를 만들어 독립투쟁을 단순화시키고 이러한 인식을 민주화 투쟁에도 알게 모르게 전이시킨다. "그때 무엇을 했느냐", "어디에 있었느냐"라며 다그칠 때, 결사 항쟁하지 못했던 보통사람들은 난감해진다. 투쟁은 단선적이 아니고 중층적이다. 압제자와 억압자의 편이 아닌 모든 우리는 우리 편이고 우리 편으로 간주하여야 한다.

살면서 투쟁하고 투쟁하면서 생존할 수밖에 없는 역경을 헤쳐 살아남은 우리들의 조상과 우리 이웃들, 그들의 포기하지 않는 생존들이 있었기에 조국광복이 있었고, 4.19혁명이 있었고, 5.18항쟁이 있었고, 6.10항쟁이 있었고, 마침내는 촛불혁명이라는 대단원을 맞게 되지 않았는가?

자신의 존재만을 드러내는 춘치자명은 주변을 배제하여 구성원의 연대를 훼손한다. 작은 허물들을 확대하지 말고 관용으로 이웃과 함께 할 때 작은 나는 큰 우리가 될 것을 믿는다. 물론 정의가 사람됨의 바탕임도 잊어서는 안 될 것이다.

더불어 '정의롭고 관용하여' 함께 가자 · 2

'365일 한가위만 같으라'하는 어림없는 소망을 내뱉는 사람들이 이 땅에는 있어다. 어려운 일상을 살아왔던 사람들이 천고마비의 호시절을 맞아 추수의 시점에서 그 풍요가 기뻐 내뱉는 말씀들이다. 살충제 달걀이다, 고물가다 하는 것들이 시정인들의 삶을 어렵게 만들지만, 북핵이다, 사드다 하는 재앙들이 겹겹이 쌓이는 현실에서 당연히 엄습할 것 같은 불안들을 우리들은 실감하지 못하는 성싶다. 실감해보았자 스스로 별 뾰족한 방법이 없는 마당에 구태여 전전긍긍할 필요가 없다는 생활의 지혜가 우리를 이렇게 의연하고 의젓한 사람들로 만들었을까를 생각하니 삶들이 신통하기도 하면서 우리들의 무력감이 서럽기도 하다.

대통령이 앞장서서 이 난국을 과감히 헤쳐나갈 방법이 없을까 하고 머리를 굴리면서 투정하고 질책하는 언사를 농하지만 약소국의 수장, 분단국가 대통령의 한계와 무력감이 지도자 탓만 할 수 없는 비애로

촌로의 가슴을 적신다. 백마 타고 홀연히 나타나는 옛 용사를 꿈꿔보지만, 옛 시인의 안타까운 절규에 불과했음에 다시 망연자실해진다. 그러나 비상상황임에도 불구하고 생존해야 하는 사람들은 좋은 일들이 생기기를 바라고 의인들을 기다린다. 좋은 일은 결국 좋은 사람들이 만들고 이루는 것으로, 누가 좋은 사람일까, 누가 의인일까를 가늠해 본다.

청사에 빛나는 의사, 열사들의 면면들이 파노라마처럼 겹친다. 빛나는 그분들의 살신성인이 가슴에 와 닿지만 삶은 모두가 살신성인할 수 없음을 깨닫는다. 역사 속에 묻힌 이름 없는 별들을 제외하고도 살신성인하지 않았지만 공동체를 위해서 최선, 차선의 삶을 살았던 사람들을 우리는 기억한다. 오늘의 광주가 있기까지 싸워서 광주를 지탱해온 영령들 외에도 민생의 전선에서 시민운동의 영역에서 학문·예술 부문에서 애쓴 많은 분의 족적을 기억한다. 물론 광주의 위신과 의기를 훼손하고 꺾으면서 억압의 사슬을 들고 권력의 시녀가 되어 동분서주했던 에너지들은 기억해야 할 좋은 사람들에서 제외함은 당연하다.

좋은 사람들은 오늘에만 있고 광주에만 있는 것이 아니라 삶이 있는 모든 곳에 인간의 삶을 북돋는 힘으로 연면하여 우리들은 단군의 가르침인 홍익인간을 기억한다. 망국의 일제하에서 의사, 열사로 청사에 그 이름을 올리지는 않았지만 민족과 민생을 위해서 최선을 다했던 한 선인을 소개하고자 한다. 필자는 얼마 전 『건축왕 경성을 만들다』라는 책을 접하게 되었다. 저자는 하버드대학교에서 도시계획부동산연구로 박사학위를 받고 서울대학교 환경대학원 도시계획 전공 교수를 맡고 있는 김경민 박사다.

그가 말하는 건축왕은 정세권으로, 그는 일제하에서 북촌 익선동, 봉익동, 성북동, 혜화동, 창신동, 서대문, 왕십리 등 경성 전역에 한옥 대단지를 건설하여 경성을 뒤바꾼 부동산개발업자로 조선 최초의 부동산 디벨로퍼였다.

저자 김경민의 소개에 의하면 '정세권의 경성개발은 토지를 매입해 대단위 부동산개발프로젝트를 기획하고 실행하며 도시개발과 주택공급을 담당하는 근대적 디벨로퍼로서의 역할을 수행한 것으로, 서울의 강남개발이나 신도시 뉴타운 개발에 비견될 만큼 근대 경성의 부동산 지도를 재편했다. 정세권은 전통한옥에 근대적 라이프스타일을 반영한 개량한옥을 대량 공급하며, 조선인의 주거지를 확보하고 조선인의 주거문화를 일대 개선한 혁신가였다. 또 부동산개발로 자수성가한 식민지의 민족자본가로서 물산장려운동과 조선어학회운동의 재정을 담당하며 일제에 맞선 민족운동가였다.

거의 일 세기 전에 살았던 부동산업자를 만나는 경험도 특별할 뿐만 아니라 일제하에서 그러한 큰 사업가가 조선물산장려운동과 조선어학회운동의 재정을 담당하였다는 사실은 필자의 감명을 유발하기에 충분했다. 저자 김경민에 의해서 윤색되고 부풀려졌을 가능성까지를 염두에 두면서, 민족운동의 재정을 담당하였다는 증거들을 검토하였던 바, 날조의 가능성을 확인할 수 없었다. 이러한 군색한 확인작업은 건축왕 정세권과 함께 민족운동을 했다는 안재홍과 이극로의 적극적 증언을 접하지 못했기 때문이다. 그러나 안재홍과 이극로의 일생에서 차지하는 물산장려운동과 조선어학회운동의 재정 활동과 그 비중이 만만치 않았을 가능성도 충분히 유추할 수 있고 한용운 시인의 증언과 당시의 신문기사를 통해서 그가 민족운동의 재정 문제에 상당한 역할을 수행했음은 의심의 여지가 없다.

더불어 '정의롭고 관용하여' 함께 가자 · 3

모든 사람이 평등하여 사람 위에 사람 없고 사람 밑에 사람 없다는 민주주의 대한민국에서도 잘나가는 사람이 있고, 시진한 군상들이 있다.

흙수저, 금수저가 엄연한 현실로 적나라하여 잘나가는 사람들은 서울하고도 강남에 모여 살고, 광주에서는 봉선동에서 살고 상무지역에서 논다고 한다. 물 좋다는 동네의 네온이 아무리 부럽다 하더라도 삶에 지친 시진한 군상들은 하찮고 작디작은 물질이언정 감히 엄두를 못 낸다.

이 땅에 사는 모든 사람이 다 같은 한국 사람인데도, 시대 시대마다 잘나가던 사람들이 따로 있었다. 경상도 사투리가 서울의 표준말이 되던 시절, 전라도 개땅쇠들은 청량리 변두리를 서성거리면서도 사투리가 들통날까 싶어, 그야말로 '땅께 땅께 폴시케'를 삼키면서 조심하던 시절이 있었다.

특정패거리들이 정치 권력을 장악하다 보면 경제 권력이 뒤따르게 되어 끼리끼리의 패거리 집단이 독주하던 때가 머지않은 과거였고, 그런 세상에서는 다수의 소외 집단들을 산출하여 평등하지 못한 세상을 만들어 버린다.

단일민족이라고 자랑하는 동족끼리 사는 세상에서도 삶의 온도 차가 냉온으로 크게 갈리는데, 이민족이 국가 권력을 오로지할 때에는 피지배 민족의 삶은 어떠했을까를 상상만 해보아도 끔찍한 정치 경제 지형도가 눈에 선하다.

일제36년이 그런 시대였다. 부패의 난맥상이 미만하여 민생이 실종됨에 절망한 인사들이 '일제시대가 좋았다'라고 시러배 같은 시국담을 농하는 언사들도 있었지만, 영화 '밀정', '군함도'에서 실감하는 식민통치는 우리들의 부모세대로 하여금 억압과 배제로 몸서리치는 삶을 영위하게 만들었다. 보편적 소외와 배제 속에 영위해야 하는 삶은, 비유하자면 악성 공기 속에 헐떡이는 숨찬 삶이었다. 그런 조건 속에서도 살아남아야 했던 것이 조선 사람들의 삶이었고, 그래서 기약 없는 희망으로 조국광복을 꿈꾸는 세월이었다.

일상의 삶에 끈끈하게 매여서 허리 펴지 못하고 고개 쳐들지 못하는 노예의 삶을 살아야 했던 그냥 조선 사람들. 풍문으로 전해 듣기만 할 뿐, 나라의 독립을 위해서 만주 벌판을 내달리고 원수들의 가슴에 비수를 꽂고 적들의 심장부에 폭탄을 투척하는 호쾌한 투쟁에 함께 일떠서지 못한 채, 일본인들이 농단하는 권력 하에서 그들의 안배에 따라 생존해야 했던, 반도라는 조롱 속에 갇혀 사는 조센징들이었지만 절대적으로 기운 운동장에서일망정 일본인들에게 밀리지 않기 위해서 악전고투 할 수밖에 없었던 것은 그것이 개인으로, 집단으로 유일하게 살아남는 길이었다. 생명과 삶은 스스로 포기할 수 없었다.

2차 세계대전의 종전으로 해방을 맞은 후 서울의 어느 요정에서 임정 요인들과 훗날 한민당계로 분류되는 국내 인사들과의 만찬 회동이 있었다. 서로 위로하며 격려하면서 신 대한의 내일을 기약해야 마땅했던 자리에서 이국땅에서 독립운동을 하느라고 풍찬노숙을 감수했던 삶을 웅변하는 애국자와 일본인들의 눈치코치를 살피면서 질식할 것 같은 삶을 경쟁적으로 토로한 것이 언쟁이 되어 종내에는 두 집단의 불화로 발전하여 끝내는 정치적 분열의 갈림길이 되고 말았다. 공감을 공유하지 못하고 자신의 체험과 완장에 집착하여 입장을 바꿔서 역지사지 못 한 결과, 춘치자명으로 세계의 사냥꾼들을 불러 모으는 결과가 되었다. 아니 사냥꾼들은 이미 대기하고 있었다.

봄날의 꿩들은 오방색으로 찬란한 외양에 맹수들의 식욕을 돋우는데, 궁상각치우로 신명 난 꿩들의 흥겨운 노랫가락은 사냥꾼들에게는 금상첨화의 양념이 되었다.

사드는 우리의 안보 불안을 말끔하게 해소해주는 생명줄, 더욱이 하늘같고 큰 형 같은 미국이 챙겨 주는 기프트박스라고 환호작약하는 신명 난 꿩 떼들, 반면 다른 한 켠에서는 제법 은밀하게 북핵은 언젠가 통일이 되는 그날, 반만년 타율의 역사를 산산이 조각내고 자주와 주체의 금자탑을 담보해 줄 제우스의 벼락 칼이라고 미망 속에서 헤매는 까투리의 속삭임과 그리고 장끼의 훤화와 그것들로 가득한 한반도의 금수강산. 엇나가는 꿩 떼들의 신명은 어떤 결과를 예비할까가 걱정스러운데, 유령처럼 머흘대는 음산한 전운들은 어떤 까닭일까?

우리의 운명을 우리가 틀어쥐기 위해서는 일단 춘치자명을 벗어나야겠다. 그리고 이웃과 함께 공동체의 삶을, 선인들의 삶을 본받아야겠다. 그런 한 사람으로 일제하의 디벨로퍼 건축왕 정세권의 삶을 거듭 함께 음미하고자 한다.

더불어 '정의롭고 관용하여' 함께 가자 · 4

일제시대에 유명했던 월북작가 이태준은 단편소설 「복덕방」에서 세 노인의 삶을 이야기하는 중 '지금은 중개업자도 많이 늘었고 건양사 같은 큰 건축회사는 당사자끼리 직접 팔고사고'라 말하는데, 여기서 말하는 건양사가 정세권의 건축회사였다.

건양사는 설계팀과 시공팀을 갖추고 주택건설, 주택임대에다 주택중개 영역까지 확보한 상당한 규모의 회사였다. 1936년의 매일신보는 정세권을 신흥 자본가로 소개하면서 일반 아낙들까지 익히 아는 회사라고 말하고 있다.

정세권은 경남 고성의 면장 출신으로 상경하여 1920년 대규모 근대식 한옥단지 개발회사인 건양사를 설립해 삼청동, 가회동, 익선동, 혜화동, 서대문, 왕십리 등에 개량식 한옥주택단지를 개발하였다. 일제 통치로 가세가 기울어진 귀족들이 토지를 대거 시장에 내놓았는데, 정세권은 이를 매입, 개량한옥 집단지구로 개발하여 건축재료의 평준

화와 규격화를 통해 건설비용을 절감하여 싼 가격의 주택을 공급하면서도 그 편리함을 크게 제고하였다. 지역민들의 상경 러시에 부응하여 국산애용 열기에 편승하여 단시간에 사세를 크게 확장하였다.

물론 사세 확장이 손쉬운 것은 아니었다. 자금대출에 불이익을 안아야 했고 동양척식회사와 토지매입 전쟁을 치러야 했으며 더욱이 좌파청년들은 조선인 자본가들의 성장이 유산계급의 이익만 증대시킨다고 비판하고 공격함으로써 광범위한 소비자 대중을 이탈시켰다.

총독 당국의 견제와 좌파의 양면공격을 극복하는 방법으로 조선물산장려운동에 적극적으로 참여하고 염가세일을 행하기도 하였다. 물산장려회사인 '장산사'를 설립하고 ≪장산≫이라는 잡지를 출판하기도 하였다. 어려운 가운데서도 1929년 3월 건양사와 조선일보가 공동으로 '주택설계도안 현상모집'을 주최하기도 하면서 '건양주택'이라는 기존의 한옥의 문제점을 개선한 새로운 한옥 브랜드를 내놓기도 하였다. 놀라운 개발 속도를 보여주는데 창신동 651번지 나대지에 불과 한 달 사이 37채의 한옥을 건설하였다. 이런 것들이 건양사의 경쟁력이었다. 정세권 본인은 1929년 『경성편람』에서 매년 300여 호 씩을 방매했다고 밝히고 있다.

1920년대와 1930년대, 건양사가 잘나갈 때, 정세권의 개발지역은 청계천 이북 대부분과 경성 외곽지역에 걸쳐 분포했다. 도시개발에 그의 민족의식도 작용했던 것 같다. 일본인의 북촌 진출을 막는 가운데 '사람 수가 힘이다. 일본인의 북진을 막아야 한다'는 인식이 조선인 거주의 북촌을 지켜낼 수 있었다. 그의 조선인으로서의 자각은 조선물산장려운동과 조선어학회 지원에까지 미쳐 일제의 요주의 인물 리스트에 오르게 되었다.

식민지 조선의 칼자루는 일제의 손에 쥐어져 있었다. 정세권은 민족운동에 있어서 경리와 재무이사로 조직의 활동을 재정적으로 지원하는 것이었는데, 신간회 역시 그 하나였다. 서슬 퍼런 일제시대, 정부의 인허가가 절대적으로 필요한 부동산 사업가로서는 사업의 금기를 건드린 셈이었다.

1929년의 물산장려운동의 재기에 대해서 한국인 최초의 법학 교수인 최태영의 증언이 있는데, '경상도 사람 정세권이 와서 이(물산장려운동)를 다시 일으켜 세우자고 했다. 일제가 주목하니 위험한 노릇이어서 법을 아는 내가 나서서 법망을 비켜가며 친일을 피하고 징역 안 갈만큼이라도 하자는 것이었다.' 그러나 끝까지 일제의 예봉을 피할 수는 없었다. 1940년대 초반 일제에 의해 건축면허를 빼앗기고 뚝섬 일대의 대규모 토지를 대화숙 건축용으로 강탈당하고 경제사범으로 몰려 건양사의 사세는 빠르게 위축되었다.

『건축왕 경성을 만들다』의 저자 김경민 교수에 의하면, 정세권과 각별한 관계를 유지하면서 모든 민족운동을 함께한 평생 동지는 1920년대 민족언론의 사표였던 민세 안재홍과 조선어학회의 실질적 기둥이었던 고루 이극로였다. 안재홍은 1924년부터 1932년까지 조선일보사 주필과 사장을 맡으면서 많은 사설과 시평들을 썼다. 정세권의 건양사가 1929년과 1930년에 조선일보에 광고를 집중적으로 게재한 것은 조선일보의 경영을 도우려는 의도였다. 안재홍은 신문사 경영이 어려워지자 고향의 논밭을 팔아 신문사의 빚을 갚고 직원들의 밀린 봉급을 지급하기도 했다. 안재홍의 삶을 통해서 물산장려운동과 의열투쟁만이 아닌 민족운동을 살펴보기로 한다.

공동체의 생존을 위한 방법은 결코 순정적 외길만이 아닌가 싶다.

더불어 '정의롭고 관용하여' 함께 가자 · 5

조선물산장려운동의 실패

건축왕 정세권의 평전에 그의 동지로 민세 안재홍이 중요하게 소개되고 있었다. 민세 안재홍은 1920년대에 조선물산장려회, 신간회, 조선어학회 활동에서 중추적 역할을 맡은 언론인이자 정치인으로, 해방 정국에서는 민정장관과 건준 부위원장을 맡고 국민당을 창당하기도 하였다. 그는 김성수, 조만식 등과 함께 1920년대에 걸쳐서 경제자립운동을 펼쳤는데, 운동의 당위성에도 불구하고 실패하고 말았다. 정치 지형이 다르고 운동주체들의 조건이 다른 것이 실패의 총체적 원인이 되었다. 개인에게도 성공은 삶을 긍정케 하여 낙관적 전망을 갖게 하지만 집단이나 보다 큰 규모의 공동체에게도 성공 여부는 다음 활동의 적극성과 소극성을 가르는 트랜드를 만드는가 싶다.

3.1운동은 헌법사항으로 한국 민주주의의 불멸의 이정표가 되었지만, 당시에는 막대한 희생과 참담한 실패를 가져다주었다. 분노와 비애가 엇갈리는 가운데 물리적 투쟁을 통한 독립을 어렵다고 보고 투

쟁보다는 실력을 길러 훗날에 대비하자는 실력양성론이 나오고, 그 가운데 독립에 대해서 비관적 전망을 하는 사람들은 자치론으로 기우는 민족운동의 분화현상이 나타나기 시작하는데, 물산장려운동이 분화의 빗장을 열게 되었다.

제1차 세계대전의 호경기로 일본의 독점자본은 급성장하여 조선에 적극적으로 진출하기 위하여 회사령을 개정하였는데, 그 결과로 조선인 자본가에게도 기회가 주어졌고 이는 일제가 문화통치를 시작하는 생색내기 정책이 되기도 하였다. 1919년에서 1920년에 이르는 기간에 조선인들 사이에 회사설립 붐이 생겼던 것도 그러한 분위기에 편승한 것이었다. 그러나 일본의 대자본을 상대하여 소규모의 조선인의 자본이 경쟁력을 갖출 수 없음은 너무도 자명한 일이었다. 그리하여 조선인 자본가들은 1921년 6월 조선인 산업대회를 열어 총독부에 '조선인 산업정책'을 호소하였으나 거절당했고, 설상가상으로 1923년부터는 일본과 조선 사이의 무역에서 면직, 주류를 제외한 모든 상품의 관세가 면세될 방침이었다. 군사정권하에서 우리들이 경험한 기울어진 정치운동장의 경제적 영향도 그 차별을 감당하기 어려웠는데 식민지 권력이 조성한 정치운동장은 기운 것을 넘어 차라리 전도된 것이었다.

가중되는 위기 속에 조선인 자본가들과 민족운동 세력들은 민족 감정을 앞세워 조선인 자본이 민족자본임을 선전하며 민족자본을 보호하자고 민중들에게 절규하였다. "조선 사람, 조선 것", "내 살림 내 것으로", "조선 사람이 만든 것을 먹고 입고 쓰자"가 그 애절한 구호들이었다. 운동은 1922년 말 전국적으로 확산되었고 1923년 초에 절정에 이르렀으나, 그 후반기에 운동의 동력이 떨어지게 되었다. 빈약한 생산력으로 공급이 수요를 따라갈 수 없어 결과적으로 물가만 올려놓았고, 그 부담은 가난한 민중에게 안기게 되었다. 1원 60~70전 하는 상품을 3원의 높은 가격으로 사게 되어 이익은 조선인 자본가, 상인이 가져가고 부담은 민중이 지게 되었다.

물산장려운동은 생산증식 논리와 토산장려의 논리로 나뉘는데, 각 논리의 정당성 여부와는 상관없이 피식민 상태의 조선인의 경제자립운동은 일본의 대자본의 맞수가 될 수 없었다. 물산장려운동의 생산증식 논리는 1920년대 중반의 민족개량주의로 발전하고 토산장려의 논리는 절대독립론의 비타협주의 좌파민족주의로 발전하였다.

생산증식을 주장하는 사람들은 동아일보 계열로 소수의 공업자본의 이익을 대변하면서 실력양성의 외양을 갖추었지만 일본 제국주의에 대항하려는 반제논리가 없어 총독부와 타협의 가능성을 전제한 셈이었다. 총독부는 1923년 말 경성방직에 거액의 보조금을 지급하여 1935년까지 계속하였다. 물산장려운동 실패의 교훈은 총독부가 절대 권력을 행사하는 식민지 구조에서 제한된 권력이라도 필요로 하였고 이는 자치론, 자치운동으로 나타났다. 이광수의 「민족적 경륜」이 그 백미였다,

안재홍의 토산장려도 실력양성론에 기반을 두지만 조선인 공업생산이 다소 우세했던 소공업과 가내공업 등 중소자본을 육성하고 토산을 장려하자는 주장이었다. 자본주의 근대화를 주장하지만 일제에 예속되는 근대화를 배격하면서 중소자본을 토대로 민족경제를 구축하

는 조선식 자본주의 근대화를 추구하여, 일제에 기생하는 자본주의를 거부하였다.

더불어 '정의롭고 관용하여' 함께 가자 · 6

신간회운동의 성공과 실패

3.1 민족해방운동 이후 일제는 이광수 등의 민족개량주의를 유포하여 자치운동을 추동하여 운동의 분열을 조장하고, 민족해방운동도 사회주의 사상의 유입으로 노선의 혼란을 야기하기에 이르렀다. 민족운동의 방향을 수습하고 정립할 필요를 절감한 인사들이 1925년 9월 15일 명월관에 모여 조선사정연구회를 조직하여 세칭 반좌성명을 발표하였다. '극단적인 공산주의를 주장하여 외국의 제도, 문물, 학설 같은 것을 그대로 따다가 조선에 통용, 실시하려는 과격론자들이 있으나'라고 말하는 데에서 알 수 있듯이 공산주의의 극단적 과격성을 경계하는 것이지 공산주의 이념 자체를 부정하는 것은 아니었다. '그 가부를 잘 연구하고 장점을 취하여 민족정신의 보존에 힘쓰지 않으면 안 된다'고 말하여 통상의 반공성명과는 달랐다.

훗날 조선공산당의 책임비서와 이론가로 활동한 김준연과 한위건이 참여하였고, 유명한 마르크스주의 경제학자 백남운도 참여하였다.

그러나 적극적인 주도세력이 없어 조직으로 발전하지 못하였다. 그런데 1926년 들어 자치운동이 총독부의 후원을 받아 다시 꿈틀대기 시작하자, 일제와 타협하지 않고 절대독립을 주장하는 모든 정치세력들에게는 지체할 수 없는 중요하고도 긴급한 문제로 좌우정파를 아우르는 민족협동전선론이 제기되었다.

1926년 3월 10일 제2차 조선공산당 책임비서인 강달영이 주선한 자리에서 안재홍 등 7인이 민족협동전선 문제를 토의하고 강달영은 상호협동을 제안, 원칙적인 찬성을 얻었다. 코민테른은 제1차 국공합작으로 고무되어 있어 조선공산당도 그 영향하에 있었다. 안재홍에게 있어서 민족협동전선은 일본제국주의와 그에 타협한 정치세력에 대항하는 비타협적 민족주의와 사회주의의 공동전선을 의미했다. 사회주의운동을 현실로 인정하여 민족운동과 대립적인 것으로 보지 않았다. 사회주의운동을 민족운동의 우군으로 삼아 타협주의와 결별을 선언하였다.

1925년 말 총독부는 참정권 부여를 넘어 조선에서 자치제 시행을 검토하였다. 이에 고무된 자치론자들은 제2차 자치운동을 전개하였다. 1926년 말 안재홍은 당시의 운동노선을 타협운동, 비타협운동, 사회주의운동의 세 갈래로 나누고 크게 타협과 비타협으로 양분하였다.

자치운동에 대항하는 민족주의자들의 조직이 신간회라는 이름 아래 발기인 34명으로 1927년 2월에 출범하였다. 그 구체적 단초를 살피면, 1926년 말 홍명희가 겨울방학을 맞아 경성에 올라와 최남선을 만났는데, 자치운동이 상당히 진전되었음을 알고 다음 날 안재홍을 방문하였다. 두 사람은 조선일보의 신석우를 불러 협의한 결과, 순수한 민족당을 결성하기로 하였다. 이들은 권동진, 박대홍, 박동완, 한용운, 최익환 등의 찬동을 얻고, 북경에 있는 신채호에게도 연락하여 발기인에 참여시켰다.

1927년 1월 19일, 신간회는 발기인대회를 개최하여 3개 항의 강령을 채택하였다. 1)정치적, 경제적 각성을 촉구하고 2)단결을 공고히 하며 3)일체의 기회주의를 부인한다고 하였는데, 일제의 허가를 받기 전의 초안은 1)조선민족의 정치적, 경제적, 궁극적 해결을 도모하고 2)민족적 단결을 도모하며 3)타협주의를 부인한다고 하여 자치운동을 배격하는데 그 초점을 맞추고 있었다. 1927년 2월 15일 오후 7시 서울 종로의 중앙기독교청년회관 대강당에서 창립총회를 개최하였는데, 200여 명의 회원이 참석하고 1천여 명의 방청객이 운집하였다. 회장 이상재, 부회장 권동진, 정치문화 신석우, 조사연구 안재홍, 조직 홍명희 등이었다. 신간회가 발기, 창립하는 데에는 조선일보 계열이 앞장서 4명이 총무간사였고, 조선일보는 신간회 기관지 역할을 자임하였다.

창립 1주년인 1928년 2월, 신간회는 지회 123개, 회원 2만에 이르는 거대한 조직으로 발전하였다. 신간회의 각 지회에서는 연설회 등 계몽운동을 펼치고 소작쟁의와 노동운동에 개입하기도 하고 언론, 출판, 집회, 결사의 자유를 당국에 요구하기도 하였다. 신간회 본부의 활동 중 가장 두드러진 것은 원산총파업을 찬조하고 광주학생운동을 전국적인 반일시위로 확대하기 위해 민중대회를 추진한 일이었다. 민중대회 연사로는 권동진, 허헌, 홍명희, 한용운 등 11명을 선정하고 격문 2만 매를 인쇄하였지만, 당국에 90여 명에 달하는 인사가 검거되어 민중대회는 좌절되고 말았다. 민중대회로 타격을 입은 신간회는 김병로를 새 집행부로 하는 변신으로 온건노선을 취함으로써 알력이 표면화되어 우여곡절 끝에 1931년 해소되고 말았다.

더불어 '정의롭고 관용하여' 함께 가자 · 7

한반도는 우리 민족 공동체의 삶의 터전이었고 터전이며 또한 터전일 것이기 때문에, 그의 과거와 현재, 미래를 결코 도외시할 수 없다. 소통 부재의 남북, 적폐를 둘러싼 동서의 갈등은 이제 고질화된 양극화 현상과 함께 민족적 혼란을 초래할 수 있는 충분조건으로 다가오고 있었다. 그런데 촛불혁명이 기적처럼 이루어졌다. 영웅도 위인도 아닌, 의사도 열사도 아닌 보통사람들에 의해서, 그것도 피나는 투쟁을 통해서가 아니라 우리들의 일상을 고립시켜 방치하지 않고 함께 생각하고 함께 실천하여 달성한 촛불혁명의 위업이었다.

어렵게 지내왔어도 아직 절망이 아닌 희망이 있음에 환호하고 자부하여 새삼스럽게 국민의 민얼굴을 발견한다. 국민이라도 좋고 민중이라도 좋고 인민이라고 해도 좋은, 바닥 사람 보통사람 그냥 사람들이, 삼삼오오 광장에 모여 떨기떨기 불꽃을 모아 횃불을 만들어 적폐를 불살라 광명천지를 만들어 갈 때 더불어 가면 되는구나, 정의롭게 가면 되는구나, 관용하면 되는구나 하는 흥타령 같은 주절거림이 절로 나온다.

백산을 죽산으로, 죽산을 백산으로 만들었던 동학혁명의 민초들, 서로를 한울님으로 우러렀던 인간사랑들이 사발통문을 돌려 집강소를 만들어 민주주의를 실천했던 역사, 삼일 독립운동이 실패하고 물산장려운동이 실패한 마당에 승리를 기약하는 인고의 아픔보다 패배의 토양에 번지는 생존 욕구는 적들의 문화통치에 걸맞게 굴욕의 타협운동을 자치운동으로 윤색, 위장하면서 사람의 얼을 축출하는 얼간이 운동을 일으키는 사람들이 있었다. 그들에게는 적들이 가져다준 쥐꼬리만 한 기회가 황소처럼 커 보였고, 우리가 살아온 역사가 온통 오욕이 되어 투항의 항복문서가 민족의 경륜으로 둔갑을 한다.

식민지라는 치욕을 견디는 생존은 언젠가 찾을 독립이 힘인데, 자치운동을 방치하는 것은 희망을 버리는 것이었다. 여기에 일제에 타협하는 자치운동을 차단하고 제압하고자 하는 민족적 당위가 발현되고, 이들이 비타협적 민족주의 세력을 이루고 그 중심에 민세 안재홍, 벽초 홍명희 등이 자리한다. 그들은 자치운동을 저지하기 위해 사회주의 세력과의 협동전선을 이룰 수밖에 없었다.

사회주의 세력도 정우회 선언에서 살필 수 있는 바와 같이 "민족주의적 노력의 집결로 인하여 전개되는 정치적 운동의 방향에 대하여는 그것이 필요한 과정의 형세인 이상, 우리는 차갑게 강 건너 불 보듯 할 수 없다.(중략) 그 부르주아적, 민족적 성질을 명백하게 인식하는 동시에 과정상의 동맹자적 성질도 충분히 승인하여 그것이 타락하는 형태로 출현되지 아니하는 것에 한하여서는 적극적으로 제휴하여"라고 말하면서 신간회 결성 이후 민족협동전선을 위해 조선공산당의 표면사상단체인 정우회를 과감히 해체하였다.

창립 당시의 정치 경제적 각성을 촉진하고 단결을 공고히 하고 기회주의를 부인하는 소박한 수준에서 1927년의 동경대회에서는 조선민족의 정치적 경제적 해방 실현, 민족적 대표기관이 될 것을 기함, 일체의 개량주의를 배척하여 전 민족적 현실적 공동이익을 위해 투쟁한다로 발전하면서 문맹 퇴치, 농민의 경작권 확보, 일본 이민 배격, 조선인 본위의 교육확보와 언론 출판 결사의 확보, 협동조합 지지를 행동강령으로 천명하였다. 신간회가 활동하는 동안에 원산 총파업을 지원하고 광주학생운동에 적극적으로 개입하여 이를 전국화 시키는 역할을 하였고 민중대회를 기획하기도 하여 일제의 대규모 탄압을 유발하였다.

그런데 민중대회 사건 이후 간부가 대량 구속되고 김병로 지도부가 자리 잡자 최린과 송진우 등 자치론 세력들이 참여하게 되어 기회주의 배격의 이념에 배치하기에 이른다. 지도부가 타협노선으로 기울자 외부적으로는 코민테른의 12월 테제 발표와 공산당 해산으로 사회주의 계열이 좌경화되는 가운데, 1930년 신간회 부산지회에서는 신간회 해소를 결의하자 다른 지회도 뒤따르기에 이른다.

해소론은 사회주의자들이 주도하는데 "신간회는 영도권이 소부르주아에 있으니 소부르주아의 집단이다. 계급적 영도권에 의한 프롤레타리아의 투쟁욕 성장에 현재의 신간회는 장애물이다."라고 하는 것이 해소론의 명분으로 1931년 5월 16일 전체회의에서 찬성 43, 기권 30으로 해소안이 가결되어 이후 완전 해체되어 다시 재기하지 못하고 말았다.

신간회는 그 활동을 일제로부터 탄압을 받았지만, 그 해산은 좌우 내부분열에 의한 것이라는 점에 그 한계가 있었다. 인간, 인간 집단의 아전인수적 행위가 저지른 참담한 결과인바, 한국과 한반도 문제해결에 있어서 한반도의 동서남북에 사는 우리가 아전인수적 인식을 얼마나 극복할 수 있을까 궁금하고 걱정스럽다.

더불어 '정의롭고 관용하여' 함께 가자 · 8

지난 11월 29일, 몽양 여운형 선생 기념사업회는 '국내외 합작운동과 오늘의 남북관계'를 조명하는 학술심포지엄을 가졌다. 기념사업회 이부영 회장은 그 개회사에서 "오늘의 한반도는 '북핵과 미국의 전쟁위협이 한반도의 숨통을 조여 오는 듯하다. 지난여름부터 북핵 보유 선언과 미국 전략무기 배치 등으로 조성된 한반도 위기는 미국 대통령 트럼프의 동아시아 순방으로 최고조에 이르렀다"라고 진단하였다. 이어서 "몽양 여운형, 우사 김규식, 민세 안재홍 선생들의 좌우합작, 통일정부 수립운동이 분단정부 수립과 전쟁으로 좌절되었지만 우리의 미래 구상은 그분들의 노력과 성과를 이어받지 않으면 안 될 것이다"라고 다짐하였다.

북핵과 미국의 전쟁위협이 조성한 위기는 대한민국과 한반도와 동북아의 평화와 안녕을 위한 어떤 출구가 마련되지 않으면 안 된다는 강박감을 유발하고 있다. 위기의 심화는 우리들의 생존을 총체적으로 위협하기 때문이다. 해방공간에서의 합작운동은 오늘의 분단사태와 전쟁국면을 예단한 선각자적 운동이었으나, 주객관적인 조건이 착종함으로써 실패하여 민족의 재난을 막지 못했을 뿐만 아니라, 오늘의 전쟁위기의 긴장된 토대를 마련한 셈이었다.

다시는 비극도 위기도 없어야겠다는 절박한 심정에 지난 시간의 합작운동사를 반추하게 되는데, 필자는 민세 안재홍의 합작운동을 살펴보고자 한다.

심포지엄에서 김기협 교수는 민세 안재홍의 좌우합작 구상을 신민족주의의 한계와 가능성이라는 관점에서 살피고 있는데, 필자는 김교수의 주장을 참고하면서 1925년 초부터 시작된 그의 민공연합의 민족협동전선이 해방공간에서 제기된 신민족주의와 신민주주의로 이어지고 있음을 살핀다.

안재홍은 민족개량주의 세력이 사회주의운동을 적대하는 것과 달리 사회주의운동이 등장한 상황을 '필연 또는 당연한 형세'라고 공감하고 있었는데, 러시아혁명 이후의 아시아 식민지 독립운동을 개관하면, 그러한 판단은 옳았다고 할 것이다.

안재홍은 해방 이후 건국준비위원회 부위원장으로 몽양 여운형과 그 정치적 행보를 같이하였는데, 민족주의 주도권 아래 민족주의와 공산주의가 건국준비위원회 안에서 '민공협동'함으로써 과도정권을 세우고, 이를 토대로 민족주의자가 영도하는 통합 민족국가를 건설하려 하였다. 그런데 건국준비위원회를 좌익이 주도하여 전국 인민대표자회의를 열고, 조선인민공화국 임시조직법안을 통과시켜 조선인민공화국을 선포하여 건국준비위원회는 자동 해소되고 말았다. 안재홍은 건국준비위원회에서 퇴각하여 신민족주의를 표방 제시하면서, 민족주의 정당인 조선국민당을 창당하였다.

그의 신민족주의는 신민주주의를 내포하면서 초계급적 통합 민족국가를 지향하는 것이었다. 그에게는 계급 이전에 이미 민족이 있었고 일본에 의해 식민화되는 과정도 민족이 총체적으로 식민화되어, 비 오는 날 모두가 비에 노출되는 것에 비유하는 것으로 설명하기도 하였다. 구 민족주의의 부르주아 성격을 초계급적 통합민족국가를 통해 계급대립, 계급투쟁을 지양할 수 있어 극좌의 무산계급 독재와 극우파쇼의 부르주아 계급독재를 부정하여 노자협조를 통한 계급통합이 가능하다고 보았다. 민족주의, 공산주의 이념으로 민족 내부의 모든 계급대립을 해소하고 경제 균등을 바탕으로 제반 평등을 실현할 수 있다고 보았다. 그는 일찍이 정약용을 사회민주주의자로 규정한 바 있는데, 그의 신민족주의의 이념 정형을 사회민주주의로 설정하였다. 아울러 "균등사회의 토대 위에 대중적 정치 평등의 체제를 수립하는 것이 신민주주의"라고 정식화하였는데, 이러한 이념을 제도로 입법화함으로써 대지주, 대자본가의 독점을 예방하고 민중의 최저생활을 보장하는 경제체제를 만들 수 있다고 보았다.

안재홍은 민족주의자답게 해방정국의 현실에서는 중경임시정부를 보강 확충함으로써 건국정부로 발전시키자는 것이 그의 건국방침이었다. 이어 1946년 7월 들어 좌우합작을 적극 지지, 합작이론을 체계화하였다. 좌우합작을 성사시켜 정치세력의 자주력을 기반으로 삼아 미군정과 합작을 통해 군정을 이양받아 남한의 자주 행정권을 획득하고, 궁극적으로는 북한의 인민위원회와 협상하여 남북통일정부를 수립하려 하였다. 몽양 여운형이 좌익의 합작주의자이고 우사 김규식이 임정파의 합작주의자라면, 민세 안재홍은 국내 민족주의 세력의 합작파라 할 것이다.

그러나 현실은 인간의 욕망과 관계된 제 세력들의 힘에 의해서 규정되고 말았는데, 해방정국은 냉전 초입으로 국내 정치세력이 미소의 세계전략에 연동, 편승함으로써 한민족의 골든타임은 무산되기에 이르렀고, 좌우합작의 노력도 물거품이 되고 말았다.

더불어 '정의롭고 관용하여' 함께 가자 · 9

1973년 1월호 ≪월간중앙≫은 별책부록에서 「인물로 보는 한국사」 대담 프로를 게재하였다. 쟁쟁한 학자들인 홍이섭, 윤병석, 이광린, 유광열 등이 참석하였다.

한국사에 소개할 각 분야의 인물들을 거론하는 가운데 홍이섭 교수가 말하기를 "일제시대 민족운동 가운데 정신면에서 이 국어운동이 컸는데 한글운동의 대표로 한 분 넣는 것도 좋지요. 같이 한글운동을 하다가 작고한 이윤재나 최현배, 김윤경, 모두 주시경 문하지요"라고 하면서 대표인물로 주시경을 추천하고 일제하 한글운동과 1942년 조선어학회 사건에 희생된 분과 연루자들을 소개하고 있었다. 사건 관계 연루자들이 33명이나 되므로 모두를 소개할 수는 없지만 중심인물인 고루 이극로가 빠진 것이 안타까웠다.

일제는 이극로를 주모자로 주목하여 온몸이 만신창이가 되도록 고문하여 7차례나 기절케 하고 8개월 동안 유치장에서 떨어진 독방에 수감하였다. 이에 대해 이희승은 "이극로는 조선어학회 대표라 해서 독방에 갇혔고 남보다 심한 고문을 당해야 했다"라고 증언하였다. 어학회사건으로 연행된 최초의 피의자인 정태진은 "고루 이극로 선생님이 우리나라에서 한글운동의 제1인자이다"라고 증언하고, 최현배는 "일신의 안일과 집안의 이익에 급급한 현대인으로는 상상할 수 없을 만큼 어려움을 극복하였기에 경의를 표하지 않을 수 없다"고 말하였다.

이극로의 적극적 활동에 공감한 안재홍과 정세권 역시 조선어학회에 주도적으로 참여하게 되며, 이들 모두 조선어학회 사건으로 옥고를 치르고 고문을 당하였다.

이극로의 한글운동을 소개하는 글로 대종교 3대 교주 윤세복의 1935년 12월 18일의 편지를 소개한다. "신문지의 소개로 아우님이 백림대학에서 한글강좌를 열고 강의를 하였다는 것과 파리 악보에 한글 음부를 넣었다는 소식을 들었고, 더구나 돌아온 뒤에 여러분 동지의 슬기와 힘을 합하여 이미 한글 통일안이 성공되고 더욱이 한글사전의 편찬을 앞두고 노력하시는 그 정성과 공덕을 기리나이다"라고 하는 글은 일제하 이극로의 한글운동을 일목요연하게 드러내고 있다.

이극로는 어학회 연루자 중 가장 무거운 징역 6년의 판결선고를 받아 함흥감옥에서 복역하다가 1945년 8월 17일에야 석방되었다.

개인이나 집단을 가릴 것 없이 삶은 어려운 문제를 만났을 때 우리는 위기감을 느낀다. 몸부림치는 것만으로 문제가 바로 해결되지 않기 때문에 문제해결을 위한 자기 동력을 모으는 방법으로 '위기는 기회다'라는 검증되지 않는 말로 결의를 다지지만 위기는 파국의 씨앗이 될 수 있음 또한 잊어서는 안 될 것이다. 위기를 기회로 삼지 못하고 파국으로 치달렸던 현대사의 숱한 경험을 우리는 갖고 있다. 현실을 걱정하고 현실을 진단하는 것을 패배의식을 조장하는 것으로 땡중 염불하듯 질책하는 습관성 희망 전도가 오히려 절망을 조장한다면 억지이고 궤변이 될까?

어찌해도 위기를 돌파할 수 없는 현실에서 선택할 수 있는 출구는 어디일까를 가늠해 본다. 관념적으로 최선의 모범답안을 상정할 수 있다. 차선의 방법도 그런대로 꾸릴 수 있다. 그런데 사람들이 함께하는 일은 궁극적으로는 힘의 운동방향으로 결정되는데, 아전인수하는 일치하지 않는 인간조건들을 각 단체가 갖고 있다.

이극로는 1947년 조봉암, 안병무 등과 함께 좌우합작위원회를 중심으로 통일전선결성준비위원회를 구성했고 안재홍, 김병로, 홍명희 등과 함께 신민주노선의 민주독립당을 결성하기도 하고, 여운형이 암살당한 이후에는 김규식과 함께 민족자주연맹을 결성하여 활동하기도 하였다. 그는 남북 모두가 참여하는 국민투표를 통해 통일정부 건설을 주장하였다.

그러나 해방정국 정치의 흐름은 분열로 가고 있었다. 우익에서는 '비상국민회의', 좌익에서는 '민주주의민족전선회의'를 열었고, 이극로는 두 모임에 모두 참가하여 노력했으나 실패하자 조선어학회 성명을 통해 "최후의 성의를 다하여 조국건설에 천추의 한이 없도록 힘쓴 바인데(중략) 통일의 목적을 달하지 못하였다. 그래서 본회 대표 이극로는 민족분열 책임을 지지 못하겠으므로 비상국민회의와 민민전 결성대회는 탈퇴함"이라 발표하고 학구로 돌아섰다. 이후 초등학교 의무교육제도 실시에 크게 공헌하였는데, 훗날 북한에 남아 1978년 작고, 애국열사릉에 안장되었다.

오늘의 촛불정국을 생각하며 이극로가 1942년 3월 3일 작사한 한얼노래의 일절인 "촛대에 타고 있는 초들을 보라. 제 몸은 사라져서 희생이 된다. 그러나 어둔 것을 물리쳐내고 광명한 좋은 세계 이루어진다. (후렴) 희생은 깨끗하고 거룩하구나. 하나의 희생으로 여럿이 산다. 희생이 없는 곳에 발전이 없고 희생이 있는 곳에 광명이 있다"를 덧붙여 희생이 거듭남의 밑바탕임을 상기한다.

더불어 '정의롭고 관용하여' 함께 가자 · 10

북한이 평창동계올림픽에 참가하여 성공적인 대회가 되었으면 하는 바람이 크다. 우리 민족 끼리를 내세우는 북한이 정치, 군사와 특별한 관계가 없는 스포츠 행사에 참가하는 것은 당연한 것이겠지만, 북핵 문제로 경색된 남북관계를 염두에 두면, 낙관할 수만 없는 것 또한 사실이다. 현실은 당위로만 풀리지 않는 것이 한국 현대사에는 더욱 두드러진다. 해방된 땅이 점령지가 되고 민족 구성원의 열화와 같은 소망에도 불구하고 남북은 분단되고 분단을 막으려는 좌우 지도자들은 정치에서 배제되었다.

냉전으로 조성된 잘못된 진영논리가 아직도 잔명을 유지한 채, 종북 모함을 서슴지 않는 사람들이 양두구육의 지식인 행세를 하는 현실이 엄존한다. 북한의 평창대회 참가를 한미동맹의 이간질 우려 운운으로, 무식을 나라사랑으로 위장하는 몰골마저 횡행한다. 동맹의 연대가 그렇게 허약한 것이라면 그러한 동맹을 체결, 유지해 온 나라의 체통은 어찌 된 것일까 하고 먼저 자문할 일이다.

왜곡된 역사는 왜곡된 삶을 조성하고 왜곡된 생각들을 생산한다. 그런데 분단 70년이 넘었다. 분단의 생채기가 미만한 역사와 현실을 목격하면서도 그 상처를 덧내는 속내는 무엇일까? 분단은 열린 우리들의 미래를 차단하고 후대들의 자유로운 발전을 저해한다. 대한민국의 대륙진출과 해양웅비를 위축시키면서 반도에 웅크리며 고사할 수밖에 없는 번데기 신세를 예고한다. 누구의 식욕을 돋우려고 우리 스스로가 번데기가 되려고 몸부림치는가를 숙고하고 숙고할 일이다.

이제 분단 70년을 벗어던져야 한다. 현실에서 어렵다면 마음속에서라도 극복해야 한다. 분단으로 얼마나 많은 사람이 고향을 떠나 월남인들이 되고 월북인들이 되었는가? 전화가 종식된 지도 70년이 넘었는데도 만나야 할 사람들을 못 만나게 하는 권력들은 도대체 누구를 위한 권력이란 말인가? 인민주권, 민주권력은 권력자들이 가지고 노는 노리개란 말인가? 인민권력의 반환을 요구해야 한다. 남북한의 인민주권 연대, 민주권력의 연대를 추동해야 한다. 남한에서 살아온 우리는 북에서 피난온 월남자들의 애환만 생각했지 월북자들의 진정성을 미처 생각하지 못했다. 이극로, 홍명희, 안재홍, 김원봉, 김규식, 여운형의 가족 등이 북한에서 살 수밖에 없었던 사정과 함석헌, 장준하, 리영희, 이호철 등이 월남한 사정은 분단의 결과였는데, 그것은 인민의 결정도 아니었고 민족사적 당위도 아니었으며, 결코 세계사적 필연도 아니었다. 권력자들의 권력욕과 그들의 정치적 음모의 결과였다. 위기에서 더욱 현명해져야 할 사람들이 위기에서 권력에 급급한 소수

자들에게 우리 모두는 농락당하고, 그것을 깨달았을 때 칼자루는 저들의 손에 쥐어졌고 우리 모두는 무력해져 각자도생마저 어려워져 버렸다.

1960년 4.19 민권혁명의 또 다른 얼굴은 공포와 불안을 극복하고 우리들의 열등감을 벗어난 해방 후의 첫 의거였다. 통한의 분단을 직시한 학생운동의 구호는 "오라 남으로, 가자 북으로"였다. 그러나 분단을 허물기 위한 자세를 정비하기도 전에, 그 전략전술을 세련시킬 시간도 갖기 전에 권력을 호시탐탐 노리고 있던 박정희 도당들에게 젊은 민족·민주 역량도, 분단 극복의 에너지도 압도당하고 말았다. 그리하여 남북 권력자들이 분단의 현실을 희롱하는 가운데 정권 간의 소통은 경색되고 급기야는 동포들의 소통마저 막힌 채 생존을 위한 탈북 소동만이 소통뉴스가 되고 있다.

어렵더라도 동포끼리의 소통이 준비되어야 한다. 물론 '우리민족끼리' 운동과 같은 평양정권의 통전에 의해서 추동되는 운동도 아니고 북녘땅에 삐라를 날려 보내는 탈북집단의 소통도 아닌, 남북정권에서 자유로운 그야말로 순정적 소통세력이 이제 준비되어야 한다. 그러기 위해서는 서북청년단과 같은 권력 앞잡이가 아닌, 그냥 생존하기 위해서 억압을 피해서 월남한 동포들의 진실을 월남자들의 중심에 놓아야 한다. 마찬가지로 공산당과 평양 권력을 확장하기 위해서가 아닌, 민족의 자존심과 양심의 자유를 위해서 월북한 인사들의 진실을 알아 그들의 마음을 통해 남북 소통의 틈바구니를 찾아야 한다. 중국의 민주혁명인 신해혁명의 원동력은 해외 화교와 유학생들이었다. 한국의 새로운 분단 극복의 한 에너지로 교포와 유학생 역량을 기대해 보는 것도 가능할 것 같다.

창귀 소동이 볼만하다 · 1

얼마 전 어느 스님이 시사강론을 하면서 박근혜 전 대통령이 '역행보살'일지도 모른다고 조심스럽게 언급하였다. 공덕을 쌓고 또 쌓아서 은혜가 많은 사람에게 미칠 때 보살 운운할 수 있을 것으로 생각해왔던 필자에게 '언감생심' 하는 생각이 없지 않았다. 통상 우리가 이해하는 그냥 보살이 아니라 역행보살은 나쁜 일을 많이 함으로써 사람들에게 경각심을 불러일으켜 적폐청산의 큰 결실의 계기를 만든 사람에게 바치는 헌사였다.

그의 아버지처럼 고문, 학살, 배신의 악행으로 피비린내를 풍긴 것도 아니면서 세상 사람들을 깜짝 놀라게 한 헌정유린을 청와대에서 조용히 수행한 그녀의 기량과 태도는 역행보살행에 충분히 합당하다는 것이 필자의 판단이다. 그녀의 보살행에 우리는 대한민국이 아직 민주공화국임을 실감하고 촛불을 들고 똘똘 뭉쳐 적폐청산에 나섰던 것이다. 역행임에도 불구하고 내 몸 죽여 보살행을 이룩한 고마운은 우리 모두가 영세불망할 일임을 거듭 천명하고 싶다.

보살행의 감명이 가시기도 전에 호랑이에 잡혀 죽은 창귀(倀鬼)들의 연희를 보자면 기막히고 사설을 듣자니 요절복통이다, 창귀는 악인을 도와 끄나풀 밀정역할을 하여 여러 사람을 사단에 휘말리게 하는 인물을 말하는데, MB 적폐청산이 수면에 떠오르면서 그 연희와 타령이 자못 기대된다.

MB 측근들의 범죄행위가 속속 드러나면서 창귀를 조종하는 호랑이 두목이 점차 위기에 노출되자 비리 수사를 정치보복으로 둔갑시켜 여기저기에 은신하고 있던 창귀들이 떼 몰려나와 정치보복 여론전을 획책하고 있는데, 그 또한 호랑이 두목의 관심과 은고로 이루어진 보은의 노예 활동인 성싶다. 정부를 모욕하고 사법질서를 부정하는 것이라고 질타당하더라도 마이동풍이고 우이독경이다. 그래도 사필귀정으로 사실에 승복해야 함을 일깨워줘도 소용없다. 그들에게 적폐는 그들의 거짓 애국심이 약동하는 이 나라의 생명줄이었고 경륜이 살아 숨 쉬는 기득권의 바벨탑이었다. 부패는 근대화의 윤활유였고. “우리가 남이가” 하면서 주고받는 뇌물은 인지상정으로 문화인들의 가장 중요한 덕목으로 국가와 사회는 문화인들에 의해서 발전되어야 했다. 잘못된 현실과 방향을 잡지 못한 공동체는 미망 속에 우리를 헤매게 한다.

수천 년 다져온 가치는 추악한 현실과 만나자 그 광채를 잃어버린다. 시간은 끊임없이 흘러가는데 늦여름 매미처럼, 초가을 귀뚜라미처럼 정의, 양심, 인권만을 외치면서 우리의 시간을 허송할 수 없다는 현실 승복감에 현실에 투항하고 자조감마저 감추어버렸던 사람들, 그리고 그 시간들. 필자는 학생운동이 치열하던 시기에 소위 과격학생들을 설득하려 했던 곤혹스러운 기억이 있다.

학생운동은 희생을 치를 위험이 있어 우리의 현실을 개선하고 보편가치를 제고하는 행동인데도, 그 행위의 결과는 생명까지를 포함해서 모든 것을 극한의 위험 앞에 노출시키는 것이었다. 부형의 걱정, 지인들의 우려를 넘어야 하는데도 운동행위는 어떤 반대급부도 보장받지 못한다. 부형으로, 지인으로서의 실존적 고민은 국가와 사회를 유기체로 상정하여 발상하는데, 심장은 생명의 원천으로 그 심장이 본디 근육이 아닌 덧살로 쌓여있다고 할 때 당위는 덧살을 제거하는 것이지만 덧살 제거는 사망을 예고하는 것이어서 덧살 제거수술만을 고집할 수 없었음을 실토한 경험이 있다. 현실은 국기를 흔들지 않고는 근본적 개혁이 불가능한 것으로 보였다.

적폐세력은 그 적폐를 쌓는 동안 세속적 힘을 비축하고, 그 힘은 기득권을 유지하고 지탱하는 원천이자 그 집단들의 호신부이다. 경쟁자, 도전집단을 압도할 수 있는 준비된 수단과 무기가 찬란했다. 국가보안법뿐만 아니라 용공, 좌익, 종북, 친북 등 관세음보살이 손오공을 꼼짝 못 하게 제압했던 머리테도 있었다. 이러한 머리테는 시간과 대상을 가리지 않는다.

2009년에 출판된 『억지와 위선』이라는 7명의 집필자가 좌파인물 15인의 사상과 활동을 억지와 위선의 태도로 모함하는 글을 읽는다. 15인은 한국이 자랑하는 지식인으로 리영희, 백낙청, 변형윤, 박원순,

한홍구, 서중석, 유시민, 진중권, 김용옥, 장하준, 신해철, 박하춘, 최열, 송두율, 윤이상 등이다. 물론 모든 지식인이 현실의 모순을 들춰내서 민주와 자유의 지평을 확장하는 데 앞장설 수는 없어도 그러한 역할을 자임하는 사람들을 폄하하고 모함해서는 안 된다. 그들이 현실을 비판하고 이승만, 박정희, 이명박, 박근혜를 비판하는 것이 좌파인물의 징표가 된다면 프랑스혁명 이후의 자유, 평등, 박애의 주창자 모두가 좌파인물이 되는 것이고 결과적으로 대한민국은 좌경국가가 되어버린다. 가공할 문화적 음모다.

민주주의도 보통의 삶과 마찬가지로 성찰과 반성으로 그 생명을 이어가는 것이다.

창귀 소동이 볼만하다 · 2

적폐청산에 갖가지로 딴지를 걸고 급기야는 개헌 반대에까지 나서는 유신잔당들의 몰염치한 행짜를 보면서, "적반하장도 유분수다"라는 말이 울컥 쏟아지려는 것을 참는다. 비록 지금은 창귀(倀鬼)이지만 호랑이에게 먹히기 전까지는 그래도 우리와 같은 사람이었던 존재들에게 몽둥이를 든 도적은 과할 성싶다. 소동을 부리는 것이 괘씸하고 그 발호함이 아슬아슬하여 정계 퇴출을 주문하는 사람들도 없지 않지만, 본디 사람 된 한 뿌리 동근생인데 일말의 측은지정은 우리의 도리일 것 같다.

행짜 부리는 내력을 들어보기로 한다.

그들에게 대한민국은 성공한 나라다. 성공한 나라를 관통하는 사상과 가치를 정립할 필요성을 절감했다. 그들에게 우리의 현실은 역동적이고도 빛나는 것이었다. 그런데도 한국인들의 인식과 논리체계를 지배해 온 것은 통칭하여 '좌파사상'으로, 그들을 화나고 뻐저리게 만들었다. 휘황한 현실과 세계가 감탄하는 찬사가 즐비하다는 사실이 그들이 호식(虎食) 당한 이후에 공유하는 인식과 감성이었다. 떠오르는 아침 태양에 자기 상실을 체험하려는 등산객들처럼 그들은 대한민국의 휘황한 현실이 주는 절정감에 취하여 몽롱한 의식상태에 노출되어 마냥 행복하기만 한 모양이다. 되돌아봄이 없는 삶, 반성과 성찰이 필요 없는, 그래서 동물처럼 분방해도 거리낌이 없는 삶들이 자유롭고 행복한데, 나와 공동체의 삶을 뒤돌아보자고 꼬드기는 주장들이 자꾸만 거추장스럽다.

비난받아 마땅한 감투가 필요한데, 이왕의 적폐 주류세력이 공감할 수 있는 손오공의 머리테 감투로 '좌파'가 딱 맞았다. 일제가 단군을 무당으로 내치듯이, 무궁화를 안질꽃으로 폄하했듯이, 그들의 주장과 입장이 다른 사람들을 좌파로 자리매김하고 득의양양하여 얼쑤, 끼리끼리 한바탕 행복한 소동이 가관이로다.

세계의 현대사가 보여주듯 한국의 현대사에도 좌파적 주장이 있었고, 그것은 시대의 굴곡을 보여주는 정치사상적 문양으로, 이제 새로운 민주화를 공고히 하는 아프고도 피할 수 없었던 우리들의 지난 역사였다. 그런데 그 응어리를 정치자본으로 삼아 역사의 흐름을 또다시 가로막아 적폐의 전통을 이어가려는 창귀들의 소동은 멈춰야한다. 그런데도 창귀들의 이가는 소리가 끝날 줄 모르니 우리의 범패 소리도 그칠 수 없다.

계속되는 창귀소동을 볼작시면 민주인사 한 사람 한 사람 들춰내어 아작아작 요절내는 몰골들이 목불인견으로 참혹하다. 우선 박원순 변호사를 아작내는 솜씨를 보자.

그들은 2009년 6월 9일에 박원순 변호사가 이명박 정부의 국정운용 기조 전환을 촉구하는 시민단체 기자회견에서 "수십 년 동안 많은 국민들이 희생해서 일궈낸 민주주의 가치가 무너지고 있고, 남북 간 평화가 위기상태에 놓였고, 경제가 자체적으로 회복 불가능한 것은 물론이고, 앞으로 훨씬 어려워질 정책들을 취하고 있다"라고 지적한 것과 함께 2009년 9월 18일 경향신문과의 대담과 「위클리 경향」과의 인터뷰에서 "민간사찰이 복원되고 정권의 민간개입이 노골화되면 이 정권의 국정원장은 다음 정권 때 구속되지 않으리란 법이 없다"고 지적한 사실을 들춰내서 현재의 박원순 시장을 비난하고 있었다. 그동안 백일하에 불거진 블랙리스트 파문은 사실임이 드러났고, 국정원장은 이미 구속되었다는 사실은 그들이 박 시장을 무고하였음을 증명하고 있다. '억지와 위선'이라는 음해성 출판물을 통해서 박원순 변호사를 "세련되고 신념에 찬 인물"로 추켜세우면서 "매너는 부드럽고 어투는 온유하다. 아름다운 재단, 희망제작소, 개미스폰서 등 박원순의 시민운동이 만들어 낸 어휘들은 시민들을 유혹한다"면서 일면 추켜세운 다음, 대한민국에 대한 폄훼, 헌법파괴자들에 대한 편향된 옹호, 북한 인권에 대한 침묵, 김정일 정권에 대한 결과적 비호자로 박 시장을 자리매김하여 박 시장을 좌파로 몰고 있었다.

국정원의 댓글공작과 종북음해가 백일하에 드러난 지금 그들의 마각 또한 폭로되고 말았다. 그들이 은신처에서 언제까지 버텨낼지 궁금하고, 그들의 배후는 누구일까 또한 궁금하다.

창귀 소동이 볼만하다 · 3

박원순 시장을 난도질하는 창귀(倀鬼)들의 솜씨가 역사학자 한홍구도 비켜가지 않는다. 자유민주를 연구하고 자유연합을 대표한다는 인사들이 창귀 소동을 벌이는 것이 가관이다. 한홍구 교수가 "대한민국을 허물어 나가는 지능적 좌파지식인"이라는 것이다. 그들의 한 교수에 대한 공격점은 한 교수가 군사주의에 반대하고, 박정희를 증오하고, 이명박 정권에 반대한다는 것이다. 뒤집어 말한다면, 그들은 그동안 한국의 민주주의를 훼손하고 짓밟은 군사주의의 성과에 취한 존재들로 박정희, 이명박 추종자들임을 빼어난 민주주의자들을 공격함으로써 춘치자명으로 자신들의 존재를 드러내고 있다.

그런데 어처구니없는 것은 자유를 빙자해서 자유의 내실을 다지고 자유의 외연을 확대코자 하는 자유민주주의자들을 모함한다는 사실이다. 억압과 착취로부터 자유와 민주를 쟁취하고 보호함으로써 그 피어린 투쟁의 역사가 이루어졌음을 역사가 증명하고 있음에도 알짜 자유민주주의자들을 집요하게 공격하는 것은, 그들이 적폐로 이루어진 기득권의 현란한 외양을 자유로 위장하여 거짓 자유로 진짜 자유민주를 결딴내려는 짓이다. 적폐로 얼룩지고 오염된 자유와 민주를 더 늦기 전에 정화하자는 것이 촛불 민심이고, 창귀들이 아작내고자 하는 소위 15인의 좌파지식인이 그 향도 역할을 하고 있다.

이 땅을 피투성이로 만든 지난날의 재고 상품을 염가 출하해서 적폐를 우익으로 위장하고 자유민주 지식인을 좌파로 음해, 매도하는 짓은 그만두어야 할 때가 되었다. 당신들이 한홍구 교수의 좌파적 행적으로 모함하는 민청련 활동은, 민주공화국인 대한민국의 정체성을 지키기 위한 한국 학생운동의 찬연한 활동이었음을 한국의 사법부가 판결했음에도 왜, 무엇에 씌어서 음해를 계속할까 의심스럽다. 한국 민주주의가 유신독재에 신음할 때, 자유 수호자로 자처하는 창귀된 여러분들은 어디에서 무엇을 하고 있었을까가 오히려 궁금하다.

한국의 경제발전과 민주화를 자랑스럽게 생각하는 사람들이 대오각성해서 민주시민다운 새로운 인식을 갖기 위해서는, 민주공화국의 민중을 호명하는 일이다. 주권재민의 공화국에서 모든 성취의 공로는 국민으로 부르든, 인민으로 부르든, 민중으로 부르든 상관없이 민초들에게 돌아가야 마땅하다. 한홍구 교수도 이 땅의 모든 민주주의자와 마찬가지로 그런 주장을 하는 사람이고, 그런 만큼 군사주의에 반대하고 독재에 반대하다 보니, 박정희에 반대하고, 전두환을 반대하고, 부패, 적폐의 상징인 이명박을 멸시하는 것은 건전한 감성의 자연스러운 귀결임을 귀띔한다.

좋은 사람들을 모함하는 것이 습관이 되다 보면 영영 창귀에서 헤어날 수 없음도 불문가지이다. 박정희에게서 만주국과 관동군의 망령을 상기하고 미국의 영향과 일본의 훈육 흔적을 확인하는 것은 국가 자주를 지향하는 한국 현대사 학자의 당연한 학식으로 그것은 공화국 지성인의 나라 사랑의 감정이기도 한데, 언감생심 "지능적으로 대한민국을 허무는 좌파지식인"이 가당키나 한지 반성할 일이다.

한 교수가 한국 현대사를 연구하는 학자라는 사실을 염두에 두고 군사주의에 반대하는 그의 입장과 주장을 살핀다. 일본의 영화인 사토 다다오의 「소년병, 평화의 길을 열다」라는 책을 추천하는 글 속에서 한 교수는 저자가 전쟁과 폭력과 우둔으로 점철된 역사 속에서 인류가 진보해 온 모습을 끌어냄을 발견한다. 다다오는 미국과 러시아에서의 반전운동이 베트남전쟁과 러시아의 아프가니스탄전쟁 종식의 중요 동력이 되었음을 지적한다. 한국의 군사주의의 내력을 찾는 가운데 해방 후 일제가 키운 군국 소년들은 곧 격심한 좌우대립에 빠져들었고 성년이 되어가면서 한국전쟁을 치러야 했다. 3년간 치열한 전투 끝에 포성은 멎었지만 승패는 없었고 전쟁은 끝나지 않았다. (중략) 이들 군국 소년들의 사령관이 바로 박정희였고, 그가 통치하는 이 병영국가는 자유세계의 일원으로 그 책임을 다한다는 핑계로 미국 편에 서서 베트남에 군대를 보냈다는 것은 현대사의 상식이다.

박정희의 파병이 국익을 위한 선택이었다고 강변하는 사람들이 아직도 있겠지만, 군사주의에 반대하는 한 교수가 평화주의자임을 살필 수 있겠다. 파병은 국민의 선택이 아니었고, 박정희 정략의 결과였다.

남북 모두 병영국가를 벗어나 평화민주국가가 되는 것이 한 교수와 함께 우리 모두의 소망이리라.

창귀 소동이 볼만하다 · 4

평창 동계올림픽은 북한의 참가와 남북 단일팀의 구성으로 성공적으로 마무리되었다. 북한의 참가가 없었더라면 어쩔 뻔했을까를 생각하면 북한의 참가가 가져온 감동이 아직도 절절하다. 뒤이은 남북특사의 교환과 4월 남북 정상회담, 5월 북미 정상회담의 약속이 이루어진 것은 평창 남북 단일팀 구성의 감동을 훨씬 뛰어넘는, 누구도 예상하지 못한 놀라운 성과였다. 얼마 전까지만 해도 한반도에서의 전쟁을 걱정했던 사람들은, 회담 소식에 한반도의 긴장과 경색국면을 끝장내고 남쪽에서 전해오는 꽃소식과 함께 남북, 북미 간의 화해가 이루어져 평화의 한반도가 열릴지도 모른다는 기대감에 가슴 벅차다.

분단은 분단 극복이 민족사적 당위임을 드러냈지만, 남과 북에 온존한 기득권 세력들은 분단의 현실을 고착 강화시키면서 자기 이익을 확장시켜 온 것 또한 사실이다. 통일까지는 아닐지라도 분단의 현실이 전쟁의 위험까지를 유발하는 마당에 분단 극복을 생각하는 것은 한민족 생존을 위한 당위이고, 남북의 정치세력들의 적대적 공존을 목도하면서 두 체제의 이왕의 적대와 경쟁을 부정하는 '양비론'의 등장은 역사적으로나 논리적으로나 당연한 귀결이다. 백낙청 교수의 양비론도 그러한 인식의 결과임은 그의 역래의 주장에서 살필 수 있고, 그것은 한국 지성의 분단 극복의 몸부림임을 실감할 수 있다.

그런데 분단 극복의 몸부림이 싫고, 더구나 양비론적 접근은 그들의 행복과 안전을 담보해 온 적폐체제를 위협할지도 모른다는 공포에서, 창귀(倀鬼)들의 소동은 시작되고, 그 독아(毒牙)는 백낙청 교수를 겨냥한다. 1992년 9월 독일 아놀츠하인 개신교 학술원에서 열린 '분단 속에서의 만남, 굽힘 없는 의사소통, 한국과 독일의 사례'라는 토론회에서 "남북한의 국가 권력자들은 상호 관련이 전혀 없는 듯한 단절상태를 서로 효과적으로 이용한 결과 '대결과 아울러 특정 음모를 통해 상호 의존하기'에 이르렀고, 한반도에 분단체제라고 할 수밖에 없는 독특한 형태의 적대적 공존구조를 만들었다"고 주장한 것이 백낙청 교수의 남북한 양비론이다.

그들은 백 교수의 정부 비판과 민주화 노력이 싫어 북한을 옹호하는 것으로 노골적으로 음해하고 나선다. "우리가 일제 식민지 이후 타율적으로 분단된 상태에서 친일세력이 사회적 우위를 점한 국가로 출발한 것은 엄연한 사실이며, 뒤이은 폭압과 전쟁, 분단 고착에서 국가의 정통성과 정당성을 의심하는 저항논리에는 나름의 합리적 근거가 있었다"는 한국 현대사에 대한 백 교수의 성찰이 싫어 이명박 정권에 빌붙은 창귀들의 호들갑이 더욱 요란스럽다.

적폐의 원흉으로 온 국민의 지탄을 받는 가운데 사법처리를 목전에 둔 창귀 두목의 현실은 그들에게 어떤 감회를 유발하고 있을지가 궁금하다. '아니야, 아니야, 그럴 수 없어'하고 역사를 저주하고 사필귀정을 외면하는 광화문의 친박 유령들처럼 새로운 창귀 대열이 등장할까 궁금하다. 어차피 창귀인데 사람처럼 살 필요가 없다면서 창귀 미투가 쪼속쪼속 솟아날지도 염려스럽다. 삶이 있는 동안 희망을 버릴 수 없기 때문에 분단 극복의 처방으로 양비론을 제시하기도 하고 자주의 푸른 꿈을 버리지 못해 전작권 환수를 주장하는 백낙청 교수와 그 동조자들의 고난의 몸짓이 애처롭게 보였지만, 촛불 민중이 역사의 새로운 동력으로 등장하는 현실은 분단 극복의 가능성을 엿보게 한다.

그럼에도 우리들이 지내온 과거는 창귀들의 소동에서 살필 수 있듯이 호락호락하지 않다. 트라우마라는 정신적 외상은 알게 모르게 우리들의 의식을 지배한다. 식민지 경험의 식민 트라우마, 분단 트라우마, 반공 트라우마, 군정 트라우마 등에서 아직 자유롭지 못하는 우리들은 북한에도 반동 트라우마, 수령 트라우마가 그 생명력을 발휘할 것을 상상해본다.

'가거라 트라우마 벗어나자 트라우마'라는 구호로 해결될 수 없기 때문에, 분단의 극복도 양비론의 처방도 시민 참여형의 통일론까지 나오는 마당에 결국 남북 모두 인민주권의 회복을 통해 이루어지게 될 것이다. 다행스럽게 남과 북은 명목상 민주공화국이고, 인민민주주의공화국이다. 우리는 3.1운동, 4.19혁명, 5.18항쟁, 촛불혁명 등의 민중항쟁의 경험을 공유한 세계사를 선도할 공동체가 아닌가?

창귀들의 소동이 미동되다 · 5

대한민국의 대표적 민주인사들을 좌파 인물로 규정하여 모함을 서슴지 않는 해괴한 간행물 「억지와 위선」은 그 머리말에서 "역동적이고도 빛나는 현실과 달리 뒤틀리고 비겁한 시대 역행적 인식과 사고체계가 좌파사상이었다"고 강변하면서 민주인사들의 주장과 논리를 북의 전체주의에 맞서지 않는 비겁이라고 매도하고 나선다. 북한에 맞서는 것이 그들 주장의 요체이어서 이승만, 박정희, 이명박, 박근혜 같은 한반도의 긴장을 강화시켜왔던 인물들을 보루로 삼아 역사적 적체진영을 민족사적 성전으로 만들고자 했다.

이승만은 4.19혁명으로 망명했고 박정희는 10.26으로 처단되었으며 박근혜, 이명박은 국민의 준엄한 단죄로 영어의 몸이 되어있다. 헌정사의 불행 운운하면서 사람들의 감성을 꼬드기는 일부 뒤틀린 야권과 그 기득권 동조자들의 헌화가 없지 않지만, 비록 헌정사의 불행일지라도 국가 진로의 정상화를 향한 모든 국민의 몸부림과 아픔이 얼마나 치열했는가를 상기하면서 결코 속된 동정심에 빠져서는 안될 것이다.

당초에 창귀들이 리영희 교수의 자유와 진실의 행적을 반북, 반미로 몰아 아작내려는 작태를 살피려 했으나 그들이 애써 보호하려고 했던 이명박, 박근혜가 구속된 마당에 시비의 대상으로 삼는 것이 가당치 않을 것 같아 아작내는 창귀들의 행동을 그냥 그만한 그들의 이빨운동으로 치부하기로 한다. 그들이 줄기차게 모함한 리영희 교수의 정의감과 진리에 대한 헌신은 대한민국이 겪어야했던 간난신고를 외면하지 못한 인간 책무 의식의 결과로 동참하지 못했던 통상인들의 자괴감이 오히려 부끄러울 따름이다. 돌이켜보면 용기와 헌신이 결코 쉬운 인간 조건이 아님을 실감할 수 있는 많은 개인사가 부지기수였던 것이 지난 시기였다.

촛불정국이 열렸을 때 우리 모두가 환호작약하면서 공명했던 것이 새 시대의 나침판이라 한다면 6·10항쟁, 부마항쟁, 광주항쟁의 헌법사항은 직접 민주주의의 여러 장치와 함께 다시는 훼손되지 않는 대한민국의 이정표로 마련된 셈이다. 자라나는 세대와 앞으로 태어날 후대와 함께 대한민국 만만세다. 환골탈태하는 대한민국, 꿈에도 생각하지 못했던 자기 운명의 주인이 되어 외교상에 있어서 감히 이익균형론을 제기하는 수준으로 한국 정치가 부쩍 성장한 듯해서 진정 가슴 벅차다.

함께 건설하는 민주공화국이 되기 위해서는 햇볕을 골고루 받는 훤히 트인 들판의 작물이 잘 자라듯, 삶의 조건에서 음지, 양지가 없고 함께 가져야 할 기회가 세대, 지역, 연고로 편중되어서는 안 될 것이다. 양극화현상이나 3포, 5포가 국가 진단의 상투어가 된 오늘날 8백만이 넘는 무주택 서민들이 이 나라를 꽉 채우고 있다는 사실에 현기증을 느낀다. 빈곤층이 줄어들거나 없어져야 한다는 사실에 방점을 찍으면서 '사람은 배고픈 것은 참아도 배 아픈 것은 못 참는다.'는 사실을 명심하여 우리 사회에 미만한 빈부격차와 그 악순환에 경각심을 가져 완전평등 사회는 비록 이상일지라도 균등사회의 소망은 이루어야 한다. 지방분권 헌법이 요구되는 것도 균등발전을 도모하여 소외 국민이 없어야 한다는 모든 사람의 바람을 드러낸 것이다.

억지 부리지 않고, 교활하지 않고, 비겁하지 않고, 아첨하지 않고, 그리하여 내가 이웃이 되고, 이웃이 결코 낯 설지 않은, 서로 주체로 더불어 인생이 행복의 조건이 되고 사회발전의 토대가 된다는 것은 이상이면서 상식이다. 이명박이 구속되었다는 것은 그 개인에게는 더할 수 없는 불행이지만 국민에게는 다행이다. 막중한 범죄가 권력에 의해서 조직적으로 은폐되었다면, 적폐의 온상은 확대되고 그 연대가 전 국가로 확산된다면 이 나라의 미래는 어떻게 될 것인가? 끔찍하고 끔찍하다.

이명박의 영포빌딩이 비자금과 불법의 저수지로 불리면서 그의 의식은 잡범 수준으로 일컬어지고 있다. 그런 사람을 대통령으로 만들기 위해 불철주야 동분서주 수단을 가리지 않았던 좀비 무리들이 아직도 정치세력을 형성한 채 "정치보복" 운운으로 민심을 농락하고 있으니 포항, 경주의 여진처럼 아직도 우리를 불안하게 한다. 수단 방법을 가리지 않고 게걸스럽게 재물을 챙기는 불안의식이 어디에서 비롯되었을까가 궁금하다. 물질적으로 전전긍긍 긴장하지 않아도 불안하지 않은 세상이 민주공화국의 요체임을 거듭 선포하고 싶다.

베트남 이야기 · 1

학살의 죄악은 사과로 면죄되지 않는다

문재인 대통령은 금년 4.3사건을 추념하기 위해 제주를 방문했고, 지난달 23일에는 베트남을 방문해서 한국군의 민간인 학살을 사과했다. 2001년 김대중 대통령은 정부 차원에서 "불행한 전쟁에 참여해 본의 아니게 베트남인들에게 고통을 준 데 대해 미안하게 생각하고 있다"라고 사과 발언을 하였다.

한국·베트남평화재단은 한국정부의 사죄를 촉구하는 시위와 캠페인을 벌이고 있고 김영란 전 대법관이 중심이 된 시민평화법정은 베트남학살 피해자들이 요청한 학살사건에 대한 한국정부의 공식 사과와 배상금 지급문제를 다룰 예정이다.

위안부 문제로 일본 정부에 대해 분노하고 있는 우리들은 베트남에서 저지른 우리의 가해행위를 사과로 얼버무려서는 안 될 것이다. 일본의 몰염치와 무도함을 본받는 것은 천만부당하다. 진정성 있는 사과와 배상 조치에 솔선해 나서야 할 것이다. 과거의 적폐 권위정부와 비교하면 한국의 민주정부의 사과 조치는 그 자체 괄목할만한 진전이지만, 무늬만의 사과가 되지 않으려면 응분의 후속 조치가 뒤따라야 할 것이다.

4월21~22일 열렸던 시민평화법정은 1968년 베트남 중부 광남성에 위치한 퐁니, 퐁넛 마을과 하미 마을 사건이다. 「파리의 택시운전사」로 유명한 홍세화는 한국군의 베트남 민간인학살 50주년을 추념하는 그의 칼럼에서 구수정 박사가 전한 한국군이 저지른 베트남 민간인학살을 소개하였다. 한국군인의 민간인 학살은 80여 건에 달하며 꽝남성에서만 4천여 명, 총 5개 성에서 9천여 명이 희생되었다고 한다.

고태경 한겨레 기자는 학살을 다룬 그의 책에서 입에 담기도 끔찍한 소문을 기록한 뒤, 다음과 같이 쓰고 있다. '1948년 제주 4.3사건으로부터 20년이 흐른 뒤였다. 1980년 5월 광주항쟁을 12년 남겨둔 때였다. 1968년 2월 12일의 베트남은 제주와 광주의 중간에 놓였다. 그날 오후 2시께 퐁니, 퐁넛촌에서는 제주 4.3사건의 시간이 재현되었다. 19살 응우옌탄은 옷이 벗겨진 채 논바닥에 쓰러져 신음했다. 두 가슴은 난도질당해 피가 흘렀다. 왼쪽 팔도 마찬가지였다. 20년 전 제주에 들어온 토벌대원들처럼, 12년 뒤 광주에 투입될 공수부대원들처럼, 마을에 들어온 해병대원들은 포악했다. 과거의 토벌대원들과 미래의 공수부대원들과 오늘의 해병대원들은 생김새가 닮았고 같은 언어를 썼다'고 기술하고 있다.

그들은 바로 한국 군인들이었고, 한국의 군사정권이 보낸 자들이었고, 미국의 용병들이었다. 그런데 철딱서니 없는 우리들은 "청룡부대 용사들아", "맹호부대 용사들아"를 외치고 "월남에서 돌아온 김상사"를 호명하고 있었던 것이다.

시민평화협정의 재판부인 김영란 대법관은 말한다. "베트남에 관광 가시는 분들 많잖아요. 사실 베트남을 한 번도 안 가봤어요. 마음이 편하지 않아 관광을 갈 수가 없더라구요."

필자도 10여 년 전 5.18기념재단 이사들과 함께 하노이에 가서 하노이대학 교수들에게 사과의 말씀을 전하였는데, 베트남 교수는 그것이 미국의 탓이지 한국의 책임은 아닌 것으로 치부한다는 말로 한국군이 용병으로 왔음을 일깨워주고 있었다. 그 부끄러움을 감당하기가 쉽지 않았다. 중·고등학교 시절 우리는 평화를 사랑하는 백의민족을 자부하면서 그 흰옷까지도 평화를 상징하는 것으로 애들 문자로 심쿵하였는데, 그 자괴감이 해소될 길이 없었다.

학살의 역사는 그것만이 아닌 것을 역사는 또 다른 장면들을 상기시켜 준다. 보도연맹학살사건, 여수·순천민간인학살사건, 한국전쟁 전후로 전라도, 경상도만이 아니라 전국 도처에서 자행된 학살사건은 지옥도를 연상시키는 파노라마로 우리들의 정신과 육신을 짓누른다. 한국 사람들 탓이 아니야. 전쟁 탓이야. 아니 우리 인간들이 본디 갖고 있는 야수성 탓이라고 탓할 수 있는 모든 근거를 동원해 보지만, 인간인 것까지 부정하고 싶은 자괴감을 감당할 길이 없다.

그런데 무자비한 학살 명령을 애국이라는 이름으로, 안보라는 이름으로, 경제발전이라는 이름으로 명령을 내린 자들을 우리들은 아직도 기리고 있다는 사실이 슬프기만 하다. 당시 베트남 사람들은 단지 자신들의 문제를 스스로 결정하고 싶었을 뿐인데, 우리 군대는 미국에 간청해서 용병이 되었다는 사실이 어처구니없게 슬프다. 배상이 아니라 그보다도 더한 것이라도 학살의 죄 닦음을 반드시 해야 한다.

베트남 이야기 · 2

필자는 베트남 이야기를 쓰는 가운데 『왜 호찌민인가?』라는 책을 읽게 되었고, 책의 저자 송경필을 알게 되었다. 베트남전쟁사에 관심이 많은 저자는 치과의사로 그 자신의 소개에 의하면, 그는 일행 4명과 함께 2008년 9월 11일부터 22일까지 베트남을 답사했다. 답사 안내자로 1965년도 호찌민 장학생으로 북한에 유학한 비엣 선생을 만났고, 그를 통해 호찌민에 대한 많은 이야기를 듣고 그것이 단서가 되어 책을 쓰게 되었음을 밝히고 있었다. 근래에 접한 많은 젊은 학자들의 저술에서 배움과 영감을 얻어 온 필자는 송경필 치과의사가 전하는 베트남 역사와 호찌민의 인품에 더할 수 없는 감명을 받았음을 고백한다. 노년의 배움에 쑥스러움을 느끼면서도, 그래도 생전에 하나라도 더 알게 되었다는 즐거움이 크다. 그만큼 저자에 대한 감사함도 크다.

송경필이 참여해 2000년에 결성한 '화해와 평화를 위한 베트남 진료단'은 2002년 '베트남 평화의료 연대'로 명칭을 바꾸고 '청년 한의사회'의 한의사도 참가하여 지금까지 해마다 베트남 중부지방에서 진료사업을 이어가고 있다고 한다. 그는 진료단의 일원으로, 또 역사의 현장을 답사하기 위해 해마다 베트남을 방문하며, 갈 때마다 민족통일 과정의 역사적 고난과 감동적인 교훈을 기록하여 모아왔다고 한다. 그는 책의 말미에서 "나는 사랑에 빠진 소녀가 꽃밭에 숨듯이 호찌민과 그 인민의 산속에서 맑고 숭고한 영혼에 흠뻑 빠졌다"라고 술회하며, 마지막 한마디를 덧붙여 "한반도만이 지구촌에서 유일한 분단국가인 현실을 우리는 정직하게 부끄러워하자"라고 독려하고 질책하면서 아픈 심사들을 헤집는다.

심통 난 마음으로 넋두리하자면 부끄러워한다고 분단이 해소되는 것도 아니고, 분단이 우리 스스로가 만든 것도 아니고 역사의 내외 조건이 씨줄 날줄로 엮어진 결과가 한반도 우리의 분단현실임을 귀띔한다. 그러면서도 분단에서 우리 자신들이 전적으로 면책될 수 없었음을 피력하면서 "정직하게 부끄러워하면", 그리고 그러한 마음이 쌓이고 뭉쳐 깨뜨릴 수 없는 철옹성이 된다면 분단 극복의 역량이 될 수 있음을, 감상적이라고 질책을 받을지라도 자발적으로 수긍하고 싶다. 아무튼 분단은 지겹고, 싫고 분단을 지속시킬 것을 꼬드기는 세력과 인사들 또한 싫다.

거듭 밝히지만 1964년부터 1973년까지 우리가 미국의 용병으로 참전한 베트남 출병이 부끄럽고, 그것을 국위선양으로 호도했던 인사들의 파렴치가 밉고, 맹호부대 용사, 청룡부대 용사, 월남에서 돌아온 김상사를 읊조리면서 젓가락장단으로 기분 냈던 젊은 날의 술집 추억마저 부끄럽다. 이런저런 사정으로, 개인사적 맥락으로, 역사적 사정으로 제국주의자들의 소행을 용인하고 침략을 두둔하고 학살을 변명했던 젊은 날의 어느 한때의 기억이 파내버리고 싶을 정도로 싫다. 그러면서도 그런 어느 한때가 모이고 쌓여서 삶이 되고 역사가 되었음을 불가피하게 승인할 수밖에 없었던 우리들의 시공간의 체험은 사죄와 반성만이 출구임을 확인한다. 동시에 피해자들이 보여주는 관용이 관세음보살의 후광처럼 빛나고 고맙다.

그런데 관세음보살이 손오공의 악행을 구한 보살행은 삼장법사의 수행이 전제되어 있었고, 삼장법사는 인간 구제를 위한 경전이라는 법보를 찾아가는 길이었다. 이미 저질러버린 악행을 없는 것으로 해버릴 수 있는 방법은 타임머신이 없는 인간세상에서는 불가능하다. 어떤 방식, 어떤 수준으로든 보상되어야 하고 사죄하여야 한다. 미국이든, 한국이든, 프랑스든, 일본이든, 중국이든 모든 가해자는 사죄해야 한다.

1968년 3월 16일, 해가 뜨자마자 미군 180여 명을 태운 헬기들이 미라이마을에 착륙했다. 그때 마을에는 젊은 남자는 한 명도 없었고 노인과 아녀자, 어린아이들뿐이었다. 미군은 마을을 뒤지는 과정에서 임신부와 어린 소녀들까지 모든 여자를 강간했다. 그런 뒤 마을주민을 길거리로 끌어내어 사살하고, 모든 집을 불태우고, 민간인 504명을 학살했다. 이 확실한 증거는 1969년 12월에 뉴욕타임스 기자의 보도로 세상에 알려졌다. 학살하는 동안 미군들은 그 학살을 즐겼다는 것이다. 그런데도 베트남의 국민시인으로 추앙받는 탄타오는 '과거를 잊을 수 없더라도 과거에 갇혀서는 안 된다'라고 강조하며 베트남에는 반미정서가 없다고 말한다.

어처구니없게 놀란 가슴은 베트남에 영광 있으라 하는 축복으로 절로 넘친다.

베트남 이야기 · 3

한국과 베트남의 역사적 유사성

한반도의 역사를 그 지정학적 조건에서 살필 때, 오랜 시간을 두고 형성된 강대국 의존형의 역사가 오히려 우리의 자주의식을 제고해왔을 긍정적 측면을 상기시키기도 하지만, 공동체 생존을 위한 사대의 불가피성 또한 피할 수 없는 국제적 조건이었음을 인정할 밖에 없었다. 한반도의 완충지대로서의 국제적 역할은 오늘날까지도 우리에게 영향을 주고 있어 남북회담, 북미회담에 일희일비할 수밖에 없는 한국의 지정학적 역사성이 우리 모두를 가슴 아프게 한다.

완충지대는 강대국들의 힘이 흘러들어오는 낮은 지대가 됨으로 외세가 소용돌이 칠 가능성을 배태하기 때문에, 낮은 지대의 완충 성격을 벗어나는 분수령화를 모색하여 소용돌이를 일으키지 않게 물의 충돌을 막아주고 물의 흐름의 방향을 바꿀 수 있는 높은 지대화를 꿈꾸게 된다. 한때 노무현 대통령이 제시했던 한국의 동북아균형자론도 그러한 바람의 한 표현이었지만, 분수령화의 일차적 조건을 마련하는 것은 결국은 자기 몫이고, 그렇기 때문에 기약 없는 통일을 "우리의 소원은 통일"로 다짐하여 왔던 것이다. 베트남의 통일이 반공교육에 찌든 한국의 젊은이들에게 부러움을 샀던 이유도 자기 운명을 자신들이 결정, 통일했다는 사실에 있었다.

한국과 베트남은 거대 중국의 울타리 국가의 위치에 있었다. 베트남은 중국의 발치에 있었고 한국은 중국의 옆구리에 있어 주체화의 욕구에도 불구하고 중국문화권의 한 부분임을 피할 수 없었다. 한반도는 중화세계질서의 중심부에 근접해 있었고 베트남은 상대적으로 떨어져 있어 중국의 정치·문화와의 긴장 관계가 그 수준을 달리하고 있었다. 한국과 베트남에 있어서 중국은 똑같은 외세로 주권 제약의 외부적 조건이었지만, 그 긴장도는 다를 수밖에 없어 그에 따라 두 나라의 저항의 수준도 다를 수밖에 없었다.

중국·베트남의 관계에 있어서 베트남은 중국의 침략을 물리친 여러 차례의 역사를 갖고 있는 데 비해서 한국은 중국의 침략을 적극적으로 격퇴한 기록보다는 「사대교린」의 외교적 정형화에서 보다시피 중국은 조정과 수용의 대상으로 명실상부한 선진국가에다 임진왜란 이후에는 영세불망의 은혜로운 국가가 되었다. 중국문화권 안에서 베트남은 한국보다 높은 자주성을 누릴 수 있어 베트남 인민들의 자기 운명에 대한 결정욕구도 그만큼 높을 가능성을 충분히 예상할 수 있겠다.

형식이 내용을 결정하듯 세월은 인간을 순치할 수 있고 삶의 굴곡은 우리들을 비겁하게 만들 수 있지만 역사적으로 형성된 자존감은 공동체의 희망이 살아 숨 쉬는 동안, 많은 사람들의 소망을 깃발로 삼은 향도가 공급하는 맑은 마중물이 공급되는 동안, 소망이 희망이 되어, 희망이 이정표가 되어 우리들의 미래는 열리기 마련이라는 낙관도 가능하다. 그렇다고 해서 남들의 경험이 곧바로 우리의 미래가 되는 것은 아닌 성싶다. 베트남 인민들의 높은 민족자존감과 항불, 항중, 항일, 항미의 항쟁과 저항이 점철되는 베트남의 현대사는 존중되어야 마땅하지만 곧바로 모방할 수 없는 한국의 역사성과 그 우여곡절의 궤적이 있다. 우울하고 칙칙한 궤적이지만, 그곳에서 찾을 수밖에 없는 우리들의 출구임을 어찌할 것인가?

며칠 전 5.18민주화운동 38주년 기념행사에서 「임을 위한 행진곡」을 불러 뜨거운 맹세를 함께 하였다. 분명 세월은 흘러도 산천은 안다. 그런데 그 세월이 백 년도 아니고 천 년도 아닌 기천 년의 역사를 되돌아보면서 우리를 성찰해야 하는 시점에 와있다. 병자호란도 겪었고 동학혁명도 겪었고 의병전쟁도 겪으면서 찾으려고 했던 출구를 우리들은 얼마 전 촛불혁명을 통해서 찾았다. 백마 타고 온 왕자도 없이, 한용운의 시 '님의 침묵'에서의 임도 없이 그냥 그만그만한 우리 모두가 나서서 봄날의 조국을 뒤덮었던 진달래처럼 한 떨기 한 떨기 촛불이 되어 기필코 출구를 찾아 여기 오늘에 이르렀다.

"깨어나서 외치는 뜨거운 함성. 앞서서 나가니 산 자여 따르라." 선열들의 희생과 투쟁으로 이제 목숨을 걸지 않아도 되는 세상이 왔다. 어떤 역경이 있더라도 남북회담, 북미회담은 성공할 것이다. 촛불혁명이라는 세계사적인 정치적 환경이 여기 광주에서 있었고, 이제 세계사적 회담이 촛불혁명의 후광을 얻었으니 성공은 필연이 될 것이다. 만에 하나 북미회담이 뒤틀리더라도 남북회담의 결과가 예시하는 민족, 민주, 민생의 동력이 우리 모두의 안팎에서 전개된다면 대한민국은 영원하고 베트남은 영원한 우리의 이웃이 될 것이다.

베트남 이야기 · 4

첫 단추를 잘못 채웠다

전운이 가신 지 십수 년이 지난 지금에도 한국의 지식사회에서는 베트남 현대사에 대한 평가가 균일하지 않은 것 같다. 베트남은 통일되었는가, 베트남은 공산화되었는가 하는 질문에 선뜻 대답하기가 쉽지 않다. 묻는 사람의 의도를 헤아려야 하기 때문이다.

베트남은 분명하게 통일되었고 공산당 정권에 의해 통치되고 있기 때문에 공산화된 것 또한 사실이다. 베트남 사람들이 우리 이웃이 된 지 오래고, 많은 한국 사람들이 베트남에 진출해 있는 오늘날 적성국가 베트남은 까마득한 옛날처럼 느껴진다.

한국의 베트남 파병은 국위선양으로 한국의 경제발전에 크게 기여했다는 평가가 있는가 하면 미국의 용병으로 부끄러운 파병이라고 치부되기도 한다. 한국정부의 공식 입장도 사죄로 낙착되어 전쟁 중 한국인의 학살 행위를 부끄러워하지만 아직 배상 논의의 단계는 아닌 성싶다. 적대적 과거는 잊히고 월남전을 승리로 이끈 호치민이 베트남 통일의 영웅으로, 과거의 대표적 반공국가인 대한민국에서 위대한 지도자로 평가받고 있다. 『왜 호치민인가?』 하는 책이 출판되어, 아직도 분단의 고통에서 헤어나지 못하고 있는 한반도의 오늘과 내일을 부각시키고 있다.

베트남의 독립과 통일에 대한 호치민의 노력과 공적이 부각되면 부각될수록 분단 한국의 조타수 대한민국의 초대 대통령 이승만의 형상이 일그러진 모습으로 우리들에게 클로즈업된다. 4.19혁명으로 축출된 그의 말년이 안타깝기는커녕 단죄하지 못한 아쉬움이 아직도 남는다.

촛불혁명이 가져온 새로운 대한민국의 앞날에 가슴 설레면 설렐수록 낭비해버린 지난 반세기가 민주화의 진통으로 치부하기는 너무 아쉽다. 이승만, 박정희 집단들에 의해서 저질러진 국가폭력의 흔적이 갖가지 적폐의 모습으로 민주화를 왜곡하고 저해하는 몰골들에 진저리치면서 첫 단추를 잘못 채운 우리 모두의 역사적 과오를 자탄해 보지만, 역불급에 불가피했음을 수긍하면서 서로를 위로하며 우리들의 패배감을 삭인다.

독립과 통일을 위한 호치민의 위대성에 감명받으면서 이승만, 박정희의 국가 지도자로서의 흠결이 그 추한 정치적 야망과 용서할 수 없는 이기심이었음을 발견한다. 베트남인들과 호치민이 보여준 불굴의 반제 투쟁과 그 의지를 절대화할 필요는 없을 것 같다. 우리의 생존 에너지는 결국 스스로에게서 비롯되지만 우리가 역사적으로 안고 살아온 생존 조건을 결국 우리가 요리하고 조합한다. 우리 공동체의 골든타임은 우리가 포착하는데, 포착의 태도와 자세는 무엇보다도 공동체의 삶과 이익을 우선시하는 데에서 마련되어야 한다.

우리에게는 자랑스러운 성공의 경험도 있지만 쓰라린 실패의 경험이 더 많다. 자랑스러운 투쟁의 역사는 동시에 쓰라린 실패의 경험을 반영하기도 한다. 동학혁명, 의병투쟁, 독립전쟁, 3.1운동, 신간회, 광주학생사건, 반탁운동, 좌우합작운동 등과 함께 근년에는 7.4성명, 6.15선언 등 우리가 헤쳐 나가야만 했고 우리의 역량과 지혜가 결집되어야 할 순간임에도 불구하고 지도자와 패거리들의 이해관계와 주도권 경쟁이 다시 만회할 수 없는 패배를 역사에 기록하고 말았다.

독재와 유신의 엄혹한 시간을 보내면서도 4.19, 5.18민중항쟁의 기억을 갖고 자라난 세대들의 순결성에 힘입어 촛불혁명을 통한 찬연한 촛불정국을 가져와 남북회담, 북미회담의 역사적 골든타임을 맞기에 이르렀다. 반제투쟁이 덜 치열했지만 한국의 미래가 베트남의 미래보다 결코 뒤질 것이 없다는 자신감이 용솟음친다. 공동체의 생존과 성숙을 위해서는 결사투쟁도 불사했던 우리들의 과거는 불멸의 민족위업이지만 결사항쟁의 길을 "산자여, 따르라!"고 강박할 필요가 없는 세상을 마음에 그리면서 협동하여 모두가 함께하는, 협치의 대동세상의 초석들이 되어가야 할 것이다.

지혜로운 장수, 용감한 장수는 분명 공동체의 생존을 위해서 필요한 인재이지만 복 있는 장수가 백성을 복 받게 하고 지장, 용장을 능가한다는 옛 속담을 상기할 필요가 있다. 진정한 협치에서는 지도자가 도드라지게 드러나지 않는다. 복장은 항상 민중의 행복을 염두에 두고 선량하고 정의로워야 함을 명심보감이 시사하고 있다. 그러한 자세로 국내, 국제 정치를 다루어야 한다. 트럼프가 미국의 복 받는 장수가 되려고 경제전쟁의 아슬아슬한 묘기마저 서슴지 않는 것을 보면서 문재인도 김정은도 민중의 삶을 살피고 걱정하는 복장이 되어야 한다.

남조선과 북한을 이기는 용장의 허망한 꿈은 김일성, 이승만에서 끝났고 꼼수로 포장한 박정희의 지장의 욕망은 7.4공동성명의 파탄과 유신으로 끝났음을 교훈 삼아, 이제 복 받는 지도자들이 남북 공이 우뚝 서는 한반도가 되기를 희망한다.

베트남 이야기 · 5

한국인에게 베트남을 알려준 사람들

한국은 베트남에 미국 다음으로 많은 병력을 파견했을 뿐만 아니라 일부의 파병 반대론이 없는 것은 아니었지만, 마침내는 박순천, 김홍일 등 야당의 수뇌들마저 파병을 찬성하게 되었다. 몇몇 학자들과 학원가에서 반대 의견들이 있었지만, 회오리같이 요동치는 파병의 큰 물결을 막을 수는 없었다. 이영희, 강정구, 한홍구, 이기홍 등이 파병의 부당성을 알리고 있었지만 파병이 국위선양과 경제발전의 돌파구로 분식되는 가운데, 1965년 말 비둘기부대, 맹호부대, 청룡부대 등이 월남에 속속 파병되기에 이르렀다. 6000여 명이 넘는 전사자를 낳고 미국의 용병이라는 오명을 피할 길 없었던 월남 파병. 그러나 한국의 경제발전에 상당한 기여했을 것을 의심하는 평가도 없는 성싶다.

한국과 월남이 전쟁해야 할 하등의 역사적 조건이 없었음에도 월맹은 적성 국가가 되고 호치민은 적성 국가의 수뇌가 되었다. 김일성을 수장하라는 등의 끔찍한 구호도 서슴지 않았던 박정희의 통치하에서도 호치민에 대한 부정적 평가는 보이지 않았다. 주월 사령관으로 이름을 날린 채명신 장군도 그의 회고록에서 호치민이 반프랑스 독립투쟁의 국민적 영웅이며 애국자라는 인식과 명성이 베트콩들의 강점이 되고 있음을 지적하고 있었다.

역사는 윤리와 만나야 한다고 가치 지향의 역사관을 거침없이 말하는 『왜 호치민인가?』의 저자 치과의사 송필경은 베트남 사람들은 국부 호치민을 '호 아저씨'라는 친근한 애칭으로 부른다고 귀띔해준다.

호치민은 의심할 바 없는 월남의 국부의 위상을 누리고 있는 그야말로 친근한 '호 아저씨'인 것이 분명하다.

우리가 사이공시로 불렀던 패망 월남의 수도가 호치민시가 된 지 이미 오래다. 과거 베트남전쟁 중에 미 해병 훈련소에서 베트남 전장에 보낼 풋내기를 조련하는 고참 상사는 그의 신병들에게 '호치민은 후레자식 임질 갈갈이에 이까지 있다네'라고 하는 저질 구호를 외치게 하고 점호 때는 '우리가 하는 일은 죽이는 것, 죽이는 것, 죽이는 것'이라고 고함을 쳤는데, 이것은 미국 영화 <풀 메탈 자켓>의 한 장면이라고 한다.

명나라 말기 유적 장사성이 세웠다는 '죽여라 죽여라 죽여라'라고 적힌 끔찍한 비석의 내용을 상기시킨다. 많은 역사상 인물들이 요란한 삶의 증거들을 남기고 그 졸도들이 부화뇌동한 것을 우리는 신물나게 보아 왔지만, 호치민은 유명인들이 거드름을 피우듯 매사에 준비된 인간인 듯한 자신의 과거를 영웅화, 현인화하는 따위의 글을 쓰거나 호들갑을 떨지 않았다. 명성을 얻기 시작한 무렵과 그 이후에도 성장 배경을 조작하거나 미화하지 않고 당면의 문제에만 충실했다. 한국에 호치민을 소개하는 인사들도 그의 높은 식견과 자세를 가감없이 전하면서 평생을 독신으로 지내면서 결코 패거리 권력 집단을 만들지 않고 공산주의자이면서 결코 공산주의를 하지 않은 민족주의자였음을 전하고 있다.

베트남의 내일은 베트남인들의 희생과 좋은 영도집단의 향도로 밝은 미래가 보장된 것 같아, 부러움에 곁들여 축복을 보낸다. 그런데 삶은, 역사는 그렇게 단순하게 풀 수 없는 퍼즐 덩어리인 모양이다. 뜻밖에 통일 베트남이 그 이웃나라들에게는 아픔이 되고 불안이 되고 있는 현실들이 만들어지고 있는 성싶다.

『메콩의 슬픈 그림자, 인도차이나』를 쓴 운동권 출신의 유재현은 베트남 주변국의 역사와 현실을 슬픈 그림자로 우리에게 전하면서, 20세기의 가장 위대한 혁명가 한 사람을 잃어버리게 될지도 모른다고 걱정한다. 베트남의 캄보디아 침략과 군사적 지배, 라오스에 대한 군사적 개입, 경제 정책의 실패, 베트남 공산주의식 관료주의와 군사주의의 만연 등은 주변 여건을 고려한다고 하더라도 더 나은 선택을 할 수 있었다는 점에서 호치민이 남긴 과오의 재생산일 뿐이라고 단언한다.

그는 호치민이 항상 틀렸다는 것도 아니지만 항상 옳았던 것도 아님을 말하면서 역사의 수레바퀴는 한 인간이 좌우할 수 있는 것이 아님을 아프게 지적한다. 과오에 대한 평가 없이 호치민 사후 그에 대한 베트남식 영웅화가 진행되면서 모든 과오가 묻혀버리고 재생산되었음을 문제로 지적한다.

역사가 윤리와 만나야 한다는 당위적 소망을 갖고서 현실을 진단하면서 내일에 대한 좌표를 제시하는 것은 도덕적 자부심을 가질 수도 있고 해답의 명쾌함과 간결성도 주지만, 인간의 욕망이 엉켜 연출하는 역사에 즉답을 찾는 조급증은 피해야 할 것 같다.

❚ 발문 ❚

김병욱·이홍길 선배님을 사모하며

김병욱·이홍길 두 선배님을 처음 뵌 것은 1960년 4.19 무렵이었다. 당시 두 분께서는 고등학교 3학년이었고, 나는 중학생이었는데 우리 하숙방에 자주 오셨다. 두 분과 함께 4.19 혁명의 주역이셨던 전만길 선배님(전 대한매일신문 사장)과 내가 같은 방에 살고 있었으니까 자연스럽게 늘 뵐 수 있었다.

그 무렵 모임에 함께 하신 분 중에 홍갑기, 박화부, 지부일, 이진규, 강금홍 선배님 등이 기억난다. 월간 시사 잡지였던 ≪사상계≫나 ≪동아일보≫ 사설을 웅변조로 읽기도 하고, 남이 장군의 시 "남아이십 미평국 후세수칭 대장부(南兒二十 未平國 後世誰稱 大丈夫)"를 크게 낭송하는 것을 봤던 기억도 난다. 이런 모습을 보면서 내 마음에 "아, 남자로 태어났으면 20대에 나라를 평정해야 하는구나"하는 마음이 자랐고, 그때의 감동이 나의 훗날에도 큰 영향을 미친 것 같다.

전만길 선배님 심부름으로 이홍길, 김병욱 강금홍 선배 댁에 비밀 편지를 전해 준 일도 있었는데, 당시 이분들의 인상은 마치 독립운동가들처럼 보였다.

3.15부정선거, 김주열 최루탄 피살사건, 4.19 봉기와 승리 등에 이은 광주고 교장, 조선대 총장 축출 등 학원민주화운동...... 1960년 한 해는 '밥 딜런'의 노랫말처럼 "혁명의 때가 무르익었네~"였다. 5.16 군사정변이 이런 분위기에 찬물을 끼얹졌지만, 1964년 한일협정반대 6.3운동, 1965년 월남전파병반대운동, 1969년 대학군사훈련철폐 등이 곧이어 일어났다. 이어 민청학련, 유신반대, 교육지표사건, 광주5.18민중항쟁, 6월항쟁, 촛불혁명 등에 이르기까지 숨 가쁘게 달려온 지난 60년을 회고해보면 많은 일과 어려움이 있었지만, 우리나라는 세계 역사에서 그 유래를 찾아볼 수 없을 만큼 빠른 속도로 민주화의 진보를 이루었다.

그중에서도 두 분 선배께서 주역으로 참여한 4.19혁명은 개국 이래 민중의 힘으로 정권을 바꾼 최초의 역사적 대사변이었다.

1894년 동학농민전쟁으로부터 오늘날까지 120년간은 우리 역사에서 가장 혹독한 고난의 시기였지만, 1960년 4.19혁명이 분수령이 되어 후반기 60년 동안 전개된 민주화투쟁은 오늘 같은 살만한 세상을 만드는 주춧돌이었음에 틀림없다.

이런 성과는 두 분 선배님 같은 지도자들이 역사의 중심에 서 있었기에 가능했다고 믿어진다. 두 선배께서는 지금도 4.19 때의 소년처럼 순수하고도 당당한 모습과 실천 의지를 보여주고 계시니 참 보기도 좋고 자랑스럽다.

이분들은 어쩌다가 이처럼 아름다운 삶을 선택하게 되었을까?

오래전에 『동양문화사』(페어뱅크, 라이샤워 공저)라는 책을 본 적이 있는데, 간디, 네루, 모택동, 호치민 등 20세기 아시아 지도자들의 삶이 왜 서로 다른 특성을 보여주는지, 그 배경을 설명하는 대목이 있었다. 어린 시절의 생활환경, 특히 마음에 어떤 생각을 품게 되었는가가 그 지도자의 퍼스낼리티(이 책에서 쓰는 용어)를 형성하게 되고, 이 퍼스낼리티가 투명한 인생 설계도가 되어 성인기의 삶의 모습으로 나타난다는 것이었다. 최첨단의학으로 주목받고 있는 후성유전학에서도 한 사람의 건강과 운명을 규정짓는 정신적 유전자(DNA)가 10세 무렵까지 완성된다고 한다.

이런 관점으로 비추어 볼 때, 두 분 선배님의 10살 무렵의 환경과 신념이 팔십 평생의 삶에 어떤 원형(Archetype)으로 작용했지 않았나 싶다. 두 분의 10살 무렵은 6.25전란 시기였다. 전란의 사회적 환경과 삶의 경험이 두 분의 마음에 좋은 세상을 만드는 꿈을 심어주지는 않았을까!

이 책의 글들에서는 머리로 생각하기나, 지식을 전달하기와는 다른 가슴 깊은 곳으로부터 전해지는 영혼의 울림과 생명감을 느낄 수 있다. 수많은 밤을 잠 못 이루며 고뇌하고, 어려운 고비마다 속이 타고 애간장이 녹고, 붙잡혀가서 견딜 수 없는 모욕과 핍박을 당하면서도 더 좋은 세상에 대한 꿈을 포기하지 못하는 순수하고도 아름다운 마음이 이 책의 글 속에 녹아 있다.

두 분께서는 이제 팔순인데도 청춘처럼 보인다. 지금도 여전히 왕성한 독서와 진실에 대한 탐구를 계속하는 모습을 엿볼 수 있는데, 마음이 호기심 천국인 것 같다. 이런 모습을 보면서 앞으로 두 분의 더 많은 글쓰기와 다음 책의 출간이 기대가 된다.

민주화운동 60년 동안 산전수전 겪으면서 두 분은 이제 노병(老兵)이 되셨다. 맥아더는 "노병은 죽지 않는다. 다만 사라질 뿐이다"라고 했는데, 여기 민주화운동의 노병들은 죽지도 않고 사라지지도 않을 것이라고 믿는다. 달라이 라마는 최근에 "우리는 죽음과 함께 사라지는가"를 통해서 우리가 세상을 사랑하고 사람들을 돕는 일을 계속 할 때, 그 생명의 유전자는 영원히 살아 일하게 될 것이라고 말한 바 있다. 두 분께서는 10대부터 지녔던 꿈, 이 세상을 더 좋은 세상으로 만들어 가는 꿈을 지금도 품고 계시기 때문에 그 아름다운 영혼이 결코 사라지지 않을 것이라 믿는다. 또 꿈이 있으면 늙지 않는다고 하니 두 분께서는 건강한 백 세 장수도 누리실 줄로 믿는다.

이번에 두 분께서 민주화운동 60년의 우정을 담아 그간의 글 모음을 책으로 출간하게 되었다. 반갑고도 기쁜 마음으로 큰 박수를 보낸다. 이 귀한 책을 많은 분들이 재밌게 읽어주시면 고맙겠다.

김병욱·이홍길 선배님에 대한 존경과 사모의 마음을 담아
전홍준 광주전남민주화운동동지회 고문 삼가 드림